KB232199

1등급을 이기는
생기부 독서법

1등급을 이기는 생기부 독서법

초판 1쇄 발행 2025년 12월 10일
초판 7쇄 발행 2026년 1월 9일

지은이 김수미
펴낸이 이경희

펴낸곳 빅피시
출판등록 2021년 4월 6일 제2021-000115호
주소 서울시 마포구 월드컵북로 402, KGIT 19층 1906호

ⓒ 김수미, 2025
ISBN 979-11-24137-01-7 03370

1등급을 이기는 생기부 독서법

김수미 지음

입시 대전환,
정확히 알면 기회가 된다

"이제 고등학생이니까 책은 그만 읽어야죠."

그동안 참 많은 아이들에게 들어왔던 말입니다. 슬프지만 지금까지 입시에서는 독서에 푹 빠져 깊이 생각하는 능력은 보탬이 되지 않았습니다. 오히려 좋은 대학 가기에 불리했다고 생각하는 편이 맞을 것 같습니다. 글을 읽고 곰곰이 생각하는 습관을 가진 학생이 1번 문제를 풀고 있을 때, 깊이 생각하지 않고 빠르게 답을 찾는 훈련을 한 학생은 이미 4번 문제를 풀고 있었을 테니까요. 그러니 더 많은 양을 정확히 외우고, 신속하게 정답을 찾아내는 객관식 문제 풀이에 강한 학생이 늘 입시의 승자가 되었습니다.

하지만 말도 많고 탈도 많은 고교학점제가 기어이 전면 시행되었습니다. 또한 대입에서 수능의 영향력이 점차 줄어드는 추세죠. 이제 입시는 고교학점제 이전과 이후로 나누어도 될 정도로 완전히 달라졌습니다.

이를 보여주는 상징적인 사건이 서울대를 비롯한 국립대 6곳이 2025년 입시부터 학교 폭력 전력이 있는 지원자를 불합격 처리한 일입니다. 성적이 아무리 좋아도 학교생활이 바람직하지 않았다면 이걸 입시에 반영하겠다는 것이지요. 물론 이 사례는 다소 극단적인 예입니다. 하지만 성적 외의 요소가 입시에 큰 영향을 준다는 사실을 대중이 체감하기에는 충분한 사건이었습니다.

주목할 점은 대학이 시험의 결과 외에 다른 점들도 눈여겨보고, 이에 대한 평가가 공식적으로 이루어진다는 점입니다. 그러니 성적만으로 대학을 가는 시대는 막을 내렸다고 볼 수 있습니다. 이제 대학은 학교생활과 학습 과정 전체를 보고 학생을 판단하고자 합니다. 이로 인해 1등급을 이기고 당당히 서울대를 합격한 2등급의 사례는 더 이상 누군가의 신화 같은 이야기가 아닌 세상이 되었지요. 이 학생들의 특별한 경쟁력은 심화 독서 능력으로 만들어진 생기부에 있었습니다.

입시가 이처럼 크게 변했지만 아직도 많은 학생들이 이런 사실을 제대로 알지 못합니다. 언론에서는 연일 고교학점제에 대한 기사를 쏟아내고 있고, 앞으로의 대입에서는 '독서'가 키워드라고 말합니다. 그러나 정작 당사자인 중·고등학생에게는 와 닿지는 않는 먼 곳의 이야기인 것만 같습니다. 왜일까요? 골똘히 생각해보니 답은 하나였습니다. 복잡해도 너무 복잡한 입시, 그 입시를 이해하지 못하기 때문에 과거 성공 방식에 매달리는 것이지요.

대입과 독서,
두 세계를 연결하다

이 책을 쓰게 된 직접적인 계기는 중앙일보에서 '고교학점제의 전면 시행 이후 입시를 중심으로 분석한 독서 전략'에 대한 칼럼을 의뢰받으면서입니다.

대한민국에는 수많은 입시 전문가가 있습니다. 또한 수많은 독서교육 전문가가 있지요. 그렇기 때문에 대입이나 독서에 대한 정보는 넘칠 만큼 많습니다. 하지만 아이러니하게도 이 둘을 합친 '대입에 활용되는 독서 방법'에 대한 정보를 찾기는 쉽지 않습니다. 대입을 위해 현실적으로 독서를 어디에 활용하고, 그 준비는 어떻게 해나가는지에 대해 명확히 알려주는 전문가는 없었던 것이지요. 그도 그럴 것이 그동안 독서는 대입과 상당히 동떨어진 이질적인 일이었으니까요.

제가 27년째 몸담고 있는 독서문화연구원에서는 입시에서 독서가 다시 주목받게 될 날을 오랜 시간 기다려왔습니다. 그리고 중·고등학생의 생기부 관리를 위한 독서교육을 꾸준히 진행하며 다년간 노하우와 사례를 축적해왔습니다. 신문사에서는 바로 이 내용을 대중에게도 공유해달라고 제안해온 것이지요.

하지만 7편의 긴 시리즈 칼럼을 쓰는 내내 '이 복잡한 입시를 단지 부모님만 이해한다고 해결될까?' 하는 의문이 들었습니다. 현재 입시는 학교생활의 전부라고 해도 과언이 아닙니다. 순간순간의 판단, 행동, 노력이 모두 기록되고 활용되는 시스템이지요. 그렇기 때문에 입시의 주체인 학생이 자세히 알아야만 제대로 된 대입을 준비할 수 있는 것입니다.

그렇지만 입시라는 던전은 너무 복잡하고 어렵습니다. 더구나 '미래 사회를 대비하는 2028 대학입시제도 개편 확정안' '선택과목 이수 편중 완화' 같은 길고 어려운 입시 용어들이 도처에 복병처럼 도사리고 있지요. 대입을 이미 치러본 적 있는 부모님들조차 갈피를 잡지 못하는데, 어린 학생들의 눈높이에서는 얼마나 어려운 일일까 싶습니다. 이 같은 생각으로 인해 중·고등학생들이 읽을 수 있는, 입시를 쉽게 설명해주는 책을 써야겠다는 결심에 이르게 되었습니다.

중·고등학생을 위한
가장 쉬운 입시 안내서

책을 쓰면서 가장 심혈을 기울인 부분은 가급적 쉬운 어휘를 사용하는 것이었습니다. 부득이 어려운 한자어를 써야 할 경우에는 쉬운 설명을 첨부했습니다. 또한 고3 눈높이의 상세한 생기부 기록 만들기 팁을 알려주기보다는 입시의 전반적인 큰 그림을 이해하는 데 더 중점을 두고 설명했습니다.

총 4개의 장으로 구성된 책의 내용을 대략 살펴보면, 우선 1장에서는 수시와 정시의 차이부터 2028 대입 개편안까지 입시의 전반적인 개념과 용어들을 이해할 수 있도록 했습니다. 이때 학생 선발의 주체인 대학의 입장을 생각해보고, 정시·수시 같은 주요 전형과 생기부에 대해 자세히 알아가는 과정을 갖습니다. 이후 2028 대입 개편안에 대한 설명을 추가했습니다.

2장에서는 앞으로 입시의 핵심 키워드인 '진로'와 '탐구 역량'이 고교학점제, 수행평가, 세특, 면접의 실전 전략에서 어떻게 활용되는지 설명했습니다. 이 장을 읽어보면 왜 '독서'가 핵심 키워드라고 불리는지 명확하게 이해할 수 있을 것입니다.

3장에서는 본격적인 '생기부 독서법'에 대해 설명합니다. 이 장에서는 중·고등학교에서 현실적으로 책 읽을 시간을 어떻게 확보해야 하는지, 또 어떤 책을 어떤 방식으로 읽어야 하는지에 대해 상세히 다루었습니다. 특히 입시의 강력한 무기가 될 수 있는 심화 독서 능력을 키우는 방법을 중심으로 설명했습니다.

마지막 4장에서는 고려대 경영학과와 연세대 IT융합공학 전공 학생의 실제 합격 사례를 볼 수 있습니다. 수강 과목 선택부터 생기부 기재 사항까지, 수험생들의 롤 모델이 될 수 있는 합격생들의 진짜 입시 스토리이기 때문에 이 장을 읽으면서 앞으로의 입시를 구체적으로 그려볼 수 있을 거라고 생각합니다.

이 외에도 책에는 독자들의 흥미를 돋우고, 새롭게 알게 된 입시에 대한 지식을 정리해볼 수 있는 체크리스트와 진단 도구가 수록되어 있습니다. 이걸 잘 활용한다면 여러분의 현재 위치를 파악하고 다음 단계를 계획할 수 있을 것입니다.

　바뀐 입시는 더 이상 스포츠가 아닙니다. 남과의 경쟁에서 이기는 것이 아니라 나 자신에 대해 이해하며 목표를 정하고, 성장해나가는 과정을 대학에 보여주는 일입니다. 결국 성공적인 입시란 성공적인 고교 3년의 긴 여정이라고 할 수 있습니다. 정성스럽게 집필한 이 책이 여러분의 진짜 모습을 발견하고, 경쟁력으로 만들어가는 데 도움이 되기를 진심으로 바랍니다.

1장

입시, 제대로 알면
어렵지 않다

2장

입시 성공을 위한
5가지 핵심 키워드

입시 핵심 용어 이해하기

- **생기부(학생부)** 학교생활기록부, 학교생활에 대한 모든 기록

- **세특** 세부능력 및 특기사항의 줄임말. 각 과목 선생님이 학생에 대해 적어주는 평가

- **창체** 창의적 체험활동의 줄임말. 시험을 제외한 학교에서 학생이 하는 모든 활동

- **자동봉진** 창체의 4가지 활동 내용. 자율활동·동아리활동·봉사활동·진로활동의 줄임말

- **절대평가** 점수만으로 A, B, C, D 등급을 매기고 등수와 등급은 성적표에 나오지 않는 평가 방식

- **상대평가** 몇 등인지로 A, B, C, D 등급을 매기는 평가 방식

- **성취도평가** 그동안 배운 내용을 얼마나 잘 공부했는지 확인하기 위한 시험, 줄여서 성취도라고 부름 (반: 역량평가)

- **역량평가** 어떤 분야를 얼마나 잘할 수 있는 사람인지를 판단해보는 평가. 잘할 가능성이 얼마나 있는지에 대한 평가 (반: 성취도평가)

- **과정평가** 공부를 해나가는 과정에도 점수를 주는 방식의 평가

- **정성평가** 어떤 점을 잘하거나 못하는지 말로 설명하는 방식의 평가

- **정량평가**　100점, 1등과 같이 숫자로 표기하는 방식의 평가
- **융합형·통합형 평가**　여러 과목을 구분하지 않고 한데 섞어서 시험 문제를 출제하는 방식

- **고교학점제**　대학처럼 학생이 직접 과목을 선택하고, 정해진 학점을 모두 채우면 졸업을 할 수 있는 고등학교 교육 시스템
- **내신 5등급제**　기존 학교 내신을 9개 등급으로 구분해서 표기하던 성적표를, 5개 등급으로 구분해서 표기하는 새로운 성적 표기 방식

- **전형**　입시 방법
- **모집 요강**　각 대학의 신입생 모집 방법을 정리한 책자
- **수시**　수능을 보기 전에 대학이 정한 다양한 날짜와 방식으로 학생을 모집하는 전형
- **정시**　수능을 보고 난 후 수능 성적으로 학생을 모집하는 전형
- **학생부교과전형**　고등학교 성적을 보고 학생을 뽑는 전형
- **학생부종합전형**　성적과 함께 생기부에 적힌 다양한 내용을 종합적으로 보고 학생을 뽑는 전형
- **논술전형**　논술 시험을 보고 학생을 뽑는 전형
- **특기전형**　어떤 분야에 특별한 능력이나 재능을 가진 학생들을 뽑는 전형
- **입학사정관**　대학에서 신입생 선발에 관련된 일을 전문적으로 하는 사람

- **수능 최저**   수능최저학력기준의 줄임말로, 수시전형에서 대학이 합격생에게 최소한으로 요구하는 수능 성적 기준. 만약 학생의 수능 성적이 기준 점수보다 낮으면 합격이 취소됨

- **전공 적합성**   지원한 학과(전공)와 관련된 학생의 관심과 노력이 얼마나 잘 보이는지에 대한 평가 항목

- **진로 스토리**   그 전공에 지원하게 되기까지의 고민과 노력의 과정을 '나'라는 학생을 주인공으로 한 편의 이야기처럼 만드는 것

- **다양성**   여러 방면의 활동이나 능력을 골고루 가졌는지 보는 평가 항목

- **통합적 사고력**   여러 과목과 분야를 연결해서 주어진 문제를 해결할 수 있는 능력

- **진취성**(주도적·능동적)   적극적인 태도 (반; 수동적, 소극적)

- **탐구 역량**   궁금한 점을 주도적으로 찾아보거나, 깊이 있게 연구하는 능력

- **변별력**   누가 더 잘하는 학생인지 가려내는 힘

입시, 제대로 알면 어렵지 않다

대학은 어떤 학생을 원할까?

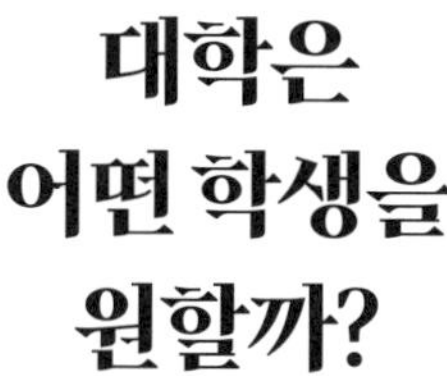

복잡해도 너무 복잡한 대입입니다. 전형도 많고, 필요하다고 말하는 건 또 왜 이렇게 많은지 모르겠습니다. 그러니 시작도 해보기 전에 지레 겁부터 먹게 되는 건 모두 한마음이 아닐까 합니다. 그런데 반대로 모두가 뿌연 안개 속에서 헤매는 거라면 남보다 빨리, 정확한 길을 볼 줄 아는 사람에게는 더없이 좋은 기회가 될 것입니다. 그러니 대입에 대해 이해하기 위해 노력하는 건 어렵지만 시간을 투자할 만한 일일 것입니다.

대학들의
'뛰어난 학생' 쟁탈전

대입은 말 그대로 대학이 자기 학교에서 가르칠 학생을 뽑는 일입니다. 그럼 대학은 어떤 학생을 뽑고 싶을까요? 깊이 생각해보지 않더라도 성적이 우수한 학생, 앞으로 성실하게 공부할 학생, 동기들과 잘 어울리며 상승 효과를 내줄 학생, 교수님 말씀을 잘 따르는 학생을 뽑고 싶겠지요. 지금까지 말한 조건의 공통점은 가르치기 좋은 학생이라는 점입니다. 하지만 이 관점만이 대학이 뽑고 싶은 학생의 전부는 아닙니다. 진짜는 따로 있는데, 그걸 알기 위해서는 대학이 가장 신경 쓰는 것이 무엇인지를 알아야 합니다. 그리고 그건 바로 졸업생의 취업 문제입니다.

우리가 알고 있는 SKY 또는 서울 상위 15위 대학 같은 명성과 타이틀은 입학생의 수능 성적순이 아니라, 졸업생의 취업 실적으로 매겨진 순위입니다. 입학생의 수능 등급 커트라인 같은 자료는 고등학생의 눈높이에서나 대학의 순위로 여겨지는 것이지 대학 입장은 다르거든요. 대학은 졸업생을 더 좋은 곳에 취업시키는 데 학교의 운명을 걸고 아낌없이 투자합니다. 각종 고시에 응시하는 학생을 지원하고, 대학 이름을 널리 알릴 연구 성과를 낼 수 있는 학생에게 장학금을 주지요. 또 우수한 학생의 대학원 진학을 권장하거나 유학을 보내기도 하고 말입니다.

그러니 결국 대학이 뽑고자 하는 학생은 졸업 후 유명 사회인이 되어 학교의 순위를 높여줄 사람인 것입니다. 물론 노벨 문학상을 수상해 연세대의 명성을 드높인 소설가 '한강'처럼 특별한 인사가 되면 더 좋을 테고 말이지요. 그런데 그런 학생은 흔하지 않습니다. 그렇기 때문에 학생이 더 좋은 학교에 가기 위해 공부하는 것처럼 대학 역시 더 우수한 학생을 뽑기 위해 치열한 경쟁을 하게 되는 것입니다.

대학들은 조금이라도 뛰어난 학생을 선발하기 위해 충분히 고민하고 자기만의 전략을 짭니다. 그리고 그 전략이 바로 우리가 보는 '대학 모집 요강'인 것입니다. 이걸 만들기 위한 대학의 신입생 모집 전략 회의는 그야말로 치열한 현장입니다. 오랜 시간 쌓아온 노하우와 새로운 아이디어를 모두 모아 열띤 토론을 벌이지요.

그럼 대학은 발전 가능성이 있는 학생을 도대체 어떻게 가려내는 걸까요? 대표적으로 학생의 고교 성적과 수능 성적을 통해 사고력과 의지력을 판단해볼 수 있을 겁니다. 그리고 생기부에 적힌 여러 가지 내용을 통해 인성과 리더십을 알 수 있겠지요. 학생이 그동안 수강한 과목과 학교에서 해온 활동 기록을 통해 전공에 대한 열정을 가늠해볼 수도 있습니다. 여기에 추가로 대학이 직접 시험을 봐서 판단해보기도 하지요. 주로 면접과 논술 같은 방법을 사용하는데, 소위 명문대라고 불리는 학교들이 이런 직접 시험을 선호합니다.

주목할 점은 대입에 대해 알아갈 때 교육부 발표 내용과 대학별 전형이 왜 이렇게 정해진 것인지 깊이 들여다보려고 하지 않고, 수동적인 태도로 알아가서는 안 된다는 점입니다. 전형을 만드는 주체인 대학의 의도가 무엇인지 알아보는 안목이 있어야만 합니다.

입시의 대원칙은
누가 설계할까?

스포츠 경기를 할 때에는 모두가 지켜야 하는 규칙이 있습니다. 이 규칙을 지키며 누가 더 잘했나에 따라 승패가 결정되지요. 전쟁터 같은 대입이지만 이 경쟁에도 지켜야 하는 규칙은 엄연히 존재합니다. 대학들은 모두 이 규칙의 테두리 안에서, 규칙이 허락하는 만큼의 결정권을 활용해서 경쟁하는 것이니까요.

예를 하나 들어보겠습니다. A대학은 같은 1등급 학생들 중에 외고 출신 학생들을 뽑고 싶다는 생각을 했습니다. 하지만 이건 출신 고등학교를 밝힐 수 없다는 교육부의 '블라인드 룰'을 어기는 것이기 때문에 할 수 없는 일입니다. 마찬가지로 서울 상위권 16개 대학은 정시로 학생을 뽑는 걸 무척 싫어합니다. 하지만 교육부가 정한 '정시 40% 이상 선발'이라는 규칙에 묶여 있기 때문에 정시를 40% 이하로 줄일 수는 없습니다. 이처럼 대입의 규칙은 막강한 영향력을 가진 것입니다. 이건 대체 누가 정하는 걸까요?

입시의 규칙을 만드는 것은 바로 교육부입니다. 몇 년에 한 번씩 교육부는 대입 규칙을 어떻게 변경할지 발표합니다. 이때가 되면 그야말로 온 나라가 시끌시끌해지죠. 수험생과 학부모, 대학뿐만 아니라 앞으로 수험생이 될 대한민국의 모든 초·중·고등 학생과 부모님, 그들의 일가친척들까지. 실로 엮이지 않은 사람을 찾는 게 더 힘들 만큼 많은 사람들이 신경을 곤두세우는 일입니다. 그런데 교육부가 어느 날 갑자기 "올해부터 입시 규칙을 바꿀게요"라고 하거나 정해진 과정 없이 마구 변경한다면 어떻게 될까요? 사회적으로 대혼란이 생기겠지요.

그렇기 때문에 이 규칙을 만들고 적용하는 데에도 엄격한 원칙이 정해져 있습니다.

① 교육부가 발표하는 대입의 규칙은 미리 준비할 수 있도록 적어도 시행 4년 전에 발표해야 합니다.
② 발표된 규칙에 맞춰 대입의 여러 사항들이 변경되는데, 이건 한국대학교육협의회(이하 대교협)가 최소, 시작 2년 6개월 전에 발표해야 합니다. 이때 기본적인 큰 틀이 발표되고요.
③ 이후 각 대학은 독자적인 전략을 짜서 최소 1년 10개월 전에 구체적인 계획을 미리 발표하는 과정을 거칩니다.
④ 마지막으로 입시가 치러지는 해 대학들은 각 학교의 학생 선발 방법에 대한 핵심 사항을 담은 '모집 요강'이라는 책자를 만들어서 나눠주지요.

그러니 현재 고등학생이라면 지금 발표되는 교육부 대입 정책에 신경 쓸 필요가 없고, 직전에 발표된 대교협 기본 사항을 참고해서 앞으로 2~3년의 중기 전략을 계획해봐야 합니다. 이후 대학이 모집 계획을 발표하면 지원 대학과 전형을 구체화할 필요가 있고요. 적어도 2학년 여름방학이 되기 전에는 나만의 대입 전략이 확정되어야 안정적이라고 할 수 있습니다. 하지만 아직 중학생이라면 미리 큰 흐름을 이해하고, 교육부 발표를 예의주시해서 봐야 합니다. 그렇지 않으면 자칫 엉뚱한 옛날 입시를 열심히 준비하는 소위, '나 홀로 삽질'을 하게 될 수 있습니다.

가장 최근 교육부 발표는 2023년 12월 27일 '미래 사회를 대비하는 2028 대학입시제도 개편 확정안'입니다. 이름이 참 길죠? 2028년도 입시가 치러지기 딱 4년 전에 발표된 것입니다. 그런데 이 개편은 2021년 확정된 '고교학점제 종합 추진 계획'이라는 이제껏 없었던 큰 변화가 반영된 첫 번째 입시입니다. 때문에 유독 사회적 관심이 집중되고 있는 것이지요.

+ **대입 제도 4년 예고제**

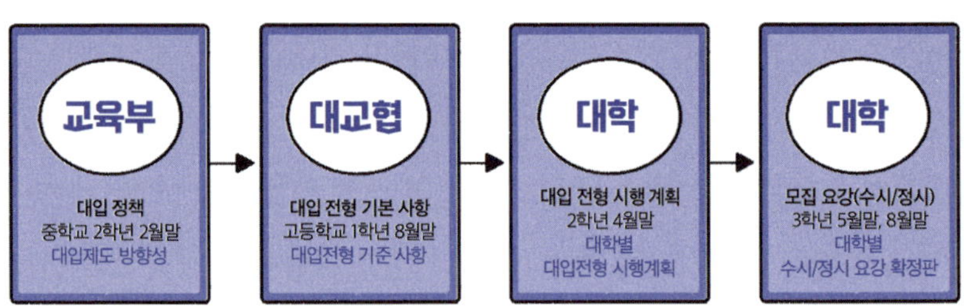

입시의 큰 틀을
먼저 이해하라

살펴본 것처럼 교육부 발표는 입시의 절대적인 규칙이기 때문에 대학은 좋든 싫든 여기에 따라야만 합니다. 하지만 그렇다고 해서 대학이 고분고분 교육부의 규칙에 따라 모두 똑같은 방식으로 대입을 치르는 건 아닙니다. 상식적으로 똑같은 건 경쟁에서 이길 수 있는 방법이 아니니까요. 대학은 교육부 규칙의 테두리 안에서 어떻게든 자신들만의 차별화된 전략을 반영하고자 합니다.

예를 들어 2028 대입 개편안에서는 수능 수학 시험에서 미적분Ⅱ와 기하 문제를 출제하지 않기로 했습니다. 그런데 이 진도는 무척 어렵기 때문에 최상위권 학생들의 변별력을 가려낼 수 있는 부분이었습니다. 만약 이 진도를 빼고 문제 출제를 한다면 수능 수학은 변별력이 없는 이른바 물수능이 돼버리고 말 것입니다. 이런 사정이 있다고 해도 원칙이 정해진 이상 이걸 변경할 순 없습니다.

그래서 대학들은 열심히 머리를 쓰지요. 이 결정에 반발했던 상위권 대학들은 모두 저마다의 '고교 권장과목'을 발표하기 시작했습니다. 그리고 수능에서 제외된 미적분Ⅱ와 기하를 이공계열 전체의 필수 권장과목에 넣었지요. 정말 기발한 방법입니다. 물론 이건 권장하는 것이지 꼭 하라는 건 아니라는 설명도 덧붙였습니다. 하지만 학생들은 이제 고등학교 때 미적분Ⅱ와 기하 수업을 반드시 수강해야 하며, 이 과목 성적이 입시에서 중요하다는 대학의 메시지를 읽었을 것입니다. 더불어 대학은 교육부 간섭을 피할 수 있는 '핵심 권장과목 지정'이라는 좋은 아이템을 손에 넣었다는 걸 깨닫게 되었을 겁니다.

이 사례에서 볼 수 있는 것처럼 교육부가 정한 규칙을 대학이 피해가거나 겉으로만 따르는 경우는 무척 흔한 일입니다. 그렇기 때문에 나에게 적용될 입시를 제대로 알고 준비하기 위해서는 교육부 발표 자료에 담긴 큰 방향성을 파악하고, 이와 동시에 지원하는 대학이 어떤 학생을 원하는지에 대해 이해할 필요가 있습니다. 대학들은 어떤 형식으로든 자신이 원하는 학생을 선발하기 위해 치열하게 노력하니까요. 그러니 너무 당장의 세세한 입시 방법에 연연하기보다는 대학이 원하는 인재상의 큰 그림을 보는 넓은 시각을 갖는 것이 장기적인 입시를 준비하는 바람직한 자세라고 할 수 있습니다.

수시, 정시가
뭐예요?

우리나라에서 한해 발표되는 4년제 대학의 입학 전형은 대략만 따져 봐도 1만 개 이상입니다. 학과까지 세지 않고 대학별 전형만 따져도 약 3000개 정도죠. 이건 생각만 해도 숨이 턱턱 막히는 숫자일 것입니다. 이렇게 많고 많은 전형 중에 내가 지원할 전형을 선택하는 것이니 그야말로 모래사장에서 바늘 찾기와 같은 일입니다. 막막하게 느껴지는 것 역시 지극히 당연한 결과일 테고요. 그럼 도대체 어디서부터 어떻게 찾아야 하는 걸까요? 여기에는 노하우가 필요합니다.

초등학교에서는 3학년 때 길 찾기를 가르칩니다. 이때 처음으로 배우는 것은 나의 위치와 가고자 하는 곳의 위치를 같은 분류 체계로 이해하는 것입니다. 위치의 분류 체계는 대륙-국가-도시-동으로 이루어져 있습니다. 이 기본 체계가 잘 만들어져야만 이후 지식들도 헷갈리지 않고 순조롭게 익힐 수 있습니다. 수천 개에 달하는 대입 전형 역시 길 찾기를 위해서는 기본적인 분류 체계부터 익혀야 하지요.

대입 전형은 지리와 같이 4단 구조의 체계로 정리해볼 수 있습니다. 우선 평가 시기를 기준으로 수시와 정시로 구분되는데, 이건 '대륙'과 같은 개념입니다. 이후 수시를 다시 평가 방법에 따라 학생부교과, 학생부종합, 논술, 특기자 전형 등으로 구분하는데, 이건 '국가'의 개념입니다. 또 각 전형에는 서울대, 고려대, 연세대와 같은 학교들이 있는데, 이건 '도시'라고 생각하면 됩니다. 그리고 그 아래 전공이 '동'의 개념인 것이지요. 정리해보자면 입시는 약 1만 개의 동네

+ 쉽게 이해되는 대입 전형의 구조

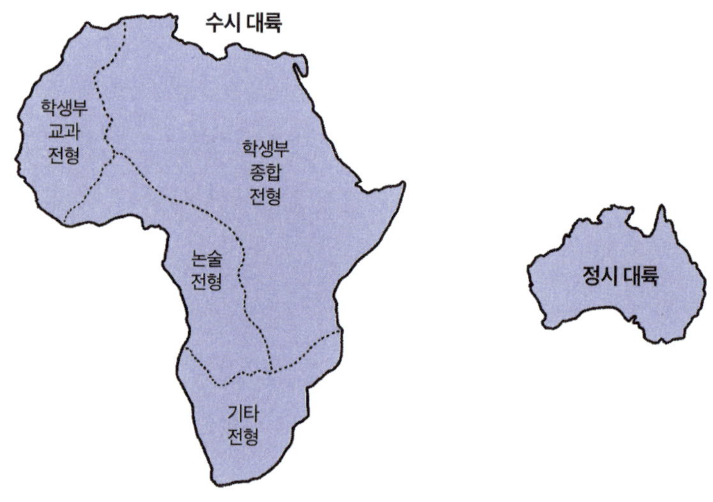

가 있는 하나의 세계인 것입니다. 이 세계의 이름은 '대입'입니다. 그리고 대입과 관련된 용어에 '전형'이라는 단어가 뒤에 붙는 경우가 많은데 이건 그냥 방법 또는 방식이라는 뜻의 단어라고 생각하면 됩니다.

그러니 "정시를 노려보는 게 좋겠어"와 "학생부종합전형이 유리할 것 같아" 또는 "성대 논술을 준비 중이야" "경영학과를 지원하려고 해"와 같은 말들은 모두 다른 체계가 섞여 있는 말입니다. 누구는 대륙을, 누구는 도시를 말하고 있는 것이지요. 내가 가고자 하는 전공의 정확한 주소는 "①수시 ②학생부교과전형으로 ③고려대 ④경영학과 지원하겠어"와 같은 식으로 표기되어야 합니다. 여기서 ①, ②번 항목은 모든 입시에 공통적인 조건이기 때문에 이 책에서는 이 2가지를 주력해서 설명하겠습니다. 이후 나의 진로 적성을 바탕으로 전공을, 성적을 바탕으로 학교를 결정하는 순서로 목적지, 즉 나에게 적합한 지원 전형을 찾아가야 하는 것입니다.

수능에 올인하면 안 된다고?

입시에 대해 알아갈 때 제일 먼저 할 일은 대륙이라고 할 수 있는 정시와 수시 개념을 이해하는 것입니다. 정시와 수시 중에 먼저 치르는 건 수시입니다. 수시가 모두 끝나고 수능 성적표도 나온 다음에 정시 모집이 시작되지요. 그런데 정시는 전형 자체가 수시보다 심플하기 때문에 우선 이 전형을 먼저 알아보는 게 좋겠습니다.

정시에서는 많은 학교가 수능 성적을 100% 반영해서 학생을 뽑습니다. 그렇기 때문에 1, 2학년에 다소 공부를 소홀히 했다고 해도 3학년 1년을 어떻게 보냈냐에 따라 역전이 가능한 드라마 같은 전형이지요. 그래서 내신 성적을 아예 포기하고 수능에만 올인하는 학생도 있습니다. 이런 학생을 '정시 파이터'라고 부르지요.

하지만 최근 들어 상위권 대학을 중심으로 정시에서도 내신을 반영하거나 면접, 실기를 추가로 보는 학교가 늘어나는 분위기입니다. 이로 인해 정시 파이터들의 무대가 꾸준히 사라지고 있는 중입니다. 좋은 생기부를 만들기 위해 최선을 다하지 않고, 정시 파이터가 될 생각부터 했다면 머지않은 미래에 빙하가 녹아서 설 곳을 잃은 북극곰처럼 눈물을 흘리게 될 수 있으니 주의가 필요합니다.

정시가 점점 줄어드는
진짜 이유

서울대 정시의 경우 2023년부터 1단계에서 수능 성적으로 모집 정원의 2배 더 많은 수의 학생을 뽑고, 2단계에서 수능 80%에 내신 20%를 반영해서 최종 합격자를 뽑고 있습니다. 여기에 앞으로는 내신 반영을 40%로 늘리겠다는 계획도 발표한 상태지요.

내신 반영 방식 또한 생기부에 적힌 성적 등급을 그대로 사용하는 것이 아닙니다. 고등학교에서 배운 과목 리스트, 성적, 세특 내용을 종합해서 자체적으로 등급을 매기는 방식입니다. 그런데 평가 항목만 공개되고 등급이 어떤 식으로 정해지는지는 알려주지 않겠다고 합니다. 이건 한마디로 학교가 마음대로 정하겠다는 뜻이지요. 이쯤이면 서울대가 얼마나 정시 파이터들을 싫어하는지 알 수 있을 것입니다.

이 방식은 서울대뿐만 아니라 고려대, 연세대, 성균관대, 한양대, 중앙대 등 많은 학교들이 채택하는 새로운 정시 트랜드가 되고 있습니다. 상위권 대학들의 이 같은 선택 배경에는 정시 출신 대학생들의 태도에도 원인이 있습니다.

우리나라 대학에서 교수님들이 기피하는 학생의 순위를 매겨보자면 첫째는 수업을 소화할 능력이 안 되는 학생, 둘째는 인성 파탄자, 셋째는 대학에 발만 걸치고 반수하는 학생1학기가 끝나고 다시 수능 준비를 시작 학생, 넷째는 그러다 더 좋은 대학에 합격해서 남은 학생들에게 위화감을 주는 학생, 다섯째는 친구의 반수 성공기를 보고 뒤늦게 반수 대열에 합류하는 학생입니다.

결국 상위권 대학을 가장 골치 아프게 만드는 학생은 우리 학교를 보험으로 여기고, 기회만 된다면 더 높은 학교로 환승하려고 하는 학생인 것이지요. 그리고 이런 학생은 대부분 정시로 입학한 학생입니다. 이건 SKY 2020~2023년 정시 합격생 중 N수생 비율이 61.2%라는 통계에서도 잘 드러나는 팩트입니다. 이 환승 예정자들을 미리 걸러내려는 대학의 의지는 입시에 고스란히 반영됩니다.

2002년 전체 정시 비중은 72.2%였습니다. 이때까지만 해도 정시는 입시의 가장 기본적인 방법이었지요. 하지만 이후부터 정시 비중은 점점 떨어져서 2026년에는 20.1%까지 줄어들었습니다. 그나마 이 정도를 유지할 수 있는 이유도 교육부가 정한 규칙 때문입니다. 서울 주요 16개 대학은 40% 이상, 그 외 수도권 대학은 30% 이상을 반드시 정시를 통해 모집해야 한다는 조건이 있거든요.

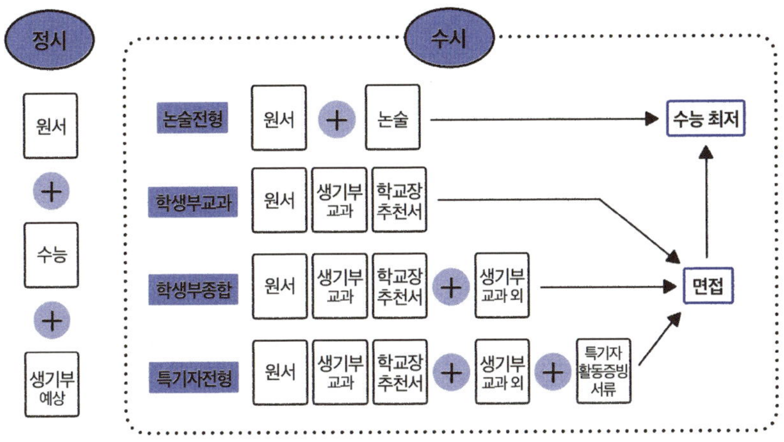

하지만 이 원칙에 대한 최근 교육부의 태도가 심상치 않습니다. 대입에서 고등학교 교육 과정을 중요하게 보는 대학에게 정시 선발 인원을 10% 낮춰주는 인센티브를 제공하기 시작했거든요. 정시에 대해 소극적인 태도를 취하기 시작한 것이지요. 아무튼 이 사업에 선정된 서울대는 2024년에 바로 정시 모집 인원을 30%로 줄였습니다. 기다리고 기다리던 소식이었으니 냉큼 반영했을 테지요.

대학들의
치열한 눈치 싸움

기본적으로 정시는 가, 나, 다 3개 그룹

으로 나누어서 모집됩니다. 때문에 학생들은 각 그룹에 1번씩 총 3번 지원할 수 있습니다. 학생의 성향에 따라 '셋 다 상향 지원하는 모험을 하고, 떨어지면 장렬히 재수를 하겠다'라고 할 수도 있을 거고, '하나는 상향, 하나는 아슬아슬, 마지막 하나는 안정권으로 하향 지원하겠다'라고 작전을 짤 수도 있습니다. 어떤 작전을 짤지는 학생의 선택이고, 결과 역시 어떻게 될지 아무도 모를 일이지요.

그런데 이런 눈치 싸움은 학생들만 하는 게 아니라 대학들끼리도 합니다. 대학은 우리 학교를 가, 나, 다 그룹 중 어디에 넣을지 결정해야 하는데, 이때 전략을 잘 짜야만 하지요. 대학의 눈치 싸움에 대표적인 사건은 오래전부터 '나'군 학교였던 서울대가 2014년 뜬금없이 '가'군으로 변경한 사건입니다.

이 변경 발표로 인해 서울대와 경쟁을 피하기 위해 '가'군에 자리 잡고 있던 연세대, 고려대 같은 콧대 높은 학교들이 꼼짝없이 서울대와 같은 리그에서 뛰게 생긴 것입니다. 그러니 울며 겨자 먹기로 그룹을 '나'군으로 옮길 수밖에 없었습니다. 그럼 연쇄적으로 이 학교들과 경쟁을 피할 다른 학교들도 옮겨야겠지요? 서울대의 발표는 전국의 대학들이 모집군을 대거 이동하는 상황을 만들었습니다. 물론 모두들 너무 갑질 아니냐고 욕은 좀 했을 것 같습니다.

어쨌든 새롭게 만들어진 질서에 잘 적응하고 있던 대학들에게 또 한 번 날벼락 같은 소식이 찾아왔습니다. 2020년 서울대가 다시 '나'군으로 가겠다고 발표한 것이지요. 그러니 전국의 대학들이 얼마나 부글부글했을지는 말하지 않아도 알 것입니다. 동네 대장이 기강

잡기 하는 것도 아니고 왔다 갔다 하는 서울대로 인해 '나'군과 '가'군
의 학교들은 모두 함께 우루루 대이동을 하는 선택을 했습니다. 대학
의 자존심보다 더 중요한 건 우수한 학생을 뽑는 일이니 어쩔 수 없었
겠지요. 입시는 그야말로 대학과 학생이 조금이라도 더 나은 결과를
얻기 위해 고군분투하는 치열한 전투지이니까요.

결국
생기부가 답이다

주로 9월에 원서 접수가 진행되는 수시 전형의 경우 수능을 보기 전에 모집이 이루어지는데 일반대 기준으로 최대 6번 지원이 가능합니다. 그럼 수시 정시 합쳐서 총 9번 지원할 수 있다고 생각할 수 있는데 그렇진 않고요. 만약 수시에서 한 군데라도 합격하게 되면 정시는 지원할 기회가 없어집니다.

　　제가 가르쳤던 학생 중 주현이는 2023학년도 수시에서 경희대 의대를 합격하고 너무 기뻐서 동네방네 자랑했고 많은 사람들에게 축하받았습니다. 그런데 막상 수능 최저를 맞추기 위해 본 수능에서 대반전이 생겼지요. 사탐에서 1문제만 틀리고 나머지 과목은 모두 만점을 맞은 것입니다. 이 성적이면 정시에서 서울대 의대 합격도 가능하지만 이미 수시에서 경희대에 붙어버렸기 때문에 정시에 지원할 수는 없었습니다. 실제로 주현이는 눈물을 흘리며 경희대에 등록해야만 했지요. 이런 일을 '수시 납치'라고 부르는데, 그만큼 수시 지원은 신중해야 한다는 말입니다.

주현이의 경우처럼 상위권 대학은 수시 전형에도 수능 최저라는 기준을 두는 경우가 많습니다. 하지만 이 기준이 좀 빡센 편이지요. '최저'라는 단어의 느낌상 왠지 최소한의 성적일 것처럼 보이지만 실제로는 많은 수험생을 탈락시키는 눈물의 장벽이 되기도 합니다.

수능 최저는 '국어, 영어, 수학 3과목 합쳐서 5등급' 이런 식의 기준을 말합니다. 만약 3과목이 모두 2등급이라면 합쳐서 6등급이 나

+ 2026학년도 주요 대학 입시 전형 비율

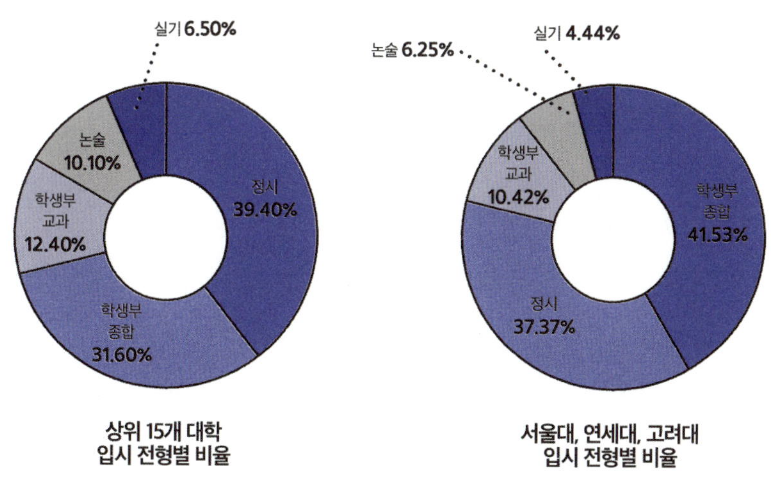

오기 때문에 수시 합격이 취소되는 것이지요. 그래서 수시 합격보다 수능 최저가 더 어렵다는 말이 있을 정도입니다. 극악의 사례로 고려대 의예과의 경우 4개 영역 합 5등급 이내의 수능 최저 성적을 요구합니다. 그러니 수시를 준비한다고 해도 상위권 대학을 염두에 두고 있다면 수능 준비 역시 필수일 수밖에 없습니다.

수시 전형 3가지

수시 전형은 보통 4가지로 구분됩니다. 말하자면 수시 대륙에는 여러 개의 국가가 있는데, 대표적인 국가가 학생부교과, 학생부종합, 논술이고 이외 자잘한 기타 전형이 있는 것이지요. 이중 학생부교과, 학생부종합, 논술전형에 대해 살펴보겠습니다.

첫 번째인 학생부교과전형은 내신 성적이 좋은 학생을 교장 선생님이 추천하는 방식으로 학생을 뽑습니다. 한마디로 고등학교 내신 성적만 보고 뽑는 전형이지요. 두 번째로 학생부종합전형은 성적뿐만 아니라 전체 고교 3년의 학교생활을 종합적으로 평가하는 전형입니다. 보통 줄여서 '학종'이라고 부르지요. 이 전형은 수강 과목, 내신 등급, 선생님들의 학생에 대한 기록(세특·창체·행특) 등 생기부에 적힌 다양한 내용을 종합해서 합격생을 결정합니다.

물론 그렇다고 성적을 보지 않겠다는 것은 아닙니다. 당연히 성적을 가장 높은 비율로 봅니다. 하지만 단지 성적만으로 판단하지 않고 생기부의 다른 부분들도 함께 보겠다는 뜻이지요. 그런데 서울 상위 15개 대학의 경우 종합전형은 약 60%, 교과전형은 약 20%로 압도적 수치로 종합전형을 선호합니다. 심지어 서울대는 교과전형을 아예 한 명도 뽑지 않습니다. 그만큼 상위권 대학은 생기부의 여러 요소들을 두루 살피는 쪽을 선호합니다.

학종은 이름도 그야말로 무궁무진하다고 할 정도로 많습니다. 아마 주변에서 "학업우수전형으로 합격했어"라든가, "CAU 융합형인재전형으로 합격했어"라는 등의 낯선 말을 들어봤을 것입니다. 전형 이름은 이 외에도 다 알 수 없을 정도로 무척 많은데 계열적합전형, 고른기회전형, 활동우수형, 국제형, 탐구형, 지역균등전형, 지역균등특별전형, CAU 탐구형인재 등이 있습니다.

전형 이름이 많은 이유는 대학이 생기부를 다양한 방법으로 반영하기 때문입니다. 예를 들어 연세대의 경우 기본형인 '활동우수형', 영어를 중시하는 '국제형', 사회적 약자를 배려하는 '기회균형'의 3가지 전형으로 학생을 모집합니다. 이렇게 대학은 학종전형을 특징에 따라 3가지 내외로 만들고, 각각에 개성과 철학을 담은 이름을 붙입니다.

그런데 이런 세세한 전형까지 미리 알고 구분해서 생기부를 관리할 순 없습니다. 그건 마치 우르과이, 세네갈 같은 나라 이름도 다 모르는 상태에서 그 나라 동네 이름부터 알아가는 것과 같은 일이거든요. 이 부분은 지원 전공이 구체화되고 난 후 대략의 성적 수준을 고려해서 지원할 대학과 학과를 정하고, 그다음에 생각해봐도 충분합니다.

세 번째로 눈여겨봐야 할 것은 논술전형입니다. 말 그대로 각 대학이 자체적으로 출제한 논술 시험을 보는 전형이지요. 이 전형의 경우 내신 반영을 하지 않는 경우가 많고 내신 반영이 있는 학교 역시 반영 비중이 10~40% 정도로 크지 않습니다. 대신 논술전형에서도 수능 최저를 요구하는 학교가 무척 많으니 주의해야 합니다.

명문대는 왜 논술전형을 선호할까?

논술전형은 좀 이해되지 않는 선발로 보일 수도 있습니다. 내신 반영이 전혀 없다면 전교 꼴찌도 120분 동안 치러지는 시험에서, 단 몇 문제만 잘 풀면 연세대나 고려대에 합격할 수 있으니 말이죠. 더구나 수능처럼 다양한 과목을 하루 종일 보는 것도 아니고, 교육부가 직접 낸 문제도 아니지요. 연세대의 경우 수능 최저라는 조건조차 없습니다. 과연 논술 시험 하나만으로 학생의 실력을 공정하고 정확하게 평가할 수 있을까 하는 의심이 생기기도 합니다.

논술전형을 실시하는 대학을 살펴보면 2025년 기준 42개 학교인데, 주로 입시 경쟁이 치열한 상위권 사립대학입니다. 서울대를 비롯한 국립대의 경우에는 논술 시험을 보지 않습니다. 그런데 이유가 2013년 교육부가 사교육비 줄이기를 이유로 국립대들이 솔선수범해서 논술 시험을 보지 말라고 했기 때문입니다. 하고 싶은데 할 수 없게 된 것이지요. 결국 상위권 대학들은 모두 논술 시험을 신뢰한다는 걸 알 수 있습니다. 또 이 말은 그만큼 논술 시험을 잘 보기 위해서는 월등히 높은 수준의 학습이 필요하다는 것입니다.

실제로 논술전형으로 합격한 학생들은 대학에서 뛰어난 학업 성취도를 보입니다. 그도 그럴 것이 수능이나 내신 시험은 암기와 반복 훈련을 통해 좋은 성적을 만드는 것이 가능하지요. 반면 논술 시험의 경우 범위가 정해지지도 않고 난이도 역시 가늠할 수 없기 때문에 넓고 깊은 지적 능력을 갖추지 않는다면 좋은 성과를 낼 수가 없습니다.

그러니 대학이 지금보다 논술전형을 더 확대하지 못하는 건 불안해서가 아니라 이 시험을 볼 수 있는 수준 높은 수험생이 많지 않기 때문입니다. 아마 주변에서 책은 한 권도 보지 않지만 영어, 수학, 국어 성적이 1등급인 친구를 본 적 있을 것입니다. 교과서에 담긴 내용을 충실히 외워서 좋은 성적을 얻을 순 있지만 교과서에서 말해주지 않는 심화 학습을 스스로 하지는 못하는 경우 말이지요. 이렇게 수동적으로 공부한 학생과 좋아하는 분야를 깊이 있게 학습한 학생 중 누가 더 학교의 명성을 높이는 사회인이 될까요? 이런 생각을 해본다면 대학이 왜 논술을 선호하는지 알 수 있을 것입니다.

흔히 정시를 한방에 승부를 보는 전형으로, 수시를 3년의 꾸준함으로 승부하는 전형으로 구분하곤 합니다. 이 둘은 전형 시기만 다른 것이 아니라 평가 방법도, 과정도 정말 달라도 너무 다른 대륙이지요.

하지만 그렇다고 해서 어느 한쪽은 버리고 다른 한쪽만을 준비할 순 없습니다. 대학은 정시의 부족한 부분을 내신을 통해 보완하고자 하고, 수시의 부족한 부분을 수능을 통해 보완하고자 하거든요. 결국 이 두 전형도 융합의 과정으로 가고 있다고 해석해볼 수 있습니다.

그러니 수시 6장의 카드와 정시 3장의 카드는 모두 소중한 도전이고 기회인 것입니다. 이 카드들을 어디에 어떻게 배치했냐에 따라 입시의 성패가 달라지지요. 입시 전쟁에서 승리하기 위해서는 각 전형의 특징을 정확히 이해하고, 나의 강점을 어떻게 활용할지 판단해야 합니다.

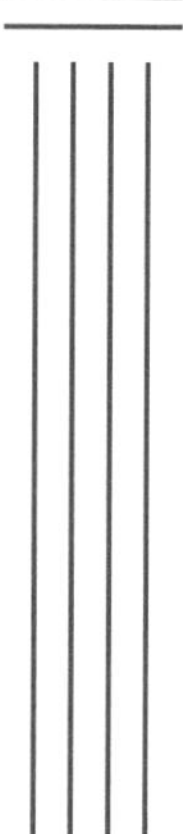

생기부에서 반드시 챙겨야 할 것들

대입의 두 가지 큰 축은 수능과 생기부라고 할 수 있습니다. 이중 생기부는 고등학교 3년 학교생활이 모두 기록되어 있는 책자라고 할 수 있지요. 때문에 항목도 많고 분량도 많습니다. 생기부 항목은 총 8가지로 구성되어 있습니다.

① 인적 및 학적 사항(일부)

② 출결 상황

③ 수상 경력(교내 대회만 기재)

④ 자격증 및 인증 취득 상황

⑤ 교과학습 발달 상황(성취도, 세부능력 및 특기사항)

⑥ 창의적 체험활동(자율활동, 동아리활동, 봉사활동, 진로활동)

⑦ 독서활동 상황

⑧ 행동특성 및 종합의견

생기부의 전체 분량은 A4 기본 서식으로 썼다고 생각해봤을 때 ①~④ 항목이 1~2장, ⑤ 교과학습 발달 상황 5~8장, ⑥ 창의적 체험활동 3~4장, ⑦ 독서활동 상황 1장, ⑧ 행동특성 및 종합의견 1~2장으로 모두 합쳐서 11장~17장 정도입니다.

이 방대한 기록 중 대학에 제출되는 기록은 개인정보를 제외한 인적 및 학적 사항 일부와 출결 사항, 교과학습 발달 상황, 창의적 체험활동(봉사활동은 시간만 제출), 행동특성 및 종합의견 5가지 항목입니다. 이 기록들은 학생이 마음대로 뽑거나 편집해서 제출하는 게 아니라 원서를 제출하면 나이스(NEIS)라는 블라인드 처리 서버를 거쳐서 각 대학에 전송되는 것이지요.

생기부가 없는 고교 검정고시 수험생의 경우 검정고시 성적증명서라는 걸 제출하는데, 이 경우 학생부종합전형 지원이 제한되거나 지원은 가능하되 불이익을 주는 대학이 상당수입니다. 더구나 정시에서도 생기부를 반영하는 학교가 늘어나는 분위기입니다. 그러니 큰 병에 걸려서 도저히 학교를 다닐 수 없는 것같이 아주 특별한 사정이 아니라면 성실히 학교생활을 하며 생기부를 만들어가는 것이 좋습니다. 그럼 생기부의 각 항목에 대해 더 자세히 알아보도록 하겠습니다.

학교생활세부사항기록부(학교생활기록부)

졸업대장번호					
학년 ＼ 구분	학교	반	번호	담임성명	
1					
2					
3					

1. 인적 및 학적 사항

학생정보	성명: 　　성별: 　　주민등록번호: 주소:
학적사항	2022년 02월 15일 ○○ 중학교 제 3학년 졸업 2022년 03월 04일 ○○ 고등학교 제 1학년 입학 2025년 02월 09일 ○○ 고등학교 제 3학년 졸업
특기사항	

2. 출결 상황

학년	수업일수	결석일수			지각			조퇴			결과			특기사항
		질병	미인정	기타	질병	미인정	기타	질병	미인정	기타	질병	미인정	기타	
1	191	.	.	.	.	.	.	1	.	.	.	.	.	
2	173	.	.	.	.	.	.	1	.	.	.	.	.	원격수업일수 61일
3	191	.	.	.	1	2	.	2	.	.	3	2	.	원격수업일수 8일

3. 수상 경력

학년 (학기)		수상명	등급(위)	수상연월일	수여기관	참가대상 (참가인원)
2	1	진로명함 만들기 대회	장려상(3위)	2023.07.09	고등학교장	전교생(○○○명)
	2	흡연 예방 및 금연 실천 포스터 그리기 대회	우수상(2위)	2023.12.21	고등학교장	2학년(○○명)
		교과우수상 (한국지리)		2023.12.31	고등학교장	수강자

4. 자격증 및 인증 취득 상황
<자격증 및 인증 취득 상황>

구분	명칭 또는 종류	번호 또는 내용	취득연월일	발급기관
		해당 사항 없음		

고등학교　　　　　년　　월　　일　　1/15

반		번호		성명	

생기부 내용 중 ①~④번 항목은 쉽게 이해할 수 있을 것입니다. 이들 중 대입에 영향을 미치는 항목은 출결 사항밖에 없습니다. 무단 결석이 3일 이상이면 감점을 받거나 불합격할 수 있는데, 실제 대부분이 질병 결석을 하지, 무단결석을 하진 않습니다. 그러니 이 부분은 간단히 이해하고 넘어가도 좋을 것 같습니다.

교과학습 발달 상황

이 항목은 전체 생기부 중에 가장 중요한 부분입니다. 생기부를 관리한다는 건 결국 교과학습 발달 상황을 관리한다는 것과 같은 말이지요. 여기에는 대입에서 중요하게 쓰이는 정보가 3가지 있는데, 첫째는 수강 과목명, 둘째는 성적 정보, 셋째는 세특입니다. 세특은 세부능력 및 특기사항의 줄임말입니다. 입시에 있어서 이 3가지가 차지하는 영향력은 그야말로 절대적이라고 할 수 있습니다.

대학은 학생의 단순 등급을 보는 게 아니라, 어떤 과목을 들었는지, 그 과목에서 성취도가 어느 정도였는지를 봅니다. 심화 과목 위주로 수강했거나 과목명 앞에 ✱표가 붙는 대학 연계 과목대학에서 개설한 과목을 고등학생이 수강하는 경우을 수강한 학생이 쉬운 기초 과목 위주로 수강한 학생보다 더 좋은 평가를 받는 건 당연한 일입니다.

○ **성적 정보**

성적 정보의 경우 과목명, 학점 수, 원 점수, 과목 평균, 성취도, 수강자 수, 석차 등급, 수행평가 내용, 등급 컷 등의 정보가 기입되어 있습니다. 항목을 하나씩 살펴보면 우선 원 점수는 학생이 받은 점수, 과목 평균은 말 그대로 그 과목을 수강한 학생들의 평균을 말합니다.

성취도는 성적을 A~E 다섯 단계로 나누어 표기한 것입니다. 중학교에서는 90점 이상이 A, 80점 이상이 B 이런 식으로 적히는데, 고등학교의 경우 과목 선생님이 등급 커트라인을 결정할 수 있습니다. 그리고 등급 커트라인이 몇 점이었는지도 대학에 제출되지요. 그럼 대학은 80점짜리 A와 90점짜리 A를 구분할 수 있습니다.

+ 1학년 교과학습 발달 상황 예시(내신 5등급제)

과목	구분	고사/영역명 (반영 비율)	만점 기준	받은 점수	원점수	성취도	석차 등급	과목 평균
공통 국어 1(4)	지필	1차 지필평가(30%)	100	96	94	A	1등급	72.3
	지필	2차 지필평가(30%)	100	95				
	수행	보고서 작성(25%)	100	92				
	수행	발표(15%)	100	90				
공통 수학 1(4)	지필	1차 지필평가(25%)	100	94	91	A	1등급	69.8
	지필	2차 지필평가(35%)	100	92				
	수행	보고서 작성(30%)	100	88				
	수행	포트폴리오(10%)	100	94				
공통 영어 1(4)	지필	1차 지필평가(25%)	100	92	89	A	2등급	71.5
	지필	2차 지필평가(25%)	100	88				
	수행	발표(20%)	100	90				
	수행	작문(20%)	100	87				
	수행	듣기(10%)	100	93				

마지막으로 수행평가가 그냥 노트 필기를 제출한 포트폴리오인지, 탐구보고서인지, 프로젝트였는지, 발표였는지 등 어떻게 이루어졌는지도 확인해볼 수 있습니다. 대학은 탐구보고서같이 까다로운 수행평가에서 좋은 성적을 받은 학생을 더 좋아할 겁니다.

이처럼 대입에서 사용되는 '내신'이라는 단어는 단순히 성적과 등수를 말하는 것이 아닙니다. 학생을 판단할 수 있는 다양한 성적 사항 정보를 합쳐서 내신이라고 부르는 것이지요. 학생이 수강한 과목이 뭔지도 눈여겨볼 테고, 1~3학년까지 성적의 등락 기복 같은 것도 보게 될 것입니다. 학생이 다닌 고등학교가 얼마나 상위권 학교인지도 판단해볼 테고, 어떤 수행평가를 주로 했는지도 볼 것입니다.

○ **세부능력 및 특기사항**

여기에 자기소개서가 폐지되고 난 이후 강한 영향력을 갖게 된 세특도 중요하게 볼 필요가 있습니다. 세특은 쉽게 말하자면 학생의 자기소개서를 3년 동안 가르친 선생님들이 기록해주는 것이라고 생각하면 됩니다. 과목(학기)당 250자라는 글자 수 제한이 있고요.

그렇다고 하더라도 1학년이 보통 7~8개 과목을 수강하고, 2~3학년은 보통 8~11개 과목을 수강하는 것을 생각해보면 대학에 제출되는 세특은 적게는 25개 많게는 35개까지 될 수 있습니다. 이건 A4 5장~8장 분량의 엄청난 양의 텍스트입니다. 더구나 학생이 한두 페이지를 직접 쓰는 자소서와 달리 세특은 과목별로 각기 다른 선생님들이 저마다 250자씩 쓴 글 조각 25개가 마치 퍼즐처럼 모여서 하나로 완성됩니다. 때문에 입시를 앞두고 급하게 지어내거나 수정할 수도 없지요.

그러니 대학 입장에서는 그야말로 신뢰할 수 있는 학생소개서가 될 것입니다. 하지만 학생 입장에서는 3년의 일관된 끈기와 전략이 필요한 일이니 여간 힘든 일이 아닐 겁니다. 그러나 이제 명문대 입학을 희망하는 학생이라면 수시·정시 모두 이 세특 없이 지원하는 건 힘든 일이라는 점을 명심해야 합니다.

+ 2학년 과목별 세특 기재 예시

학년	과목	세부능력 및 특기사항
2	문학	'문학의 수용과 생산' 단원에서 '문학과 인접 분야의 관계'를 학습하며, 과학과 문학의 접점에 깊은 관심을 보임. 올더스 헉슬리의 《멋진 신세계》를 읽고, 소설이 과학 기술을 단순한 소재를 넘어 사회 비판의 핵심 장치로 활용하는 방식에 착안하여 '과학 소설은 미래를 예측하는가, 경고하는가?'라는 주제의 보고서를 작성. 과학적 상상력이 어떻게 문학적 서사로 구현되고 사회에 메시지를 던지는지 분석함.
2	화학	김응빈의 《나는 미생물과 산다》를 읽고 미생물이 고분자 물질을 생산하는 살아 있는 화학 공장이 될 수 있다는 사실에 주목 '화학 반응의 규칙성' 단원의 중합 반응의 원리를 생화학적 관점에서 재해석함. 특정 미생물이 탄소원을 섭취하여 생분해성 플라스틱인 PHA를 생합성하는 원리를 탐구, 석유화학 공정의 한계를 지적하며 화이트 바이오테크놀로지가 지속 가능한 신소재 개발의 핵심임을 주장하는 보고서를 작성. 교과 지식을 타 분야와 융합하는 창의성을 보여줌.

2028 대입부터는 고교학점제로 고등학교 3년을 공부한 학생들이 대입에 등장합니다. 대학 입장에서는 학생이 어떤 과목을 수강했는지에 대한 정보만으로도 수준을 판단해볼 수 있겠지요. 여기에 각 과목 선생님들이 수업 중 생긴 굵직한 이벤트까지 적어주신다면 이보다 더 좋은 평가 자료가 없다고 생각하게 될 것입니다. 그러니 생기부의 기재 사항은 말 그대로 학교생활의 전부라고 할 수 있습니다. 그리고 결국 좋은 생기부를 갖는다는 건 '매사 열심히' 그냥 학교생활 자체에 최선을 다하는 것이라는 점을 명심해야 합니다.

창의적 체험활동

창의적 체험활동은 수업 시간을 제외한 학교생활 전반이라고 이해할 수 있습니다. 자율활동, 동아리활동, 봉사활동, 진로활동 4가지로 나누는데 이를 합쳐서 보통 '자동봉진'이라고 부르지요. 이 항목은 모두 대학에 제출되는데, 이중 봉사활동의 경우 시간만 제출됩니다. 분량은 세특과 같이 제한이 있는데, 1년에 자율활동과 동아리활동은 500자, 진로활동은 700자 이내로 작성되어야 합니다.

○ **자율활동**

자율활동은 그야말로 학교에서 이루어진 모든 활동을 말합니다. 그렇기 때문에 종류가 정말 다양하지요. 살펴보자면 첫째로 자치·적응활동이 있습니다. 이건 회장, 부회장, 부장 같은 학급회와 전교 학생회 활동을 말합니다. 여기에 학급 환경미화활동, 친목활동, 주번이나 청소 같은 활동, 수련회 같은 행사도 있지요.

둘째로 창의주제활동이 있습니다. 이 활동도 다양한데 학교 특색 프로그램, 한 가지 주제에 대해 탐구해보는 주제탐구활동, 스스로 계획을 세우고 탐구하는 프로젝트 학습, 2개 이상의 과목을 합쳐서 하는 융합수업활동, 과제연구활동 등이 있습니다. 셋째로 행사활동이 있습니다. 체육대회, 축제, 학예회, 과학의 날 행사, 독서의 날 행사, 각종 교내 대회, 졸업식·입학식 같은 모든 행사를 말하지요. 넷째로는

+ 자율활동 기재 예시

학년	자율활동(500자)
2	문학 수업에서 시작된 과학 기술의 윤리 문제에 대한 관심을 바탕으로, '과학 기술의 발전과 인류의 미래'를 주제로 학급 내 자율 토론회를 제안하고 사회자 역할을 자원함. 토론 규칙을 정하고 각 참여자의 발언 시간을 공평하게 분배했으며, 감정적인 논쟁으로 흐를 때마다 핵심 쟁점을 다시 환기하며 토론이 생산적으로 진행되도록 이끎. 특히 인공지능, 신소재 등 각기 다른 주제를 가진 친구들의 주장을 종합하고, '기술 발전의 속도와 사회적 합의의 속도 차이'라는 공통의 문제점을 도출해내는 등 탁월한 경청 능력, 토론 진행 능력, 종합적 사고력을 보여줌. 토론 후에는 논의된 내용을 정리한 소책자를 제작하여 학급 친구들과 공유하며 지식 나눔을 실천함. 논의 내용을 사안별로 정리하여 읽기 쉽게 만드는 등 자료 정리 능력에도 소질을 보임. 이 소책자는 이후 학교 축제에서 '과학 기술과 윤리' 부스의 기초 자료로 활용되어 더 많은 학생에게 지적 자극을 주는 계기가 됨.

안전교육활동이 있습니다. 교통안전이나 재난안전 교육, 학교폭력 예방교육, 성교육 등이 있습니다. 다섯 번째로는 기타 학교 자율활동이 있는데 리더십 캠프, 멘토-멘티, 또래 도우미, 도서부나 방송부 같은 학교 부서, 교내 캠페인 같은 활동을 말합니다.

항목이 정말 많지요? 하지만 이걸 미리 다 알아둘 필요까지는 없습니다. 그냥 성적, 동아리, 진로, 봉사를 뺀 모든 학교생활이 이 항목에 해당하는 거구나 정도로 이해하고 있으면 됩니다. 그리고 기록도 한 학년 500자 이내이기 때문에 한두 가지 활동을 전략적으로 골라서 하고 그 내용을 기재하는 것이 일반적이지요. 멘토-멘티를 집중하기도 하고, 청소를 무진장 열심히 하고 그 내용을 어필하기도 하고, 주제탐구활동 내용을 어필하기도 합니다. 모두 내가 얼마나 훌륭한 학생인지를 보여주는 내용으로 말입니다.

○ **동아리활동**

고등학교 정규 동아리활동은 학년 당 20~24시간 내외로 운영됩니다. 격주로 한 달에 두 번, 한 번에 2시간씩 활동하는 게 일반적입니다. 이 정규 동아리와 상관없이 학생이 스스로 만들거나 가입해서 활동하는 자율동아리도 있는데, 대입에는 정규 동아리활동만 반영됩니다. 동아리활동 기록은 동아리 담당 선생님이 학년 당 500자 이내로 기입해주시지요.

이 활동 역시 전략적으로 진로와 관련 있는 동아리를 선택하는 것이 일반적입니다. 그리고 활동 기록을 통해 전공 적합성과 성장을

학년	동아리활동(500자)
2	페니 르 쿠터의 《역사를 바꾼 17가지 화학 이야기》를 읽고 분자 구조가 물질의 특성을 결정한다는 사실에 영감을 얻어, '친환경 신소재 탐구' 프로젝트를 제안함. 옥수수 전분을 이용한 생분해성 플라스틱(PLA) 제작 실험을 주도하며, 글리세린 첨가량과 가열 온도가 플라스틱의 유연성에 미치는 영향을 체계적으로 탐구함. 실험 중 결과물의 강도가 예상보다 약하게 나오자, 원인을 분석하고 천연 섬유인 '셀룰로스'를 보강재로 첨가하는 아이디어를 제시하여 강도를 개선하는 등 창의적인 문제 해결 능력을 보여줌. 또한 이 과정에서 의욕을 잃은 동료들을 독려하여 실험을 성공으로 이끎. 실패를 통해 배우고 끊임없이 개선하려는 탐구 자세가 돋보임. 특히, 셀룰로스 첨가 비율에 따른 인장 강도 변화를 정량적으로 측정하기 위해 자체적으로 간이 인장 강도 측정 장치를 고안하고 제작하는 등 공학적인 문제 해결 능력까지 선보여 동아리 부원들의 귀감이 됨.

어필합니다. 그런데 내 입시에 필요한 동아리가 인기 동아리라 가입을 못 하게 될 수도 있습니다. 그럴 땐 가입 가능한 동아리를 나의 생기부 스토리로 어필할 수 있는 창의적인 방법을 생각해내야 합니다.

○ **진로활동**

진로활동은 말 그대로 진로와 관련된 활동을 말합니다. 진로 캠프, 진로 특강, 관련 교내 대회 등 학교에서 이루어지는 진로 관련 프로그램에 참가한 내용이 적히기도 하고, 진로 탐색을 위한 독서나 영상, 조사 및 탐구 같은 활동이 적히기도 합니다. 진로 체험활동을 적는 것도 좋은데 강연에 참석했다든가, 멘토링, 대학 탐방이나 박람회 같은 진로를 찾기 위한 모든 체험활동이 여기에 속합니다.

이외에도 진로 관심 분야의 주제 탐구보고서를 작성한다거나 전공 관련 실험이나 제작(예: 로봇 만들기)을 하는 등 일단 진로와 연결할 수 있는 건 다 적을 수 있습니다. 주제 탐구보고서는 한 가지 주제를 정해서 깊이 공부해보고 그 내용을 보고서로 작성한 걸 말합니다. 진

+ 진로활동 기재 예시

학년	진로활동(700자)
2	화학 세특에서 시작된 '화이트 바이오테크놀로지' 분야에 대한 깊이 있는 이해를 목표로 1년간 꾸준히 탐구를 진행함. CJ제일제당의 '해양 생분해 플라스틱(PHA)' 개발 성공 사례를 조사하며, 특정 해양 미생물 균주를 발견하고 대량 배양하여 생산 공정을 확립하기까지의 과정을 상세히 분석함. 특히 고분자 소재의 특성을 결정하는 분자량과 단량체 조성을 미생물의 종류와 공급하는 영양분(탄소원) 조절을 통해 제어할 수 있다는 사실에 깊은 감명을 받음. 이 과정에서 생명과학 시간에 배운 세포의 물질대사와 미생물의 플라스틱 생합성 과정을 연결하여 이해의 깊이를 더함. 이를 통해 신소재공학이 화학, 생명과학, 공정이 결합된 최첨단 융합 학문임을 깨닫고, '바이오 소재 전문가'라는 구체적인 진로 목표를 확립함. 문학 수업에서 배운 기술의 사회적 책임에 대한 성찰을 바탕으로, 바이오 플라스틱 생산에 필요한 원료 작물 재배가 식량 문제와 충돌할 수 있다는 점까지 고려하는 등 균형 잡힌 시각을 보여줌. 대학 진학 후, '고분자화학'과 '미생물학'을 융합적으로 학습하여 최종적으로는 인체에 무해하고 거부 반응이 없는 의료용 생분해성 고분자(수술용 실, 약물 전달체 등)를 연구하여 인류의 건강에 직접적으로 기여하고 싶다는 구체적인 학업 계획을 담은 보고서를 제출하여 진로에 대한 진정성과 깊이를 증명함.

로 활동 내용을 적는 건 주로 1학년 때는 진로 담당 선생님이, 2~3학년에서는 담임이 해주는 것이 일반적입니다.

독서활동 상황

독서활동 상황은 읽은 책에 대한 기록입니다. 기입 순서는 독후감을 써서 '독서로'라는 사이트에 업로드하고, 해당 사이트에서 다시 업로드한 독후감을 다운로드를 받아 인쇄한 후 선생님에게 찾아가서 제출까지 해야 완료되지요. 이때 현재 수업 중인 선생님들 중 어떤 과목 선생님에게 제출할지도 정해야 합니다. 독서록을 받은 과목 선생님은 학생이 쓴 글을 검사하고 큰 이상이 없다고 판단되면 '독서활동 상황란'에 해당 책의 제목과 작가명을 입

+ 독서활동 상황 기재 예시

학년	과목	독서활동 상황
2	국어	아몬드(손평원)
		나는 나로 살기로 했다(김수현)
	영어	The Giver(로이스 로리)
	화학	세상은 온통 화학이야(장홍제)
	공통	전기자동차 배터리의 비밀(요시노 아키라) 그릿(김주환)
		왜 세계의 절반은 굶주리는가?(장 지글러) 하루 15분 정리의 힘(윤선현)

력해주십니다. 좀 복잡하고 번거로운 과정이지요?

현재 입시에서 독서활동 상황은 대학에 제출되지 않습니다. 그래서 독서록 제출을 게을리하는 학생이 많습니다. 하지만 선생님에게 수업 내용을 스스로 심화해서 공부하는 모습을 어필하는 데 독서록만큼 좋은 도구는 없다는 점을 명심해야 합니다. 이런 내용이 생기부에 기재되었을 때 더 좋은 생기부 스토리를 완성할 수 있는 것이지요. 그러니 대학에 직접적으로 제출되지 않는 기록이라고 해도 독서록 관리는 성실히 하는 영리한 전략이 필요합니다.

행동특성 및 종합의견

행동특성 및 종합의견은 학교생활 전반에 대한 담임 선생님의 총평입니다. 줄여서 행특이라고 부르고 1년에 한번 작성되지요. 모든 선생님은 행특 500자 기록을 대입에 유리한 말들로 채우기 위해 최선을 다합니다. 하지만 담임이 23명이 넘는 반 학생들 하나하나의 1년을 모두 기억할 순 없습니다. 그렇기 때문에 보통의 경우 그동안 기재된 생기부 내용을 꼼꼼히 살피고 이를 종합해서 적어주는 것이 일반적입니다.

학년	행동특성 및 종합의견(500자)
2	하나의 지식을 배우면 그것이 다른 지식과 어떻게 연결되는지, 그리고 세상에 어떻게 쓰일 수 있는지를 끊임없이 고민하는 융합적 사고력이 돋보이는 탐구자임. 화학 수업에서 시작된 플라스틱이라는 주제는, 문학 수업을 통해 기술의 윤리와 인문학적 성찰로 확장되었고, 이는 다시 동아리활동의 미생물 분해 실험이라는 과학적 실천으로 이어짐. 이처럼 지식의 경계를 넘나들며 자신만의 탐구 스토리를 완성해나가는 지적 성실함이 이 학생의 가장 큰 장점임. 특히 최근 읽은 마이클 샌델의 《생명의 윤리를 말하다》에서 얻은 영감을 바탕으로, 생분해성 플라스틱 개발 또한 생명 윤리의 관점에서 접근해야 한다는 깊이 있는 견해를 밝히는 모습에서, 기술의 사회적 책임까지 고민하는 성숙한 태도를 엿볼 수 있었음. 화려하진 않지만 실패를 두려워하지 않고 묵묵히 자신의 탐구를 밀고 나가는 꾸준함을 갖추었으며, 향후 신소재 분야에서 기술적 전문성과 사회적 책임감을 모두 갖춘 인재로 성장할 잠재력이 충분함.

알아야
기회를 잡을 수 있다

교육부가 2024년 11월 발표한 2028 대학입시제도 개편안의 핵심 내용에는 어떤 메시지가 담겨 있을까요? 이 메시지를 읽어낼 수만 있어도 입시의 반은 이해한 것이라고 할 수 있습니다. 2028년부터 바뀌는 대입을 한마디로 표현하면 '더 쉽고, 더 다양하고, 더 융합적인 교육'이라고 할 수 있습니다. 그런데 구체적으로 무엇이 어떻게 바뀌는 걸까요? 최소한의 내용을 정리해보자면 다음과 같습니다.

먼저 수능의 변화입니다. 현재 수능은 선택 과목 체제로 국어, 수학, 탐구 영역에서 학생이 원하는 과목을 골라서 시험을 봤습니다. 예를 들면 국어에서는 독서와 문학을 공통으로 시험 보고, 화법과 작문, 언어와 매체는 2과목 중 1개만 선택해서 시험을 봤습니다. 하지만

	변경 전	변경 후
수능	선택 과목 체제	통합형 과목 체제 킬러 문항 배제
수학 범위	미적분 II · 기하 포함	미적분 II · 기하 제외
내신	문과·이과 구분 9등급 (1등급 4%)	문과·이과 완전 폐지 5등급 (1등급 10%)
핵심 변화	과목별 학습	융합형·통합형 평가

2028년부터는 선택 과목들이 사라지고 모든 학생이 화법과 언어, 독서와 작문, 문학을 똑같이 시험 보게 되는 것이지요. 또 기존에 킬러 문항이라고 불리는 극악스럽게 어려운 문제들도 사라집니다. 이건 학생들 간의 과도한 경쟁을 줄이고, 모든 학생이 따라올 수 있는 적절한 수준의 교육을 하겠다는 의미입니다.

수능에서 수학 출제 범위의 변화도 눈에 띕니다. 지금까지는 미적분 II · 기하 진도에서는 정말 어려운 킬러 문제가 단골 출제되어왔습니다. 하지만 2028년부터는 미적분 II · 기하가 수능 출제 진도에서 제외됩니다. 수학 시험이 좀 더 쉬워지는 것이지요. 이 역시 학생들의 학습 부담을 덜어주려는 변화라고 볼 수 있습니다.

내신 평가 시스템에도 큰 변화가 있습니다. 현재 고등학교에는 문과·이과의 구분이 있고 내신을 9등급으로 나눴습니다. 하지만 2025년 고등학교 1학년 학생들부터는 문과·이과 구분이 없고, 내신 역시 5등급으로 바뀌게 됩니다. 문·이과 구분이 없어지는 이유는 고교학점제가 시작되면 학생 개개인이 과목을 선택하기 때문에 굳이 이런 구분을 할 필요가 없어지기 때문입니다.

그리고 내신 5등급 전환은 상대평가의 치열함을 줄이고, 친구를 밟고 올라서려고 하기보다는 함께 성장할 수 있는 환경을 만들기 위한 변화입니다. 이전 9등급에서는 1등급을 받을 수 있는 학생이 전체의 4%뿐이었는데, 5등급에서는 전체의 10%가 되거든요. 1등급을 받을 수 있는 학생이 지금보다 2.5배 많아지기 때문에 내신 경쟁의 치열함이 조금이나마 해소될 것입니다.

학생 평가 방식에도 중요한 변화가 있습니다. 지금까지 우리 교육은 과목을 엄격히 구분해서 가르치고 시험 역시 동일했습니다. 하지만 2028년부터 도입되는 융합형·통합형 평가는 여러 과목을 섞어서 시험 문제를 출제합니다. 미래형 인재는 한 과목만 잘하는 게 아니라 여러 분야를 연결해서 생각하는 융합적 사고력이 필요하거든요. 이것 역시 세계적인 교육 흐름과 일치하는 변화입니다.

살펴본 모든 변화를 종합해보면, 2028 대입 개편은 단순히 시험 한 번으로 모든 걸 결정하는 게 아니라, 학생이 고등학교 3년 동안 어떻게 성장했는지도 함께 보겠다는 철학을 담고 있습니다. 결국 암기보다는 융합 사고를, 경쟁보다는 협력을, 결과보다는 과정을 중시하는 교육으로의 전환이라고 할 수 있습니다.

여기에 2025년부터 전면 시행하고 있는 고교학점제가 더해지지요. 그런데 이런 변화는 얼핏 복잡하고 어려워 보이지만 변화의 큰 그럼을 보고자 한다면 한국의 교육 변화는 의외로 심플한 방향성을 갖고 있습니다.

세계는 이미
'탈 시험' 시대로

생각해보면 내신 5등급제가 되면 1등급이 너무 많아질 것입니다. 여기에 선생님의 주관적인 평가인 정성 평가까지 늘어납니다. 킬러 문항이 없어진 데다 무척 어려운 수학 진도였던 미적분Ⅱ·기하까지 출제 범위에서 제외된다고 하니, 수능마저 쉬워지는 것입니다. 도대체 변별력은 어떻게 확보하겠다는 걸까요?

급변하는 시대에 세계 경쟁력을 갖추려면 제대로 된 교육을 해야 할 텐데 한국 교육만 엉뚱한 방향으로 가고 있는 건 아닌지 걱정될 수도 있습니다. 하지만 이런 걱정과는 다르게 2028 대입 개편은 세계 교육의 큰 변화와 같은 방향을 향하고 있는 중입니다. 경쟁력 있는 방향으로 변하는 중이라는 말이지요.

이걸 이해하기 위해서 세계 주요국의 교육 개혁 방향과 한국 교육의 개혁 방향을 비교해보겠습니다.

우선 핀란드의 경우 과목을 구분해서 가르치던 기존 방식을 버리고 2016년부터 통합 교과 수업을 시작했습니다. 예를 들면 '환경 문제'라는 주제로 과학, 사회, 국어를 함께 배우는 식이지요. 또 교과

국가	주요 국가의 교육 개혁	시행 시기	한국의 교육 개혁
핀란드	통합 교과 강조 현상 기반 학습 경쟁을 최소화한 평가	2016~	통합 교과 도입 과정 중심 평가 융합적 사고 강조
미국	SAT 선택화 홀리스틱 평가 역량 중심 선발	2020~	수능 영향력 감소 정성평가 확대 성장 과정 중시
싱가포르	PSLE 등급제 완화 진로별 맞춤 교육 21C 역량 강화	2021~	5등급제 전환 고교학점제 미래 역량 중심
IB (국제 교육 과정)	지식론(TOK) 필수 확장 에세이 창의성·활동·봉사	지속적 변화	비판적 사고력 심화 탐구 강조 전인적 평가

서를 달달 외우는 대신 현실 문제를 직접 해결해보는 공부법을 도입했습니다. 가장 큰 변화는 경쟁을 최소화하기 위해 성적표에 등수 표기를 하지 않는 절대평가의 도입입니다. 우리나라도 이와 비슷하게 통합교과를 도입하고, 시험 점수만 보는 게 아니라 과정 중심 평가로 바뀌고 있지요.

미국의 경우는 2020년부터 우리나라 수능 같은 시험인 SAT 시험의 영향력을 줄이기 시작했습니다. 숫자로 표기되는 시험 점수만으로 학생을 평가하지 않겠다는 뜻입니다. 대신 홀리스틱(holistic) 평가라는 방식을 도입했는데, 이는 성적뿐만 아니라 학생의 모든 면을 종합적으로 보는 평가입니다. 우리나라도 마찬가지로 수능의 영향력을 줄이고, 내신 반영을 할 때도 학생의 성장 과정을 더 중시하는 생기부 종합평가 쪽으로 평가 방식이 변하고 있습니다.

싱가포르의 경우에는 2021년 이후 우리나라 중학교 졸업시험 격인 PSLE의 등급 구분을 줄였습니다. 너무 치열한 경쟁 때문에 스트레스 받는 학생이 많으니 이를 줄이겠다는 의도인 것이지요. 대신 학생 개개인에게 맞는 진로별 맞춤 교육을 강화하고 암기보다는 21세기에 필요한 능력을 기르는 데 집중하는 중입니다. 우리나라도 내신을 9등급에서 5등급으로 줄였지요. 또 고교학점제를 통해 학생이 원하는 과목을 선택할 수 있게 했습니다.

우리 교육의 변화는 국제적으로 인정받는 교육과정인 IB와도 같은 방향을 향하고 있습니다. IB에서는 기본적으로 지식론(Theory of Knowledge, TOK)이라는 과목을 필수 과목으로 수강하게 하는데, 이건 '우리는 어떻게 아는가?'에 대해 깊이 생각해보는 수업입니다. 여기에 '확장 에세이'라고 해서 자신이 관심 있는 주제를 깊이 연구해서 소논문을 쓰거나 심화 탐구보고서를 작성해보는 과제가 있습니다. 창의성·활동·봉사도 모두 해야 하지요. 우리나라와 상당히 비슷하지요? 단순 암기식 수업에서 벗어나 비판적 사고력을 키우는 것도 그렇고, 심화 탐구를 강조하는 것도 그렇습니다. 우리의 평가 역시 한 사람의 모든 능력과 성장 과정을 평가하는 전인적 평가를 하는 방향으로 변해가는 중이지요.

세계 교육 패러다임의 전환을 해석해보면 크게 4가지 공통점을 찾아볼 수 있습니다. 첫째는 모든 학생들에게 동일한 교육과정을 시행하던 표준화 교육에서 학생 개개인의 관심사와 적성에 맞춘 개별화 교육으로 전환되었다는 점이지요. 이런 세계 흐름에 발맞추어 우리도 고교학점제를 통해 192학점 중 50% 이상을 학생이 스스로 선택할 수 있게 변화한 것입니다.

둘째는 상대평가로 학생을 경쟁시키던 방식이 절대평가를 통해 경쟁보다는 함께 성장하는 협력의 교육을 추구하는 쪽으로 변화했습니다. 더구나 기존 내신 9등급을 유지한다면 학생 수가 5~30명인 작은 규모의 학교에 다니는 학생들에게는 등수가 곧 등급이 되는 대참사가 발생합니다. 현재 인구가 꾸준히 감소하고 있기 때문에 소규모 학교는 점점 더 많아질 것입니다.

셋째는 지식의 양을 평가하는 암기 중심의 교육에서 지식의 활용과 창조 능력인 사고력 중심의 교육으로의 변화입니다. 수능에서는 통합형 수능과 융합 문제로의 변화와 심화 탐구 능력의 중요성 강조가 모두 같은 맥락에서 만들어진 변화라고 할 수 있습니다.

마지막으로 시험 점수라는 결과를 중시하던 평가에서 학생의 성장 과정 전체를 살펴보는 평가로의 전환입니다. 세특 강화와 수행평가 비중 확대가 이런 변화를 보여주는 평가의 변화라고 할 수 있습니다.

세계 교육의 변화 중에서도 특히 주목할 변화는 미국 캘리포니아주 연구 중심 대학 그룹을 뜻하는 UC시스템이 2021년부터 기존 SAT/ACT^{미국형 수능}를 아예 반영하지 않는 'test-free' 정책을 채택한 것입니다. 대안으로 내세운 홀리스틱 평가는 점수뿐만 아니라 학생의 전반적인 역량과 잠재력을 종합 평가하겠다는 취지로, 기존 정량평가의 비중을 낮추고 정성평가로 변화하고 있는 한국 교육 개혁과 완전히 일치하지요.

대입은
스포츠가 아니다

제 은사님께서는 고려대 입학사정관 제도를 설계한 초대 입학사정관 실장이셨습니다. 지금은 다소 낯설게 들릴 수 있으나 학생부종합전형의 예전 이름이 입학사정관 제도입니다. 은사님께서는 지금까지도 그때 이야기를 자주 하실 정도로 이 제도에 대한 남다른 관심과 애정을 갖고 계십니다.

그도 그럴 것이 입학사정관 제도의 도입은 한국 교육에 있어서 특별한 의미를 갖는 일이었습니다. 이전의 대입은 오로지 '시험'을 통해 학생을 선발했지요. 입시가 변한다고 해도 시험의 방식과 내용만 달라졌습니다. 하지만 입학사정관 제도는 단지 시험 방법이 아니라 새로운 평가 패러다임의 등장 그 자체였습니다. 그리고 이 변화가 오랫동안 바람직한 교육에 대해 연구해온, 뼛속 깊이 교육학자인 은사 님에게는 무척이나 설레는 일이었을 것입니다.

그러나 이런 기쁨과는 별개로 이 낯선 평가 방식이 입시에 민감한 우리나라에 도입되었을 때 많은 풍파를 겪어야 될 것임을 예상하셨습니다. 그래서 앞으로 꾸준히 제기될 공격에도 흔들림 없이 뿌리내릴 수 있는 좋은 제도를 만들기 위해 열정을 쏟으셨지요. 새로운 입시가 도입된 지 이제 18년의 시간이 흘렀습니다. 그동안 은사님의 예측처럼 이 제도를 통째로 흔들었던 큰 사건이 여럿 지나갔고 그로 인해 존폐의 기로에 선 적도 있습니다.

하지만 그야말로 모진 일들을 겪어온 이 제도는 오늘날 상위 15개 대학에서 무려 33.5%의 비중을 차지하는 대표 전형으로 자리 잡았습니다. 그 옛날 은사님이 설계한 입학사정관 제도의 기본 틀이 이제는 입시의 중심 패러다임이 되었다고 해도 손색이 없을 것 같습니다.

시험이라는 결과에 대한
과정평가의 도입

올림픽에서는 오로지 결승전 대회 결과만으로 메달 순위가 정해지지요. 예선 점수가 아무리 높았다고 해도, 남들보다 두세 배의 노력을 했다고 하더라도 소용없습니다. 심지어 억울한 결과를 받아들여야 할 때도 있습니다. 김연아는 2014년 소치 올림픽에서 심판의 편파 판정으로 인해 완벽한 연기에도 불구하고 은메달을 받아야 했지요. 이 일로 전 세계 언론이 분개했지만 정작 김연아는 웃으며 당당하게 결과를 받아들이는 모습을 보였습니다. 이 장면은 스포츠 정신의 정수를 보여주는 장면으로 아직까지 회자되고 있습니다.

이렇게 과정을 반영하지 않고 오직 결과에 승복하는 태도는 지극히 상식적이고, 모두가 생각하는 공정함 그 자체이지요. 주관적 요소가 결과에 영향을 미친다면 그것이야말로 스포츠 정신에 위배되는 일이 아니겠습니까.

대입도 그러해야 하지 않을까요? 많은 사람들은 현재의 복잡한 대입보다 수능과 내신 등급, 논술, 면접, 실기와 같은 시험의 결과를 통해 학생을 선발하는 것이 바람직하다고 여기고 있습니다. 하지만 입학사정관 제도의 도입을 기점으로 대입은 시험이라는 결과뿐만 아니라 그 성적이 만들어진 과정을 함께 평가하고자 합니다.

이건 참 낯선 개념이지요. 마치 올림픽에서 순위를 정할 때 그동안 선수가 해온 노력 점수를 합산해서 메달을 주겠다는 것과 같은 말이니까요. 특히 세특은 선수를 지도한 코치의 주관적 기록이라고 할 수 있으니 더욱더 납득되지 않을 것입니다. 왜 이런 상식적이지 않은 입시가 도입된 걸까요?

원인은 상식의 기준에 있습니다. 그동안 우리는 대입을 스포츠 경기처럼 여겨왔지요. 하지만 생각해보면 스포츠와 학문은 엄연히 서로 다른 영역의 일이고 대입은 스포츠가 아닙니다. 스포츠의 목적은 승자와 패자를 가르는 데 있습니다. 하지만 학문은 순위를 매기거나 경쟁을 통해 이기고 지는 그런 일이 아닙니다. 그러니 '결과를 중시하는 스포츠의 기준이 아니라, 과정을 중시하는 학문의 기준에서 입시를 재정립하고 보완해야 한다'는 것이 입학사정관 제도의 도입, 즉 학종의 출발점인 것입니다.

고교학점제와
절대평가

과정평가를 뿌리내리게 만든 것이 학종이었다면, 고교학점제는 절대평가의 정착이라는 큰 과제를 안고 만들어진 제도입니다. 이 변화 역시 교육에 있어서 스포츠와 같은 무조건적인 경쟁을 지우고 다양성을 추구하겠다는 패러다임의 대전환에서 출발한 것이지요.

그동안 우리의 평가 방식은 남과 비교해서 얼마나 '더', 혹은 '덜'에 집중해왔습니다. 하지만 공부에서 그런 비교는 중요하지 않지요. 내가 배우고자 하는 과목을, 나만의 성취 기준을 향해 공부하고 평가받아야 하는 것이 더 교육다운 일이라는 것이 고교학점제에 담긴 철학입니다.

새로 도입된 이 제도 역시, 지난 18년의 시간 동안 학종이 험난한 길을 걸어왔던 것처럼 앞으로 많은 풍파를 겪게 될 것입니다. 현재 고교학점제를 바라보는 불편한 시선은 정말 많습니다. 대표적인 내용을 살펴보면, 첫째는 이상은 좋으나 현재 우리 교육 현실에서 과연

할 수 있느냐의 문제입니다. 많은 과목 수에 비해 부족한 교사 수 문제와 이로 인해 늘어나는 업무량 같은 문제들이 있습니다. 무엇보다 아직 고등학생인 아이들이 진로를 확정하고 스스로 과목을 선택하는 것이 현실적이지 않다는 문제도 있습니다.

둘째는 교육부가 아닌 각 고등학교가 자기 학교에서 어떤 과목을 가르칠지 정한다면 학교에 따라 교육의 질이 달라질 수 있다는 걱정입니다. 분명 대도시의 큰 학교와 지방의 소규모 학교 사이에는 개설 과목 차이가 생길 수밖에 없습니다. 여기에 외고·자사고와 같은 우수한 학생이 많은 학교는 다양한 심화 과목을 개설할 수 있고 이것만으로도 대입에 유리하게 작용될 것입니다. 이런 고교 간 차이를 깨지 않는 이상 고교학점제는 오히려 교육 격차를 심각하게 만들 거라는 우려도 존재합니다.

셋째는 고교학점제와 같은 복잡한 내용이 입시의 공정성을 훼손한다는 입장입니다. 3년의 치밀한 전략이 필요한 대입은 입시에 대한 정보가 상대적으로 적은 저소득 계층 부모에게 불리할 수밖에 없습니다.

이런 문제를 안고 고교학점제를 전면 시행하는 것은 옳은 일일까요? 그런데 사실 이건 모든 제도가 처음 도입될 때 공통적으로 나타나는 문제라고 할 수 있습니다. 그렇기 때문에 대부분은 더 많은 투자와 지원으로 해결해나가거나, 보완할 수 있는 일이지요.

내신 5등급제와
상대평가 유지

하지만 내신 5등급제와 함께 상대평가 유지라는 2023년 교육부 발표는 극복하기 어려운 시련이 될 것 같습니다. 오히려 내신 5등급제는 내신에 대한 변별력을 낮춘다는 문제를 만들긴 하겠지만, 그렇다고 고교학점제의 운명을 좌우할 정도의 문제는 아닙니다. 진짜 문제는 상대평가의 유지에 있습니다. 이는 고교학점제의 취지와 정면으로 충돌하는 평가 방법입니다. 그렇기 때문에 상대평가가 유지된다면 고교학점제가 제대로 뿌리내리는 건 거의 불가능에 가깝다고 봐야 할 것입니다.

물론 우리에게는 얼마나 잘했는지를 등수로 표기하는 상대평가가 무척 당연한 일로 느껴집니다. 그나마 경험해본 절대평가 성적표는 수능에서 제2 외국어와 한문, 역사, 영어 세 과목에 등수 표기가 되지 않는 정도일 것입니다. 하지만 이 과목들은 워낙 입시에서 비중이 작은 과목입니다. 때문에 등수와 등급을 없앤다고 해도 그리 큰 충격 없이 제법 순조롭게 받아들여졌지요.

그러나 고교 내신 전체가 절대평가가 된다는 건 차원이 다른 일입니다. 내신은 대입에서 비중 있는 평가이지요. 만약 절대평가를 도입한다면 성적표에 등수가 나오지 않는데 누가 더 잘하는 학생인지는 도대체 어떻게 가려낼 수 있는 건지 이해되지 않을 수 있습니다. 쉽게 고교 선생님이 전교생에게 모두 올 A를 주는 이른바 점수 퍼주기를 하면 그 학교 출신 아이들은 입시에 유리해질 거라는 예측을 해볼 수도 있겠지요.

그런데 이건 새로운 대입을 충분히 이해하지 못했기 때문에 생긴 오해입니다. 실제로 지난 2021년 절대평가 계획이 처음 발표되었을 때 대학들은 지금까지 학종 운영 노하우가 있기 때문에 절대평가로 바뀐다고 해도 충분히 우수한 학생을 뽑을 수 있다는 자신감을 보였습니다. 더구나 앞서 설명한 생기부를 보고 대학이 어떻게 정보를 찾아내는지에 대한 내용을 이해했다면, 절대평가와 상대평가가 대학 입장에서는 큰 차이가 없다는 걸 알 수 있을 것입니다. 여기에 부족한 부분은 세특과 면접을 통해 보충할 수 있다는 게 대학이 가진 자신감의 근거지요. 정리하자면 절대평가든, 상대평가든 대학 입장에서는 크게 문제가 되지 않는다는 말입니다.

정작 문제가 되는 건 고교 교육에 있습니다. 상대평가가 유지된다면 정상적인 고교학점제 운영이 불가능하게 됩니다. 사례를 하나 생각해보면, 심화 과목이나 특수 과목을 소신 있게 수강하고 싶은 학생이 있다고 해도 신청자가 9명 이하일 경우 1등을 해도 상위 11%이므로 2등급을 받게 됩니다. 그 과목에 1등급이 단 1명도 없다는 말이지요.

이렇게 극단적인 경우가 아니더라도 수강생이 적으면 적을수록 내신 따기가 어려워집니다. 때문에 학생들은 수강 인원이 많은 과목을 선택하려고 할 것입니다. 가뜩이나 5등급으로 바뀌게 되면 한 등급만 차이나도 엄청난 격차가 될 것입니다. 여기에 과목 수강생 문제로 등급 패널티까지 가져가야 한다면 나만의 소신 있는 과목 선택은 내신을 포기한다는 것과 같은 말이지요. 또한 실험, 수업을 듣는 친구들이 서로 협력해야 결과를 얻을 수 있는 팀 프로젝트 수업의 경우에도 상대평가는 걸림돌이 될 수밖에 없습니다.

학생들뿐만 아니라 선생님들 역시 마찬가지입니다. 소신 있는 심화 수업을 설계하기보다는 이후 학부모 항의가 생기지 않을, 소위 뒤탈 없는 평범한 수업을 계획할 수밖에 없겠지요. 그러니 상대평가가 유지되는 이상 결국 교육과정의 다양성은 사라질 것이고 획일적인 과거 교육과정으로 회귀하게 될 수밖에 없습니다.

이제 교육부가 이 문제를 어떻게 해결해나갈지 지켜봐야 하겠지만, 교육은 결국 미래를 향해 갈 수밖에 없습니다. 강물이 거꾸로 흐를 수 없는 것처럼요. 물살의 흐름을 잠깐 막을 수는 있겠으나 결국 이 교육은 원래 가야 할 방향을 향해 가게 될 것입니다. 그러니 앞으로 입시에서는 남과의 경쟁에서 점수로 이기는 것은 힘을 잃게 될 것입니다. 순수한 나의 탐구, 그 탐구의 깊이가 입시의 경쟁력이 될 날을 준비해야만 합니다.

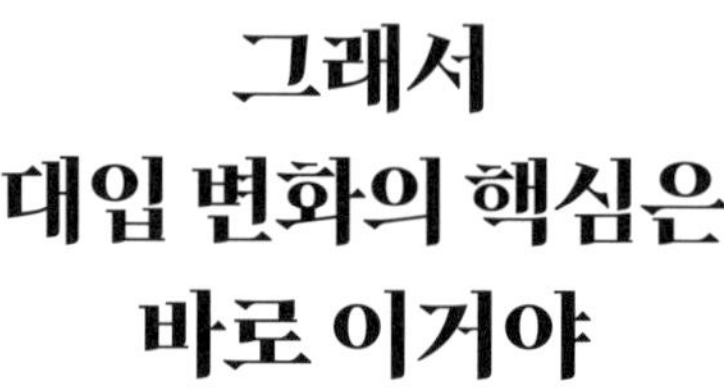

그래서
대입 변화의 핵심은
바로 이거야

2028 대입 변화를 종합해봤을 때 앞으로의 입시에서는 통합적 사고, 비판적 분석, 창의적 적용이라는 기본기가 반드시 필요합니다. 이런 역량은 깊이 있는 독서를 통해서 만들어지는 능력이지요. 이건 모든 교육 전문가들의 일치된 생각입니다. 그래서 고교학점제와 같은 입시 변화에 대한 얘기가 나올 때마다 결국 독서가 가장 중요해진다는 이야기가 나오는 것이지요. 세계 교육의 패러다임이 '얼마나 많이 알고 있는가'에서 '어떻게 생각하는가'로 전환되고 있는 지금, 독서는 단순한 지식 습득의 도구를 넘어 핵심 역량이 되고 있는 것입니다.

그럼 좀 더 자세히 독서가 2028 대입 변화에 어떻게 작용하는지 살펴보겠습니다.

많은 변화 중 가장 크게 눈에 띄는 변화는 내신 5등급제입니다. 기존 9등급제에서 1~2등급 비율이 11%였다면, 새로운 5등급제에서는 1~2등급 비율이 34%로 늘어납니다. 그럼 더 쉬워지는 걸까요? 천만의 말씀입니다. 상위권에 진입할 기회가 늘어난 만큼, 그 안에서의 경쟁은 더 치열해질 수밖에 없습니다.

실제로 학종의 평가 특성을 보여주는 흥미로운 통계가 있습니다. 2022학년도 서울 주요 15개 대학 학종 결과를 분석해보면 인문계열 합격자의 평균 내신은 2.25등급, 불합격자는 2.67등급으로 이 둘의 차이는 0.42등급에 불과했지요. 더욱 주목할 점은 서울대가 직접 공개한 2023학년도 합격 사례입니다. 일반고에서 수학 2.2등급, 과학 2.25등급을 받은 학생들이 서울대 역사학부에 합격했고, 국어 2등급을 받은 학생이 심리학과에 합격했습니다. 반면 같은 학과에 내신 1등급 학생들이 불합격하는 경우도 있었습니다.

이 상반된 결과의 비밀은 바로 세특에 있었습니다. 한국대학교육협의회의 〈2023 학생부종합전형 평가보고서〉에는 "단순 성적보다 지적 호기심과 탐구 역량을 보여주는 세특을 더 중요하게 평가한다"라고 적혀 있었습니다.

결국 2028 대입에서 5등급제로 상위권 내신을 확대한 것은 더 많은 학생들에게 '숫자'가 아닌 '내용'으로 승부할 기회를 주겠다는 의미입니다. 이제 대학은 '누가 1등급인가'보다 '누가 더 깊이 있게 탐구했는가'를 평가하고자 합니다. 결국 숫자가 아닌 과정을 판단하겠다는 건데 그 과정을 기록한 세특을 더 풍부하고 매력적이게 만들기 위해서는 독서를 통한 심화 또는 확장이 필수지요.

융합적 사고가
필수가 된 이유

2028 수능의 특징은 문·이과 구분 없이 봐야 하는 통합 사회와 통합 과학입니다. 이제까지 사회·문화, 생활과 윤리 같은 과목은 따로 선택한 학생만 수능 시험을 봤습니다. 하지만 이제는 정치, 사회, 지리, 역사, 경제, 윤리가 모두 합쳐진 통합 문제가 출제되고 모든 학생들이 이 문제를 풀어야 합니다.

실제 2024년 9월 교육부가 공개한 통합 사회 예시 문항의 구조를 보면 철학사에 대한 기본 지식(윤리), 고대 그리스 사회에 대한 이해(역사), 현대 한국 사회의 특성 파악(사회·문화), 행복 지수나 통계 분석 능력(경제)이 하나의 문제 안에 있었습니다. 이런 통합형 문제는 교과서 암기나 문제 풀이 위주의 공부를 통해서는 절대 풀어낼 수 없습니다. 다양한 독서를 통해 만들어진 융합적 사고력이 필요한 것입니다.

내신과 수능뿐만이 아닙니다. 2028 대입에서 가장 큰 변화는 정성평가 비중의 확대에 있습니다. 이제 '무엇을 얼마나 잘했냐'가 아니라 '어떻게 생각하고 성장했냐'가 더 중요해졌습니다. 그리고 이 같은 평가는 크게 3가지로 독서의 중요성을 부각시킵니다.

첫째는 전공 적합성의 증명에 있습니다. 단순히 "의사가 되고 싶다"는 선언이 아니라, 의학에 대한 지속적인 관심과 탐구를 보여줘야 하는 것이지요. 그럼 이걸 어떻게 보여줄 수 있을까요? 여러 가지 방법이 있겠지만 가장 효과적인 방법은 관련 분야의 연구를 통해 증명하는 것입니다. 그리고 그 연구라는 것은 결국 책, 논문, 자료, 기사 등 텍스트를 읽고 정리해서 글을 써보는 일이지요.

《숨결이 바람 될 때》라는 책을 읽고 이를 생기부에 반영하는 예를 들어보겠습니다. 윤리와 사상 과목은 "현대 의료 윤리에서는 존엄사 문제를 깊이 있게 탐구함", 생명과학 과목은 "현대 의학의 한계와 가능성에 대해 깊이 생각해보고 호스피스 케어의 중요성을 강조하는 보고서를 작성함"이라고 세특에 기재될 수 있겠지요.

창의적 체험활동에서는 동아리활동 내용에 "의학 동아리에서 '의사의 인문학적 소양'을 주제로 세미나를 기획, 진행함"이라고 기재될 수 있습니다. 종합의견에서는 "죽음을 통해 삶을 성찰하는 성숙한 인생관을 바탕으로, 타인의 고통에 공감하고 위로할 수 있는 따뜻한 인성을 지닌 학생으로 성장함"과 같이 기재될 수 있습니다. 이처럼 독서는 생기부의 요소요소에 다양하게 응용되어 학생이 이 전공을 공부하기에 적합한 사람이라는 걸 증명해주는 증거가 되는 것입니다.

두 번째는 면접에서의 사고력 평가에 있습니다. 면접은 깊이 있는 사고력을 평가하는 시험입니다. 이때 필요한 역량은 다양한 관점을 비교해보고 자신의 생각을 논리적으로 펼쳐내는 능력입니다. 이 역시 폭넓은 독서의 결과물이라고 할 수 있지요. 잘 훈련된 답변을 앵무새처럼 말하는 것과 책을 통해 만들어간 진짜 자신만의 생각을 말하는 것을 면접관들은 쉽게 구분할 수 있습니다. 독서를 통해 만들어진 깊은 사고와 이를 통해 얻어지는 나만의 논리가 담긴 주장은 쉽게 만들어지거나 흉내 낼 수 있는 것이 아니니까요. 그렇기 때문에 어린 시절부터 탄탄한 독서를 통해 성장한 사람만이 면접장에서 빛나는 주인공이 될 수 있는 것입니다.

세 번째는 진로의 일관성에 있습니다. 대학에서는 '하나의 스토리로 짜임새 있게 잘 연결된 학생부가 가장 인상적'이라고 말합니다. 이런 일관성 있는 성장 스토리의 중심에도 항상 독서가 있지요. 의대를 목표로 하는 학생이라면《생명의 윤리를 말하다》를 읽은 감동이 생명과학 수행평가로 이어지고, 의료봉사 동아리활동으로 확장되고, 생명윤리 토론대회로 심화되는 식으로요.

입시에서 직접적으로 독서를 반영했던 독서활동 상황은 2024년부터 대입에 미반영 항목이 되었습니다. 이로 인해 표면적으로는 독서의 영향력이 줄어든 것처럼 보일 수 있습니다. 하지만 실상은 세특의 중요성이 더욱 부각되었고 세특의 가치를 올려주는 독서는 대입 전체에 있어서 경쟁력으로 떠오르게 되었습니다. 변화의 큰 줄기를 이해하고 낯선 개념들을 하나씩 알아간다면 막연한 불안을 떨치고 구체적인 준비를 시작할 수 있을 것입니다.

2028 대입은 지금까지의 입시 지형을 송두리째 바꾸는 큰 전환점이라고 할 수 있습니다. 아직 중학생이라면 낯선 개념과 어휘들이 넘쳐나서 어렵기만 한 대입이 걱정될 수 있습니다. 그러나 돌아보면 입시는 어느 시대에나 혼란스러웠습니다.

서울대에는 50~52학번이 존재합니다. 6.25전쟁이라는 극한 상황 속에서도 입시는 치러졌고, 오히려 그것이 기회가 되어 서울대에 입학한 학생이 있는 것이지요. 입시는 언제나 변했고, 그 변화 속에서 누군가는 방향을 잃었고, 누군가는 기회를 잡았습니다. 이번 대입의 큰 변화 역시 마찬가지일 것입니다. 어떻게 대응하느냐에 따라 위기는 기회가 될 수 있지요. 그 기회를 내 것으로 만드는 가장 현실적인 방법이 '읽고 생각하는 힘', 바로 독서력을 기르는 것입니다. 2028 대입이 요구하는 것은 다름 아닌 살아 있는 독서의 부활이라는 점을 명심해야 합니다.

2028 대입 준비도
체크리스트

✳ 다음 항목 중 알고 있는 내용에 체크하고 내가 체크한 항목의 점수를 모두 더해보세요.

1. 2028 대입 제도 이해도

① 핵심 제도 변화 인지

☐ [5점] 고교학점제 도입으로 인한 '선택과목 전략'의 중요성을 이해하고 있다.

☐ [5점] 내신 5등급제가 상위권 변별력 약화로 이어질 것을 예측하고 있다.

☐ [5점] 통합형 수능에서 '선택 과목 변별력'이 당락을 결정할 수 있음을 안다.

☐ [5점] 서울대 정시 생기부 반영이 40%로 확대되는 추세의 의미를 파악하고 있다.

② 평가 체계 변화 대응

☐ [5점] 과정평가로 인해 '매 수업이 평가'임을 인식한다.

☐ [4점] 세특 간소화로 '질적 차별화'가 더 중요해졌음을 안다.

☐ [4점] 수행평가 비중 확대가 내신 전략의 핵심임을 이해한다.

☐ [3점] IB형 논·서술형 평가 확대 추세를 알고 대비한다.

점수 합산: ______________________

2. 학교생활 준비도

① 비교과 활동 전략

☐ [3점] 진로와 연계된 동아리활동을 계획적으로 수행하고 있다.

☐ [3점] 봉사활동을 정기적·지속적으로 하며 의미 있는 기록을 남긴다.

☐ [3점] 진로 탐색 활동을 체계적으로 진행하고 포트폴리오를 관리한다.

☐ [3점] 학급·학생회 활동에서 리더십이나 협력 경험을 쌓고 있다.

② 수업 참여 및 세특 관리

☐ [2점] 수업 중 발표·토론·질문을 적극적으로 한다.

☐ [2점] 수업 내용과 관련된 심화 탐구를 자발적으로 진행한다.

☐ [2점] 교과 선생님과 소통하며 세특 내용을 함께 만들어간다.

☐ [2점] 수행평가를 통해 자신의 강점을 드러낼 수 있도록 준비한다.

점수 합산: ________________

3. 독서 기반 학습 역량

① 전략적 독서 역량

☐ [4점] 교과별 핵심 도서 리스트를 보유하고 계획적으로 읽는다.

☐ [4점] 읽은 책을 세특·수행평가·탐구활동과 연계하여 활용한다.

☐ [4점] 진로 관련 전공 서적을 최소 3권 이상 심도 있게 읽었다.

☐ [4점] 독서를 통해 자신만의 관점과 비판적 사고를 형성한다.

② 독서-학습 연계 능력

☐ [3점] 수업 내용을 독서로 확장하여 심화 학습한다.

☐ [3점] 독서 내용을 수행평가나 발표에 구체적으로 활용한다.

☐ [3점] 여러 책의 내용을 융합하여 새로운 아이디어를 도출한다.

☐ [3점] 독서 토론·독서 동아리활동에 주도적으로 참여한다.

③ 독서 기록 관리

☐ [2점] 책의 핵심 내용과 나의 생각을 구분하여 정리한다.

☐ [2점] 독서 포트폴리오를 입시에 활용할 수 있도록 준비한다.

☐ [2점] 매일 최소 30분 이상 독서 시간을 확보한다.

점수 합산: _______________

4. 학년별 맞춤 전략 실행도

※ 본인이 속한 학년의 항목 한 가지만 체크하세요.

중학교 1~3학년

☐ [4점] 자유학기제를 활용해 다양한 진로를 탐색하고 기록한다.

☐ [3점] 고교 선택(일반고/특목고/자사고)을 위한 정보를 수집한다.

☐ [3점] 기초 학력을 탄탄히 하며 선행보다 심화 학습에 집중한다.

☐ [3점] 독서·체험활동을 통해 관심 분야를 구체화한다.

☐ [2점] 중학교 생기부도 꼼꼼히 관리하고 있다.

고등학교 1학년

☐ [4점] 2~3학년 선택 과목을 고려한 로드맵을 수립했다.

☐ [3점] 1학년 내신 성적 관리와 수능 기초를 동시에 다진다.

☐ [3점] 진로에 맞는 동아리·봉사·탐구활동을 설계한다.

□ [3점] 세특 작성을 위한 수업 참여와 기록 관리를 시작한다.

□ [2점] 목표 대학군을 설정하고 전형 특징을 파악한다.

고등학교 2학년

□ [4점] 수시/정시 비중을 정하고 구체적인 전략을 수립했다.

□ [3점] 모의고사 성적 추이를 분석하고 약점을 보완한다.

□ [3점] 목표 대학의 전형별 요구 사항을 정확히 파악한다.

□ [3점] 생기부 마무리를 위한 2학년 활동을 전략적으로 진행한다.

□ [2점] 대학별 고사(면접·논술) 준비 계획을 세운다.

점수 합산: ________________

진단 결과

※ 중학생의 경우에는 내 총점에 15점을 더해서 최종 총점을 구합니다.

총점	평가 내용
90~100점	2028 대입을 향한 준비가 완벽합니다. 교육 제도 변화를 정확히 이해하고 실천하고 있군요. 학교생활과 독서가 입시 전략과 완벽히 연계되고 있습니다. 지금처럼 꾸준히 대입을 준비해주세요.
75~89점	상위권 대학 진학 가능성이 충분합니다. 핵심은 이해했으나, 당장 무엇을 준비해야 하는지를 알 정도의 디테일한 이해는 부족해 보입니다. 하지만 대부분의 영역에서 경쟁력을 확보하고 있습니다. 취약한 부분을 집중 보완한다면 좋은 성과를 낼 수 있을 거예요.
60~74점	기본은 되어 있으나 전략적 보완이 필요합니다. 2028 대입에 대해 어렴풋이 이해하고 있군요. 그래서 학교생활과 학습역량 준비가 부족해진 것 같아요. 대입을 정확히 이해해야 앞으로 뭘 해야 할지를 알 수 있어요. 그리고 그건 빠르면 빠를수록 좋답니다. 부족한 대입에 대한 지식을 2장을 통해 채워보도록 해요.
45~59점	대입에 대한 마음의 준비가 부족해 보이는군요. 하지만 지금부터 체계적으로 준비하면 충분합니다. 2028 대입 변화에 대해 이해하기 위한 노력을 기울여주세요. 또한 학교생활과 독서 습관 개선도 시급해 보이는군요. 기본기를 잘 다져서 입시를 준비해주세요.
44점 이하	대입을 너무 먼 미래의 일로 생각해서는 안 돼요. 2028 이후의 새 입시는 벼락치기로 준비할 수 없다는 점을 명심해야 해요. 다가올 입시가 막연히 어렵다고만 생각하지 말고 부모님에게 도움을 요청해보는 건 어떨까요? 대입을 설명한 1장과 2장을 부모님과 함께 차근차근 읽어보며 이해해나가다 보면 누구보다 입시를 잘 아는 노련한 수험생이 될 수 있을 거예요.

입시 성공을 위한 5가지 핵심 키워드

수강 리스트가
곧 진로가 되게 하라

2028년부터 대입이 크게 바뀝니다. 많은 점이 바뀌는데 그중 가장 큰 변화는 고교학점제입니다. 이건 고등학교 교육 방식이 달라지는 것이지요. 요즘 뉴스를 보면 이 이름조차 낯선 제도에 대한 걱정이 이만저만이 아닌 것 같습니다. 하지만 좋든 싫든 여부를 떠나 변화는 이미 시작되었습니다. 새로운 제도에 잘 적응한 학생만이 대입에 성공할 수 있습니다. 그러니 막연한 미래의 일로 미루지 말고 이 제도를 제대로 이해하기 위해 노력해야 합니다.

대학이 원하는
과목을 선택하라

지금까지 고등학교에서는 학교에서 정한 과목을 전교생이 똑같이 들었습니다. 학생이 자기 교실에 앉아 있으면 시간마다 과목 선생님이 찾아와서 수업을 하고 가는 방식이지요. 중학교와 똑같다고 생각하면 됩니다.

하지만 2025년부터 학교에서는 더 이상 학생의 시간표를 정해 주지 않습니다. 학생 스스로 어떤 과목을 들을지 결정하고 각자 과목 교실을 찾아가서 수업을 들어야 합니다. 학점은 과목마다 다른데 보통 한 과목이 2~4학점입니다. 학 학기에 7~9개 정도 과목을 골라서 듣고, 고등학교 3년 동안 192학점 이상을 수강하면 졸업장을 주는 것이지요. 이건 대학과 같은 방식이라고 할 수 있겠네요.

이런 방식으로 고등학교 수업이 바뀌면 대입에는 어떤 변화가 생기게 될까요? 우선 수업 과목이 모두 다르니 대학은 학생이 어떤 과목을 공부했는지 눈여겨보게 될 것 같습니다. 그리고 자기 전공에 대한 준비를 차근차근 해온 학생을 뽑으려고 하겠지요. 한마디로 지원하고자 하는 전공에서 좋아하는 과목을 수강한 학생을 뽑으려고 할 거란 말입니다.

여기에 서울대를 비롯한 상위권 대학들은 아예 지원 학과에 따라 들어야 하는 고등학교 과목을 미리 지정해줬습니다. 보통 이과계열의 경우 미적분Ⅱ, 기하, 확률과 통계를 공통적으로 권장합니다. 문과계열의 경우에는 학과의 특성에 따라 천차만별이지만 대략 확률과 통계, 경제, 사회·문화, 생활과 윤리, 정치와 법, 윤리와 사상 등의 과목을 권장하지요. 대학이 고등학교 수강 과목을 모두 지정해주는 건 아니지만 상당수 미리 지정해준다고 봐야 합니다.

불행 중 다행인 건 고1 때는 교육부가 지정한 공통과목을 수강해야 하기 때문에 과목 선택을 거의 안 해도 된다는 점입니다. 학생 입장에서는 1년의 시간을 벌었다고 생각할 수 있습니다. 하지만 고2부터는 내가 지원할 대학이 원하는 과목을 선택해서 들어야 합니다. 이렇게 학생이 직접 선택해야 하는 학점은 108학점, 30과목 내외입니다. 앞으로 이 30개 과목이 얼마나 매력적이냐가 입시에 영향을 주게 되는 것이지요.

그럼 내가 지원할 전공과 관련된 과목이 뭔지는 어떻게 알 수 있을까요? 그건 무척 쉽습니다. 인터넷에 검색해도 되고 AI에게 물어봐도 정확히 알려주거든요. 우리 학교 개설과목 정보까지 업로드하면 가장 완벽한 학년별 수강 과목을 짜줄 겁니다.

대학이 미리 정해주고, 검색하면 다 알려주는데 그럼 도대체 뭐가 문제라고 이 야단인 걸까요? 맞습니다. 지원 대학과 전공이 결정된 경우라면 하나도 어려울 것이 없습니다. 하지만 현실적으로 고2 때 지원 대학과 전공을 정한 학생은 많지 않습니다. 이건 마치 정답을 알고 풀이식을 찾는 것 같은 일입니다. 정답이 확실하다면 풀이식을 찾는 것이야 어렵지 않은 일이겠지요.

실제 대부분의 학생들에게는 풀이를 해나가다 보니 답을 찾게 되는 경우가 더 현실적입니다. 나의 관심사를 좇아 수강 과목을 정하다 보면 그 끝에서 내 진로를 만나게 된다는 얘기지요. 이런 방식의 과목 선택을 통해 대입에 성공한 케이스를 하나 살펴보겠습니다.

수강 과목들을 하나의 스토리로 엮을 수 있는가?

지우는 입시에서 우수한 성과를 보였는데, 이 학생의 고교 시간표는 다소 엉뚱했습니다. 생명과학, 생명체의 항상성과 질병, 윤리문제 탐구, 융합과학, 사회문제탐구, 여행지리, 과학의 역사와 문화…. 문·이과 구분도 없고 통일성도 없어 보이는 중구난방의 구성이었지요. 말 그대로 흥미를 고려해서 듣고 싶은 과목을 마음대로 고른 것 같습니다. 하지만 이 같은 과목 구성을 한 데에는 나름의 이유가 있다고 합니다.

초등학교 때부터 책벌레로 불렸던 지우는 지구과학과 생명과학 쪽 책을 유독 좋아했습니다. 그래서 자연스럽게 생명과학 과목을 선택하게 되었습니다. 역시나 이 과목 수업은 너무 재미있었고 지우는 자신의 진로가 의약보건 쪽이나 생명공학 쪽일 거라고 생각했습니다. 하지만 수학이 유독 약했던 지우에게 이 진로는 너무 불리했기 때문에 고민되었습니다.

그러던 중《사피엔스》를 읽고 새로운 질문이 생겼습니다.

"인간의 몸이 진화했다면, 마음과 문화는? 사회는 어떻게 진화한 걸까?"

이 질문은 지우의 관심을 '문화의 진화'라는 키워드로 확장시켰습니다. 그 결과 2학기 때는 '사회문제탐구' '윤리문제 탐구' 같은 인문사회 계열 과목들을 과감하게 선택했습니다. 이후《총 균 쇠》를 읽게 되었는데 이때 "문명의 발전은 단순히 하나의 이유로 설명될 수 없다"는 문장에 깊은 인상을 받았다고 합니다. 그리고 깨달았지요. 자신이 정말 알고 싶었던 건 '인간과 문명의 복잡한 상호작용'이라는 것을 말입니다. 그래서 '여행지리'로 문화의 전파를, '과학의 역사와 문화'로 과학 발전이 사회에 미친 영향을, '융합과학'으로 현대 기술과 인간의 관계를 알고자 했습니다. 결국 지우는 서울대 사회학과에 합격했습니다.

정리해보자면 고교학점제에서 과목 선택을 잘한다는 건 '이 학교 전공 공부를 할 준비를 다른 지원자들보다 제가 더 열심히 했어요'라는 메시지를 만드는 것을 의미합니다. 대학은 수강 과목 리스트를 통해 고교 1~3학년까지 학생이 진로를 향해 노력한 과정, 즉 학생의 이야기를 읽어내는 것이지요.

그런데 핵심 과목을 수강하지 못하거나 엉뚱한 과목을 잔뜩 수강한 경우도 생기기 마련일 겁니다. 이건 지원할 전공을 미리 정하지 못해서일수도 있고, 성적과 같은 이유로 부득이하게 지원 전공을 바꾸었기 때문일 수도 있습니다. 지우의 시간표처럼 말입니다. 이 경우 해결책은 다소 엉뚱해 보이는 수강 과목들을 그럴듯해 보이게 만들 수 있는 진로 스토리를 만드는 것입니다.

진로 스토리란 그 전공에 지원하게 되기까지의 고민과 노력의 과정을 '나'라는 학생을 주인공으로 한 편의 이야기처럼 만드는 것을 말합니다. 이런 능력을 '스토리텔링'이라고 하지요. 그리고 이건 아주 어릴 때부터 해온 이야기책(문학) 독서를 통해 자연스럽게 만들어지는 능력입니다. 이야기를 자꾸 접하다 보니 내가 설명하고자 하는 바를 이야기로 만드는 것 역시 가능해지는 것이지요. 책벌레였던 지우는 스토리텔링 능력이 뛰어났던 것입니다. 때문에 자신의 엉뚱한 수강 과목들을 사회학과라는 하나의 스토리로 연결하는 걸 성공적으로 해냈던 것이지요.

진로 스토리를 잘 만들었다면 이후에는 이야기가 매끄럽게 연결되도록 부족한 부분을 만회할 방법을 찾아야 합니다. 이건 생기부에 부족한 부분을 고3 때 과목 선택과 세특·창체 내용을 통해 보강하는 걸 말합니다. 이걸 '생기부 수술'이라고도 부르지요. 이때를 위해 문·이과의 어떤 전공으로 스토리를 만들어도 무난한 과목을 미리 수강해두는 것도 좋습니다. 그런 과목에는 대수, 미적분 Ⅰ·Ⅱ, 확률과 통계, 경제, 정치와 법, 사회·문화 등이 있습니다.

결국 중요한 건 나의 선택을 의미 있는 이야기로 엮어내는 능력입니다. 이를 통해 시행착오와 탐색의 과정이 담긴 '나만의 성장 스토리'를 보여줄 수 있다면 대학은 기꺼이 그 학생을 뽑고 싶을 것입니다.

학생이 겪는 고교학점제의 현실적 어려움 5가지

지금까지 살펴본 내용은 과목 선택의 큰 방향성에 대한 이야기였습니다. 하지만 이걸 잘 이해했다고 하더라도 막상 과목 선택을 할 때는 또 다른 어려움에 부딪치게 될 것입니다. 마치 운전 이론을 완벽히 숙지했어도 실제 도로에 나가면 당황하게 되는 것처럼 말이지요.

선택지는 너무 많고, 정보는 넘쳐나며, 주변의 조언은 제각각입니다. 게다가 한 번의 선택이 3년 후 대입에 미칠 영향을 생각하면 부담감은 더욱 커지지요. 과목 선택은 고교학점제의 특성과 우리나라 교육 현실이 맞물려 만들어낸 그야말로 복잡한 퍼즐이라고 할 수 있습니다. 그러니 이제부터 실제 과목 선택을 할 때 마주하게 될 5가지 현실적 어려움을 차근차근 짚어보겠습니다.

30년 넘게 선택을 해왔을 어른들에게조차 선택은 무척 어려운 일입니다. 하다못해 저녁에 뭘 먹을지 정하는 것조차도 어려움을 느끼는 사람이 많지요. 그런데 무려 과목을 선택한다니. 선택지가 많으면 많을수록 오히려 선택은 어려워진다는 심리학자 배리 슈워츠의 '선택의 패러독스'는 학교 현장에서 그대로 재현됩니다.

서울의 한 고등학교를 예로 생각해볼게요. 2학년 학생이 선택할 수 있는 과목은 모두 28개입니다. 수학은 확률과 통계, 미적분, 기하, 실용수학 중에서 선택해야 하고, 과학은 일반선택에 물리학, 화학, 생명과학, 지구과학이 있습니다. 여기에 역학과 에너지, 세포와 물질대사와 같은 다양한 진로 융합 과목들이 있지요. 또 과학의 역사와 문화, 일상생활과 과학, 융합과학까지 있습니다. 얼핏 선택지가 많아서 좋다고 생각될 수도 있습니다.

이중 6~7개를 골라야 하니 가능한 조합만 수백 가지가 넘습니다. 더구나 '잘못 선택하면 어쩌지?'라는 생각이 선택을 더욱더 어렵게 만들지요. 그러니 이런 불안으로 인해 결국 '안전한 선택'을 하게 될 것입니다. 남들이 많이 선택하는 과목, 점수를 잘 주는 선생님의 과목, 학원에서 추천하는 과목을 따라가게 되는 것이지요. 고교학점제가 추구하는 '개별 맞춤형 교육'과 정반대의 결과가 아닐 수 없습니다.

"전공만 파면 되나요?
다양하게 들어야 하나요?"

고교학점제는 2025년에 전면 시행되었습니다. 하지만 이보다 한참 전인 2018년부터 단계적으로 시작되었지요. 이 시기에 입시를 치른 사례를 살펴보면 대학의 평가 기준에 대한 흥미로운 점을 발견할 수 있습니다.

서울대 의대에 합격한 예준이는 생명체의 항상성과 질병, 화학 반응의 세계와 같은 소위 의대 진학 필수과목은 물론이고 생활과 윤리, 사회문제탐구를 이수했습니다. 면접에서 왜 이런 과목을 선택했냐는 질문을 받았을 때《숨결이 바람이 될 때》라는 "책을 읽으며 의사에게는 과학적 지식뿐만 아니라 인간에 대한 이해와 윤리적 판단이 필요하다는 것을 깨달았다"라고 대답했다고 합니다. 이 같은 대답은 대입에서 높은 점수를 얻는 요인으로 작용했을 것입니다. 대학은 단순히 전공 관련 과목만 이수한 학생보다는 폭넓은 시각을 가진 학생을 선호하거든요.

하지만 그렇다고 해서 무작정 다양한 과목을 듣는 것이 답은 아닙니다. 핵심은 '연결성'에 있습니다. 자신이 지망한 전공에 연결고리가 있어야 하는 것이지요. 공대 지망생이 미술을 선택했다면 '공학과 디자인의 융합'이라는 스토리가 뒷받침되어야 하는 것입니다. 그런데 이런 능력은 하루아침에 뚝딱 생기거나 학원에서 배울 수 있는 것이 아니지요.

**"이 과목이
나의 미래와 맞을까요?"**

고등학교 1학년 때 자신의 진로 적성을 온전히 파악하고 향후 2년의 학습 경로를 정확히 결정하는 일이 과연 가능한 일일까요? 물론 어릴 때부터 딱 한 가지에만 꽂혀 흔들림 없이 꿈을 향해 나아가는 사람도 있긴 합니다. 그러나 대다수의 학생들에게는 해당 사항이 없는 일임에 틀림없지요. 그렇기 때문에 과목 선택에 있어서 현재 목표로 하는 진로가 고3 때까지 유지되지 않을 가능성은 무척 큽니다. 이런 사실은 안 그래도 막막한 과목 선택에 큰 걸림돌이 될 수밖에 없겠지요. 그럼 대체 어떻게 선택해야 할까요?

이 문제에 대한 답은 서울대 입학처의 발표에서 찾아볼 수 있습니다. 이 발표에는 "자신이 속한 환경 내에서, 대학에서 수학하기 위해 필요한 과목을 적극적으로 선택하여 최선의 성취를 이루었다면 긍정적인 평가를 할 수 있다"라는 내용이 있었습니다. 이 말은 결국 정답을 찾으려고 하기보다는 적극적인 선택과 최선의 성취를 위해 노력하라는 것입니다.

물론 진로와 일치되는 과목을 일관되게 잘 수강했다면 너무 좋겠지요. 하지만 진로가 중간에 바뀔 수 있다는 건 대학들도 생각하는 부분입니다. 따라서 무엇을 선택했냐보다는 왜 선택했고 어떻게 공부했냐에 집중해야 하는 것이지요. 그렇기 때문에 진로가 바뀔 것을 미리 생각해두되, 선택한 과목을 진심으로 깊이 있게 공부하는 태도를 유지해야 합니다.

"친구들이 듣는 과목을
저도 들어야 하나요?"

고등학생들에게 또래 친구들의 영향력은 상상 이상입니다. 여기에 진로 선택에 대한 불안함까지 더해지면 '다수의 선택'을 따라가고 싶게 만드는 강력한 유혹이 되지요. 이런 걸 심리학에서는 밴드왜건 효과(Bandwagon Effect)라고 부르는데 이걸 이겨내는 건 쉽지 않은 일입니다.

한 예로 평소 철학에 흥미를 가진 수아는 '윤리문제 탐구' 과목을 신청했지만 주위 친구들이 말려서 결국 '실용 경제'로 과목을 바꿨습니다. 윤리문제 탐구는 너무 고리타분할 것 같다는 말과, 실용 경제가 대입에 더 유리할 거라는 친구들 말에 흔들린 것이지요. 하지만 평소 경제에 관심이 전혀 없던 수아는 수업에 흥미를 느끼지 못했고 집중하기도 어려웠습니다. 결국 신나서 수업을 듣는 아이들의 들러리가 되어버렸지요.

또래 압력은 생각보다 쉽게 경험할 수 있는 일입니다. 근본 원인은 자기 확신의 부족에서 찾을 수 있지요. 내가 왜 이 과목을 듣고자 하는가가 명확하지 않으니 쉽게 팔랑귀가 되어버리는 것입니다.

"괜히 도전했다가
미이수 되면 어떡하죠?"

2025년부터 적용되는 미이수 제도 역

시 새로운 부담이 될 수 있습니다. 특히 수학, 과학 심화 과목을 신청했다가 괜히 미이수가 되면 타 과목으로 탈출도 못 하고 꼼짝없이 보충 지도를 받고 E학점을 받아야 하지요. 그러니 다소 도전적인 과목보다는 안전한 과목을 선택하는 것이 낫다고 여길 수 있습니다.

하지만 이런 위험 부담 때문에 대학에서는 도전적인 선택을 하고 이를 충실히 수강한 학생을 높이 평가하는 것입니다. 꾸준한 노력을 보여주는 데 있어 심화 과목 수강은 무척 좋은 기회가 됩니다. 더구나 이런 과목은 수강 신청을 하는 학생 수가 적기 때문에 담당 선생님과 친해지기도 좋고, 그 결과 좋은 세특을 획득할 가능성이 크다는 장점이 있습니다.

물론 그렇다고 해서 어려운 심화 과목 선택을 아무나 할 수 있는 건 아니지요. 기본기 없이 심화 과목을 수강하는 건 누가 봐도 어리석은 일입니다. 이건 차곡차곡 실력을 쌓아올린 학생이 능력을 보여주는 도전이고 그들만의 리그라고 할 수 있습니다.

독서가 고교학점제
성공의 열쇠가 되는 이유

지금까지 살펴본 어려움들은 얼핏 다른 문제들로 보이지만 결국은 '자기 이해의 부족'이라는 하나의 뿌리에서 생긴 문제들입니다. 내가 무엇을 좋아하는지, 무엇을 잘하는지, 무엇을 알고 싶은지, 하고 싶은지를 모르니 선택이 불안한 것이지요.

그러니 '나 자신'에 대해 알아나갈 기회를 만드는 것이 고교학점제에서 생기는 선택의 문제를 극복할 수 있는 근본적인 해결책입니다. 그리고 그 계기를 만드는 가장 효과적인 방법은 누가 뭐래도 책일 것입니다.

이는 이미 여러 가지 연구를 통해서도 증명되었습니다. 2020년에 발표된 경기교육종단연구에서는 중1 때 독서활동이 자기주도학습 능력에 효과를 주었으며, 이는 고등학교까지 이어졌다는 연구 결과를 발표한 적이 있습니다. 굳이 이런 연구를 찾아보지 않더라도 독서량이 많은 사람이 더 현명한 판단을 할 수 있다는 사실은 널리 알려진 상식입니다.

다양한 책을 읽으면서 나라면 어떻게 했을지 생각해보고, 등장인물과 자신을 비교해보기도 하고, 어떻게 되길 희망하는지 나의 소망에 대해 생각해보는 과정을 통해 나를 알아가다 보면 결국 뛰어난 판단력이 생기게 되는 것이니까요.

더구나 과목 선택을 하려면 내 관심 분야가 뭔지 알아야 하는데 책은 이때도 도움이 됩니다. 수학 문제를 풀거나 영어 문법 암기를 하다가 관심 분야를 찾는 사람은 없습니다. 관심 분야는 다양한 책 읽기를 하다가 나도 모르게 푹 빠져서 읽게 되는 특별한 책을 발견하고, 그 관심을 지속해가다 보면 발견하게 되는 것이지요.

반대로, 아무리 읽으려고 해도 도통 적응되지 않는 책을 통해서 무엇을 싫어하는지에 대해 발견하는 것도 좋습니다. 뭐가 싫은지가 명확한 것 또한 자기 이해의 일종이니까요. 관심 분야가 확고한 사람은 또래 압력에도 흔들리지 않고 오롯이 자신의 생각으로 선택할 수 있습니다. 여기에 《뉴턴의 아틀리에》(과학+미술), 《괴델, 에셔, 바흐》(수학+미술+음악) 같은 책을 읽으며 경계를 넘나드는 깊은 통찰을 얻을 수도 있습니다.

독서 경험은 전공과 교양, 깊이와 넓이 사이에서 자신만의 균형점을 찾는 데 좋은 지침이 되어줄 수 있습니다. 또한 이렇게 만들어진 지식은 훗날 어렵고 도전적인 과목을 수강할 수 있는 기초 체력이 되어줄 것입니다. 한마디로 꿩도 먹고 알도 먹는 것이지요.

이렇게 독서는 자기발견과 주도적 선택, 깊이 있는 학습과 이를 통한 성취감, 이후 더 심화된 독서로 이어지는 선순환을 만들어줍니다. 단순하지 않은 새 입시에 사용할 쉽고 간단한 비법은 없습니다. 하지만 전략은 분명히 세울 수 있습니다.

知彼知己 百戰不殆

(지피지기 백전불태)

손자병법 모공편(謀攻篇)에 나오는 유명한 명언입니다. 고교학점제는 누군가에게는 다가오는 위기로 느껴지겠지만 누군가에게는 새로운 기회가 될 것입니다. 그렇다면 우리는 지금 무엇을 해야 할까요? 미래의 불확실성 앞에서 불안해하고, 제도의 미비함과 허점에 분개하는 데 시간을 쏟는 것이 옳을까요? 이 낯선 제도를 이해하고자 노력해야 할까요? 고교학점제의 성패는 제도 자체가 아니라 우리가 어떻게 준비하고 어떤 성과를 얻는가에 있다는 점을 명심해야 합니다. 입시에서 가장 중요한 것은 모든 제약 속에서 나에게 맞는 최선의 방법을 찾아내는 것이니까요.

좋은 점수를 받는
학생의 비밀

얼마 전 일입니다. 평소 말수가 적었던 수호였는데 그날따라 한층 들떠 교실에 들어서자마자 신이 나서 자랑을 하는 것입니다. 그날 학교 선생님이 반 친구들 앞에서 수호가 낸 수행평가 과제를 콕 집어 극찬했다고 합니다. 이 일을 계기로 수호의 자신감 게이지는 한층 높아졌지요.

과제 내용은 '미래 사회의 직업'이라는 자유 주제 발표문이었습니다. 수호는《사피엔스》에서 유발 하라리가 말한 '쓸모없는 계급'이 정말 쓸모없는 것인지에 대한 의문을 제기했습니다. 수호는 이 물음을《로봇 시대, 인간의 일》의 저자가 말한 인간만이 할 수 있는 '의미 만들기'로 연결했습니다. 수호의 외할아버지는 은퇴 후 유튜브로 전통 매듭 만들기를 가르치시는데 이걸 '의미 만들기'의 사례로 들었습니다.

외할아버지가 하는 일은 경제적 가치가 없는 일입니다. 하지만 할아버지는 사람들이 영상에 단 감사와 응원의 댓글을 보면서 행복을 벌었다고 말씀하셨습니다. 수호는 이 사례를 통해 미래 직업은 단지 돈을 버는 일이 아니라 의미를 만드는 일이 될 수 있다는 자신만의 독창적인 생각을 펼쳤습니다.

이런 수행평가 과제물을 발견했을 때 채점하는 선생님의 마음은 어떨까요? 보통 선생님들은 한 학년당 150명 이상의 수행평가 답안지를 한꺼번에 채점합니다. 이때 140명은 거의 판박이로 같은 말을 앵무새처럼 반복하지요. 그러다 수호처럼 설득력 있는 근거를 제시하고, 경험과 연결한 후, 자신만의 생각을 도출해낸 독창적인 글을 보게 된다면요? 아마 한 줄기 빛을 본 것처럼 기쁨을 느낄 겁니다. 그리고 이 능력이야말로 모든 선생님이 학생에게 기대하는 진짜 실력인 것입니다.

중·고등학교 수행평가가
어려운 이유

수행평가는 수업 시간에 배운 내용을 정리하거나 응용해볼 수 있는 과제를 내주고 그 결과물을 평가하는 걸 말합니다. 특별할 건 없죠. 이런 과제는 아마 초등학교 때부터 이미 자주 해왔을 겁니다. 수업 시간에, 혹은 숙제로 말입니다. 시를 쓰거나 이야기를 만들어서 발표하고, 도형으로 작품을 만들고, 우리 동네 지도나 안내문을 만든 적이 있지요? 가족신문 만들기같이 주제별 신문 만들기도 하고 실험 보고서 작성을 해본 적도 있을 겁니다. 완두콩 관찰 일지 쓰기 같은 걸 해본 적도 있을 테고요. 노트 필기 검사를 받아본 적도 있겠네요. 이와 같은 모든 학습 과정에 점수를 매기는 것이 수행평가입니다.

그런데 초등학교에서는 그냥 수업의 일부로 여겨졌던 수행평가가 중·고등학교에서는 왜 이렇게 어렵고 무시무시한 일처럼 생각되는 걸까요? 그건 바로 입시에 사용되는 점수이기 때문입니다. 중등 수행은 고입에 사용되고, 고등 수행은 대입에 사용됩니다. 그러니 단지 선생님의 칭찬을 받기 위해 열심이었던 초등 때는 '수행평가'가 아니라 '수행'만 했던 겁니다. 여기에 '평가'가 추가되니 긴장감 자체가 다를 수밖에 없는 것이지요.

더 이상 최선을 다했다는 자기만족을 위해 수행을 할 순 없거든요. 다른 사람보다 상대적으로 잘했다는 평가를 받아야 하니 남과 다른 차별화가 필요합니다. 선생님들에게도 공정한 평가라는 문제가 생기게 되는 것입니다.

탐구력과 자기 주도력이
진짜 실력이다

2025년부터는 수행평가를 숙제로 내줄 수 없게 되었습니다. 그동안 문제가 되었던 '부모 찬스', '학원과 AI 대필'을 없애고 수행평가에 너무 많은 시간을 쏟아야 한다는 문제점을 해결하기 위해 생긴 교육부 규칙이지요. 이렇게 도입된 '교실 내 즉석 수행평가'는 모두에게 공평한 방법이 될 것 같습니다. 하지만 워낙 기습적인 발표였기 때문에 한동안 뉴스가 시끌시끌했습니다. 학생과 부모님의 걱정이 이만저만이 아니었던 것이죠.

이제 수업 시간 내에 네이버나 구글 같은 정보 탐색 도구 없이, 순수하게 알고 있는 지식만으로 수행평가를 완성해야 합니다. 이건 큰 부담이 아닐 수 없을 겁니다. 하지만 이 변화가 기회가 될 학생도 분명 있습니다. 30년간 고등학교에서 아이들을 가르쳤던 한 선생님이 "A+을 받기 위해 공부하는 학생과 자연스럽게 A+를 받는 학생은 다르다"라고 말한 적이 있습니다. 두 학생의 차이는 무엇일까요? 학교에서 배우는 내용에 호기심을 갖고, 스스로 탐구하는 능동적인 공부를 하는 학생은 자연스럽게 A+을 받을 수 있을 것입니다. 단지 좋은 성적을 위해 힘들게 인내하며 꾸역꾸역 최선을 다한 학생은 마치 놀이하듯 공부를 즐긴 학생을 이길 수 없습니다.

그런데 생각해보세요. 교과 지식에 머물지 않고 더 심화된 학습을 한다는 건 문제집을 더 많이 푼다는 걸까요? 아닙니다. 스스로 추가 자료를 찾아서 읽는다는 거죠. 통계 자료든, 신문 기사든, 논문이든, 책이든 결국 심화된 학습은 바로 읽기를 말하는 것입니다. 그렇기 때문에 독서가 단련된 학생에게는 수행평가가 시험이 아닌, 지식을 뽐내고 생각을 표현하는 장이 되는 것이지요.

수행평가의 채점 기준은 무엇일까?

수행평가에서 선생님은 어떤 기준으로 채점을 하실까요? 입시에 사용될 내신이 결정되는 평가입니다. 그렇기 때문에 단지 선생님의 주관으로만 마음대로 평가할 순 없습니다. 보통 선생님들은 채점 기준표인 루브릭(Rubric)이라는 걸 활용해서 평가합니다.

루브릭은 라틴어 'ruber(빨간색)'에서 유래한 단어로 중세시대 책을 만들 때 중요한 부분을 빨간색으로 표시한 데서 시작된 단어입니다. 1960년대 미국에서는 학교에서 글쓰기와 같은 과제를 체계적으로 평가할 수 있는 시스템을 만들었는데, 이때 루브릭이라는 체계적인 평가 도구를 개발했습니다. 우리나라에는 1999년 수행평가가 시작되면서 처음 도입되었고요. 이후 시간이 흐르며 널리 사용하게 된 것이지요. 어원에서 드러나는 것처럼 루브릭의 본래 취지는 학업 성취도를 평가하는 도구가 아닌, 학생들의 공부를 도와주는 도구였습니다.

루브릭 평가의 특징은 각 평가 항목별로 상·중·하 수준을 나누어

+ 루브릭에 기반한 수행평가의 채점 기준

평가요소	배점	상(A)	중(B)	하(C)
독창성	30%	남들과 다른 독창적 관점 제시, 책의 내용을 자신만의 방식으로 재해석	일반적이지만 나름의 관점 제시, 책의 내용에 부분적으로 자신의 생각 추가	책의 내용을 단순 요약, 일반적이고 뻔한 해석만 제시
논리성	30%	주장과 근거가 탄탄하게 연결, 체계적인 논리 전개	주장과 근거가 대체로 연결, 논리적 흐름은 있으나 부분적으로 약함	주장과 근거의 연결이 약함, 논리적 비약이나 모순 존재
깊이	25%	현상 너머의 본질 파악, 다층적 분석과 통찰 제시	표면적 분석을 넘어서려고 시도, 부분적으로 깊이 있는 생각 보임	표면적 이해에 그침, 단순한 사실 나열 수준
표현력	15%	자기만의 언어로 생생하게 표현, 읽는 이를 설득하는 문장력	대체로 자신의 언어로 표현, 의미 전달에는 무리 없음	책이나 인터넷의 표현을 그대로 사용, 자기 언어가 부족

서 구체적으로 평가한다는 데 있습니다. 이런 방식의 평가가 어떻게 적용되는지 실제 학생들의 수행평가를 통해 살펴보겠습니다.

국어 수행평가에서 A+을 받은 예일이는 《데미안》을 읽고 독후감을 썼습니다. 글 내용 중 "모든 사람은 알을 깨고 나와야 한다고 헤세는 말했지만, 저는 가끔 알 속이 그리워집니다. 작년에 전학 와서 새로운 환경에 적응하는 게 너무 힘들었거든요. 그때 깨달았습니다. 성장은 불편함을 견디는 것이라는 걸. 데미안이 싱클레어에게 그랬듯, 저도 누군가에게 그런 존재가 되고 싶습니다"라는 부분이 결정적인 한 방이 되어 좋은 평가를 받았습니다.

또 다른 예로 수학 수행평가에서 A+을 받은 수민이는 '수학의 실생활 활용'이라는 주제에 대해 발표했습니다. 수민이의 발표 내용은 정말 특이했습니다. 문경 5일장에서 채소를 파는 시장 할머니들이 수학을 어떻게 활용하는지 분석했거든요. 방법은 시장 할머니들이 한 말을 기억하고, 이 말에 학교에서 배운 일차방정식을 적용해서 할머니들이 채소 가격을 타당하게 정했는지를 분석한 것입니다. 한마디로 할머니들이 물건을 싸게 파는지 바가지를 씌우는지 계산해본 것이지요.

수행평가에 사용한 할머니들의 말은 이런 내용이었습니다.

"이거 한 박스에 2만 원 주고 떼 왔어. 그렇게 팔면 남는 것도 없어."

"이거 농사짓는 데 두 달을 꼬박 매달려야 해. 보살펴야지, 농약 치지, 수확하느라 허리도 못 펴지. 까는 데도 하루 종일이지. 손 봐 이거 손, 아주 새카맣잖아. 5000원에 사 가도 거져 주는 거야."

수민이는 이 엉뚱한 발상의 계산을 통해 문경 5일장 할머니들이 이미 '손익분기점'을 직관적으로 계산하고 계셨다는 점을 발견했습니다. 그리고 알게 된 사실을 확장해서 《수학으로 생각하는 힘》에서 말한 '수학은 특별한 사람들의 전유물이 아니다'라는 주장을 뒷받침하는 사례로 사용했지요.

두 학생의 답안지가 높은 점수를 받은 이유를 생각해보겠습니다. 첫째는 개인의 경험과 연결했다는 점입니다. 추상적 감상만 나열하는 것은 아무리 뛰어난 생각이라고 할지라도 어필하는 데 한계가 있습니다. 하지만 개인적 경험은 이미 그것만으로도 차별화된 내용입니다. 더구나 메시지를 스토리로 전달하기 때문에 쉽게 이해됩니다. 그렇기 때문에 경험을 구체적으로 설명하고 이걸 깊이 있는 생각과 연결했을 때 독창성과 깊이 항목에서 높은 점수를 받을 수 있는 것이지요.

둘째는 막연한 감상을 쓰기보다는 정확하게 인용하고, 구체적으로 설명했다는 점입니다. 하지만 '구체적'이라는 건 요리를 할 때 '조금' '적당히' 만큼이나 모호한 말이지요. 줄거리만 나열하는 것과 뭐가 다른지도 알기 어렵고요. 이럴 때는 수행평가 과제물을 읽고 평가할 사람의 관점으로 생각해봐야 합니다.

예를 들어 독후감을 쓸 때, 줄거리만 늘어놓는 글이 되는 이유는 대개 '내가 하고 싶은 말'만 중심에 두고 쓰기 때문이지요. 이럴 땐 이 글을 읽게 될 선생님이 지금 내 앞에 앉아 있다고 상상해보세요. 내 주장을 이해하려면 어떤 배경 설명이 필요한지, 인용한 부분을 왜 가져왔는지까지 상대방이 납득할 수 있을 만큼 구체적으로 써야 하는 겁니다. 독자의 관점에서 생각해보면 어디까지 설명해야 할지, 그리고 어떤 부분은 생략해도 될지를 스스로 판단할 수 있게 됩니다.

독자 중심의 구체적인 설명은 개인적인 경험을 쓸 때도 마찬가지로 중요합니다. 처음에 가졌던 강한 선입견이나 고정관념이 어떻게 변하게 되었는지, 그 과정을 자세히 적어 내려간다면 그것만으로도 이미 충분한 설득력을 갖습니다. 이런 식의 구체적인 서술은 논리와 표현력에서 높은 점수를 받게 만듭니다. 그래도 잘 모르겠다면 일단 최대한 자세히 적고, 불필요한 문장을 하나씩 지워나가는 방법을 추천합니다.

셋째는 예일이처럼 반대 의견을 제시해보는 것입니다. 글에서는 "모든 사람은 알을 깨고 나와야 한다고 헤세는 말했지만, 저는 가끔 알 속이 그리워집니다"라고 쓴 부분인데, 이 방법은 비교적 손쉬운 차별화 방법입니다. 일단 대부분 사람들의 생각에 반대한다는 자체가 기존 생각과 다른 생각이기 때문에 글이 독창적이게 보이거든요.

하지만 이때 누구나 납득 가능할 만한 근거를 제시하지 못하면 그냥 막무가내로 우기는 것뿐임을 명심해야 합니다. 논리성에서 엄청난 마이너스 점수를 받게 되겠죠. 그러니 연습할 때는 일단 반대해보고 그걸 뒷받침할 수 있는 근거 찾기에 계속해서 도전해보세요. 근거를 못 찾았다면 반대 안 하면 그만이니까요. 자꾸 반박해보는 연습을 하다 보면 상당한 실력이 될 수 있습니다.

넷째로 다른 책이나 지식과 비교하는 것도 비교적 쉬운 차별화 방법입니다. 수민이의 발표에서《수학으로 생각하는 힘》의 내용을 활용해 "수학은 특별한 사람들의 전유물이 아니다"라고 적은 부분이 여기에 해당하지요. 주어진 수행평가 주제 안에서만 머물러서는 남과

차별화된 주장을 어필하는 데 한계가 있습니다. 이럴 때는 주제와 관련된 다른 지식이나 책의 내용으로 주제를 확장하고 전환해서 해석하는 것이 아주 좋은 방법입니다. 이런 생각은 독창성과 깊이, 그리고 논리라는 세 마리 토끼를 한 번에 잡는 치트키가 될 것입니다.

지금까지 살펴본 내용을 종합해보면 루브릭이 평가하는 좋은 수행평가에서는 하나의 공통점을 발견할 수 있습니다. 그건 바로 '이 학생이 스스로 생각하는가?'의 여부입니다. 스스로 생각하는 능력이 없는 학생은 내가 갖고 있는 지식을 자기만의 언어로, 설득력 있게 담아내거나 눈에 보이는 현상 너머의 본질을 파악하는 통찰을 갖지 못합니다. 그러니 중·고등학교 수행평가를 준비하기 위해서 당장 무엇을 시작해야 할지 명확하지요? 바로 독서입니다.

내 적성을 알아보는
최고의 길은

과거 입시에서는 '공부를 잘하면 대학 가기 유리하다'라는 말이 상식으로 통했죠. 이제 이 말은 '진로가 명확해야 대학 가기 유리하다'라는 상식으로 변경되었습니다. 입시에서 진로는 성적만큼 중요한 키워드가 되었다는 말입니다.

물론 진로를 정하지 않고도 대학에 잘 갈 수 있는 방법이 있습니다. 바로 대입 때 전공을 지정하지 않고, 입학 후인 대학 2학년 때 전공을 정하는 자율전공학부에 지원하는 것이지요. 하지만 자율전공학부의 경쟁률은 무척 높습니다. 날짜가 적히지 않은 백지 비행기 티켓 같은 전공인데 비싼 건 당연하지 않겠습니까. 그렇기 때문에 이 학부에 지원하려면 내가 갈 수 있는 대학을 두 단계 정도 낮춰야 합니다.

그러니 처음부터 자율전공학부를 목표로 하는 것보다는 이것저것 다 해봤는데 도저히 안 되겠다고 판단될 때 쓸 수 있는 두 번째 선택지로 남겨두는 것이 좋습니다. 일단 모든 학생은 예외 없이 진로 적성 찾기에 도전해야만 합니다.

진로가 명확하면
입시가 쉬워지는 이유

아직 입시에 대해 잘 모르는 사람을 위해 진로가 명확하면 구체적으로 어떤 점이 유리한지 간략하게 살펴보겠습니다. 우선 가장 중요한 이유는 대학이 일관성 있는 진로 스토리를 갖고 있는 학생을 선호한다는 데 있습니다. 이건 수강 과목, 성적, 창체(자율·동아리·봉사·진로), 세특, 행특 같은 생기부의 여러 가지 기재 사항들이 하나의 진로를 향해, 통일된 방향성을 갖고 서로 연결되는 걸 말하지요.

사례를 하나 살펴보면, 의대 합격생인 치열이의 생기부에는 1학년 때 《의학의 역사》를 읽고 생명과학 동아리에 들어갔고, 2학년 때는 부장이 되었다는 기록이 있습니다. 또 같은 해 지역 요양병원에서 말벗 봉사활동을 했고, 3학년 때는 사회 세특에 의료 불평등 문제를 연구한 기록이 있습니다. 이런 식으로 모든 활동과 기록이 의대라는 하나의 방향성을 가져야 높은 점수를 받을 수 있는 것입니다.

더구나 고교학점제에서는 진로가 명확해야 전략적 과목 선택을 할 수 있지요. 당연한 말이지만 진로 관련 선택 과목을 체계적으로 이수하기 위해서는 진로가 뭔지부터 알아야 합니다. 따라서 과목 선택에 어려움을 느낀다면 과목 이름을 뚫어져라 쳐다보며 생각할 게 아니라 진로부터 돌아볼 필요가 있습니다.

선택한 과목을 공부할 때도 진로가 분명하면 훨씬 유리해집니다. 분명한 목표는 불안을 지우고 집중력을 높입니다. 또한 학습 동기가 뚜렷하기 때문에 누가 시키지 않아도 스스로 공부하고, 어려움을 맞닥뜨려도 참고 이겨내는 힘이 되는 것이지요. 또한 생기부의 화룡정점이 되어줄 심화 탐구에서도 몰입도가 높아질 수밖에 없습니다.

여기에 진로가 확실하면 크고 작은 실패의 경험을 할 때에도 다시 딛고 일어나는 힘인 회복탄력성을 높여줄 것입니다. 생각해보세요. 실패의 경험을 도전의 소중한 밑거름으로 사용하는 학생은 누구보다 드라마틱하고 훌륭한 성장 스토리를 가질 수 있습니다.

물론 진로가 고등학교 때 겪을 위기와 어려움, 선택에서 유일한 해결책인 것은 아닙니다. 하지만 모든 문제에서, 진로가 명확할 때 그 과정이 한결 수월해지는 것은 분명한 사실이지요. 이런 이유로 입시에서 진로는 성공으로 가는 열쇠라기보다 필수 사항이라는 것입니다.

진로 적성은
어떻게 찾아야 할까?

진로가 이렇게 중요함에도 불구하고

많은 학생들은 대입을 치르는 순간까지도 자신의 진로에 대해 확신하지 못합니다. 가장 큰 원인은 대입에 진로가 어떻게 활용되는지 잘 모르기 때문이 아닐까 합니다. 이 같은 사실을 단적으로 보여주는 사례가 중학교 1학년의 자유학기지요.

자유학기는 단지 시험이 없는 학년이 아니라 진로 적성을 진지하게 탐색하기 위한 학기입니다. 그런데 대다수 학생들은 자신이 왜 진로 적성을 정해야 하는지 모르기 때문에 이 기회를 제대로 활용하지 못하지요. 이때를 중학교 적응을 위해 자유가 주어진 학기, 또는 시험이 없어서 친구 사귀기 좋은 학기쯤으로 흘려버리곤 합니다. 하지만 실상은 앞으로 6년의 입시 로드맵에서 가장 중요한 중심이 진로이기 때문에 그걸 찾으라고 한 학기를 통째로 할애한 것이지요. 입시에서 진로의 비중은 그만큼 크니까요.

진로 탐색의 중요성을 안다고 해서 문제가 모두 해결되는 건 아닙니다. 또 다른 이유가 가로막고 있거든요. 많은 학생들은 직업의 세계를 좁은 시야에서 바라보기 때문에 제대로 된 진로 탐색을 하지 못합니다. 한마디로 무엇을 할 수 있는지에 대한 선택지 바구니에 든 게 너무 없다는 것이지요.

예를 들어 축구를 좋아하는 사람의 진로는 축구 선수라고 단순하게 생각합니다. 하지만 조금만 더 깊게 생각해보면 축구와 관련된 직업에는 감독, 심판, 해설 위원, 기자 등도 있다는 걸 알 수 있습니다. 여기에 조금 더 깊이 알아보면 구단 프런트, 스카우터, 에이전트 등도 있고, 글로벌 무대로 확장해보면 FIFA의 위원(집행, 기술, 심판)도 있고,

대륙 연맹에서 일하는 사람도 있지요. 또한 스포츠 빅데이터를 분석해서 전술을 제안하는 퍼포먼스 분석 디렉터도 있고, 스포츠 의학 전문의도 있습니다. 이렇게 따지고 보면 축구 하나로 파생되는 직업만 해도 100가지가 넘습니다.

제가 이렇게 축구 관련 직업이 많다는 걸 알게 된 건 채훈이라는 학생 때문이었습니다. 이 학생은 초등학교 때부터 촉망받는 유소년부 축구 선수였는데, 중학교 입학의 기로에서 선수가 되는 걸 포기했습니다. 갑자기 길을 잃은 채훈이를 다독이기 위해서 "축구 선수를 안 해도 축구와 관련된 직업은 정말 많아. 축구를 포기했다기보다는 선수가 아닌 다른 방법으로 너의 축구를 할 수 있어"라는 조언을 했습니다.

이듬해 채훈이는 네이버 웹소설로 인기리에 연재된 〈최고의 축구 선수로 만들어드립니다〉에 푹 빠지게 되었고, 소설을 통해 축구 에이전트에 대해 간접 체험하면서 축구와 관련된 직업이 방대하다는 걸 알게 되었습니다. 이후 맨체스터 유나이티드에서 26년간 감독을 역임한 알렉스 퍼거슨의 《나의 축구, 나의 인생》을 읽게 되었고 자신이 좋아하는 축구를 근거로 국제축구 에이전트에 들어가는 걸 최종 목표로 삼게 되었습니다.

이 목표를 이루기 위해서는 최소 경영학 석사 이상의 학력을 보유해야 했고, 다국어 구사가 필수였습니다. 그러니 진로가 결정된 상황에서 맹목적으로 공부에 매달린 건 자연스러운 일이었을 것입니다. 이 학생은 현재 고려대 경영학과에 재학 중이고, 지금도 자신이 목표한 리그에서 승리하기 위해 맹수처럼 달려가고 있습니다.

사례에서처럼 부족한 선택지 바구니를 보완해줄 수 있는 것이 바로 독서입니다. 만약 채훈이가 독서를 전혀 하지 않았다면 어땠을까요? 자신의 삶을 그저 축구 선수와 축구 선수가 아닌 이원화된 삶으로 여겼을 것입니다.

특별한 관심사가 없다면
어떡해야 할까?

하지만 채훈이의 경우는 축구라는 관심사가 확고한 조금 특별한 경우라고 할 수 있습니다. 대다수의 경우는 채훈이 같지 않습니다. 학생들은 스스로의 관심사나 적성에 대해 잘 모릅니다. 그러니 이걸 찾기 위해서는 '나'에 대한 탐색이 선행되어야 하지요. 그런데 이건 또 어떻게 해야 하는 걸까요?

일단 시작은 나를 둘러싼 환경에 대한 이해에서 출발해야 합니다. 인간은 환경과 상호작용 하며 존재하기 때문에 환경이라는 배경을 뚝 떼어낸 채 홀로 존재할 수 없거든요. 그러니 나를 둘러싼 세상을 이해하는 과정에서 나에 대해 탐구하는 것, 그것이 바로 진정으로 나를 알아가는 길입니다. 이 일련의 과정에서도 독서만큼 효율적인 수단은 없지요. 이건 누구도 부정할 수 없는 사실입니다. 다양한 책을 읽다 보면 유독 끌리는 책을 만나게 될 거고, 비슷한 내용의 책들을 찾게 됩니다. 그러다 보면 자연스럽게 나의 관심사를 알게 되지요.

우리는 책을 읽을 때 특히 어떤 부분에 공감하는지 혹은 반대하는지 생각해볼 수 있습니다. 또 주인공이 처한 상황에서 나라면 어떤 행동을 할지 판단해보며 나와 유사한지 상반된 인물인지 살펴봅니다. 이런 식으로 책을 읽을 때 일상적으로 이루어지는 모든 사고 과정은 결국 스스로를 알아가는 단서가 되는 것입니다.

또 이렇게 찾은 나의 관심사와 적성은 자연스럽게 진로로 확장됩니다. 이후 내 관심 분야에 관련해서 어떤 직업이 있는지 알아봐야 하는데 이때도 책만큼 유용한 건 없을 것입니다. 책을 읽지 않고 알 수 있는 직업은 고작 부모님이나 친척의 직업, TV나 드라마에 나온 직업, 내 생활 반경에서 경험할 수 있는 동네 자영업자들 정도가 전부일 것입니다.

책은 직업과 그 직업을 가졌을 때의 삶을 간접 체험해볼 수 있게 합니다. 법조인을 꿈꾼다면《아니야, 우리가 미안하다》를, 인공지능이 흥미롭다면《엔비디아 젠슨 황, 생각하는 기계》를, 꾸미는 걸 좋아한다면《멀리 보려면 높이 날아라》를 읽어보세요. 자신의 적성에 어울리는 직업에 대해 간접 체험해보고 진로를 진지하게 고민해볼 수 있을 것입니다.

물론 책에만 머물러서 진로를 찾는 것이 정답인 건 아닙니다. 가장 이상적인 방법은 내 진로로 생각되는 호감 분야가 생겼을 때 진로와 연결된 활동을 해보는 것입니다. 독서로 계기를 만든 후에는 이걸 체험으로 확장하고, 다시 독서로 심화하는 순환 구조를 갖는다면 진로 목표가 좀 더 단단히 뿌리내릴 수 있을 것입니다.

　이 내용은 현재 입시에서 생기부에 진로활동을 기재할 때 진정성을 어필하기 위해 자주 활용되는 공식이기도 하지요. 1학년 때 책을 계기로 진로를 찾고, 2학년에서는 동아리나 봉사활동을 하고, 3학년에서는 심화 연구를 하는 식으로 전략적으로 생기부를 꾸미는 것입니다.

　물론 독서 외에도 진로를 찾는 방법은 많습니다. 교육청이나 지자체에서 운영하는 진로체험센터를 이용하거나, 유튜브 직업 채널을 시청할 수 있습니다. 클래스 101이나 인프런 같은 온라인 플랫폼을 활용해볼 수도 있고요. 진로진학상담 선생님이나 청소년상담복지센터 선생님 같은 전문 상담사에게 진로 상담을 받아보는 것도 방법입니다. 가까이에 있는 부모님이나 친인척의 도움을 받는 방법도 있습니다. 커리어넷이나 워크넷 같은 곳에서 진로 관련 검사를 해볼 수도 있지요. 학교 동아리활동이나 방과후 프로그램처럼 학교를 활용할 수도 있고요. 이처럼 진로를 탐색해볼 수 있는 방법은 셀 수 없이 많습니다.

　하지만 이 모든 방법을 통틀어서 생기부에 기재되었을 때 가장 어필될 수 있는 방법은 결국 독서입니다. 또한 책은 내가 원하기만 하면 아무 때나 읽을 수 있다는 편리함이 있습니다. 그러니 진로 탐색의 모든 방법 중 시공간의 제약이 가장 적은 효율적인 방법이기도 합니다. 비용도 적게 들고 말이지요. 오로지 책으로만 진로 탐색을 할 필요는 없겠지만 책을 완전히 배제한 진로 탐색은 사실상 어렵다고 봐야 합니다.

진로는 '찾는 것'이기도 하지만 '만들어가는 것'이기도 합니다. 정해진 답을 찾는 것처럼 진로를 찾으려고 하기보다는 나를 알아가는 과정에서 자연스럽게 만들어가는 것이 가장 좋은 진로입니다. 독서는 여러분의 진로 찾기의 여정을 함께해줄 동반자입니다. 나의 긴 인생에 책이라는 친구가 2인 1조가 되어 함께해준다면 그보다 더 든든한 인생이 또 있을까요?

나만의 성장 스토리를 담아라

내신 1.4등급 학생 불합격, 내신 2.6등급 학생 합격. 서울대에 지원했던 두 학생의 당락을 가린 결정적 차이는 바로 생기부, 그중에서도 세특에 있었습니다. 세특은 세부능력 및 특기사항의 줄임말입니다. 각 과목 선생님이 학생의 수업 태도, 수행평가 결과, 특이 사항과 같은 내용을 1학년 기준 250자 이내로 짧게 기록한 것을 말하지요.

이 세특이 요즘 입시의 주요 키워드로 부상하는 중입니다. 언뜻 생각해보면 성적도, 석차도 아닌 선생님의 주관적인 기록이 입시의 당락을 좌우한다는 사실이 이상하게 느껴질 수도 있을 겁니다. 하지만 입시의 변화를 잘 살펴보면 이건 필연적인 결과라는 걸 알 수 있습니다.

	학생A (자사고)	학생B (농어촌 일반고)
내신 등급	3.6등급	2.2등급
수강 과목 및 성적	고급미적분: C 고급물리학: B 데이터 과학: A	실용수학: A 일상생활과 과학: A 환경: B

가볍게 생각해보겠습니다. 입학 난이도가 높은 자사고에서 내신 3.6등급을 받은 학생 A와 한 학년이 50명인 농어촌 지역 일반고에서 내신 2.2등급을 받은 학생 B가 중앙대 컴퓨터공학부에 지원했다고 가정해보겠습니다. 이 두 학생 중 누가 더 공부를 잘한 학생일까요?

여기에 고교학점제의 상황을 추가해보겠습니다. A의 수강 과목과 성적은 고급미적분 C, 고급물리학 B, 데이터 과학 A입니다. 반면 B의 수강 과목은 실용수학 A, 일상생활과 과학 A, 환경 B이지요. 어려운 심화 과목 위주로 수강한 A와 기본 과목 위주로 수강한 B, 두 학생의 내신 성적은 변별력이 있다고 볼 수 있을까요?

입시에서 대학은 두 학생의 출신 고등학교를 알 수 없습니다. 하지만 성적표에는 두 학생의 실력을 비교해볼 수 있는 여러 가지 단서들이 있고 대학은 성적표를 있는 그대로 보지 않고 분석해서 학생의 실력을 가려내죠. 결국 두 학생 중 누가 뽑혔을까요?

이 사례에서 알 수 있듯이 고교학점제에서는 점수와 등급처럼 숫자로 표기되는 평가 방식인 정량평가는 더 이상 객관적인 자료가 될 수 없습니다. 그러니 대학은 두 학생의 성적표를 분석하고 부족한 부분을 "~~점이 뛰어납니다"와 같이 글로 평가하는 방식인 정성평가를 통해 보완하려고 하는 것입니다.

그중 특히 주목하는 건 세특입니다. 학생이 고등학교 3년 동안 어떤 태도로, 혹은 어떤 특이점을 보이며 수업을 들었는지에 대해 선생님들이 꾸준히 관찰하고 기록한 내용이기 때문에 상당히 신뢰할 수 있다고 보는 것이지요. 그래서 요즘 입시에서 대학은 정량평가인 성적표를 분석해서 정원의 2~3배로 학생을 여유 있게 뽑고, 이렇게 뽑힌 학생들 중에 다시 2차 정성평가인 세특 또는 면접을 통해 최종 합격생을 결정합니다.

- 정량평가: 성적, 등수, ABC 같은 수치로 표기되는 평가 방식
- 정성평가: "~역량이 뛰어납니다" "심화 학습을 성실히 합니다"와 같이 말로 표기되는 평가 방식

그런데 여기에 한 가지 변수가 더 등장했습니다. 2024년부터 대학이 볼 수 있었던 정성평가 영역이 대폭 간소화된 것이지요. 이로 인해 독서활동 상황을 비롯한 수상 경력, 동아리, 봉사 등의 학생부 기록은 모두 대학에 제출되지 않습니다. 그래야 학생들의 부담이 줄어든다고 판단했거든요. 그리고 그 영향으로 대학이 판단할 수 있는 정성평가 영역이 세특과 창체, 담임교사 종합의견(이하 종합의견)의 이른바 비교과 3형제로 줄어들었습니다. 이 셋 중 가장 많은 분량이 세특

이고요. 그러니 입시에서 세특의 영향력이 커졌다는 분석이 나오는 것입니다.

세특은
어떻게 작성될까?

학교 현장에서 세특 작성이 어떻게 이루어지는 건지 들여다보면 여기에는 또 다른 문제가 하나 숨어 있습니다. 선생님들은 한 학기에 보통 150~200명의 세특을 작성해야 합니다. 이건 누가 생각해도 크게 부담스러운 일일 겁니다. 더구나 세특이 중요해지다 보니 학생과 학부모들은, 분량은 물론 기입된 단어 하나, 문장 하나에도 민감하게 반응하지요. 이 압박 속에서 150명이 넘는 아이들의 특성을 일일이 파악하고 기록해야 한다는 건 교사에게 참으로 어려운 일입니다.

이러한 현실적 한계로 대부분 학생의 세특은 이른바 '양산형 세특'이 됩니다. '~을 했음'처럼 수업 내용만 나열하거나 '성실히 참여함' '적극적으로 활동함' '좋은 면모를 보였음'과 같은 마치 공장에서 찍어낸 것 같은 비슷비슷한 칭찬으로 채워지는 것이지요. 더구나 최근에는 학생이 제출한 수행평가를 보고 세특을 자동 작성해주는 AI가 등장하기까지 했습니다. 선생님들의 업무를 줄여주겠다는 취지인데 학교에서는 AI 기술 도입을 환영하는 분위기입니다. 그러나 과연 AI는 믿을 만할까요? 이것이 세특 작성의 현실입니다.

어떤 사람은 이런 부분 때문에 입시에서 세특의 영향을 지워야 한다고 말하기도 합니다. 하지만 그건 현실적으로 어려운 일이죠. 세특의 영향력 강화는 고교학점제, 내신 5등급, 수능 과목의 난이도 하락 등의 여러 가지 요인과 복합적으로 얽혀 만들어진 결과입니다. 때문에 입시 전체가 바뀌지 않는 이상 세특 한 가지만 똑 떼어내서 다른 방법으로 대체할 순 없는 노릇입니다. 한마디로 쉽게 변하지 않을 거란 말이지요.

자, 그렇다면 하루라도 빨리 이 입시 환경에 적응해서 내 생기부가 뻔하디뻔한 양산형 세특으로 채워지는 걸 막아야 합니다. 입시에 결정적인 한 끗이 되어줄 그런 특별한 힘이 있는 세특을 만들기 위해서는 무엇을 준비해야 할까요?

차별화된 세특을
만드는 3요소

차별화된 세특을 만들기 위해서는 대학이 주목하는 것이 무엇인지를 알 필요가 있습니다. 이건 공식 같은 건데 대학은 지속성과 연계성, 성장성 이 3가지가 모두 충족된 세특에 '좋아요'를 누릅니다. 세 요소를 한 가지씩 자세히 살펴보겠습니다. 우선 첫 번째, 지속성은 관심사가 오래 이어지는 것을 말합니다. 말하자면 관심사가 한 번의 호기심으로 끝나지 않고, 전 학년에 걸쳐 꾸준히 드러나는 것이지요.

예를 들어 심리학과를 지망하는 주아의 세특을 살펴보죠. 1학년 1학기 통합사회 세특에는 《스키너의 심리상자》를 읽고 "조작적 조건화 이론을 활용한 스마트폰 사용 시간 줄이기 캠페인"을 기획하고 실천한 것이 기록되었습니다. 2학기 영어 세특에는 "픽사 영화 〈인사이드 아웃〉의 영어 대본을 분석하고 영어 감정 단어장을 제작"한 내용이 있습니다. 2학년 1학기 생명과학 세특에는 "보울비의 애착 이론을 바탕으로 교내 멘토-멘티 프로그램 개선안을 만들고 참여했다"라고 기록되었고, 3학년 1학기 생명체의 항상성과 질병 세특에는 "《도파민네이션》를 읽고 신경전달물질과 우울증의 관계를 분석하고 갱년기 부모님의 우울증 예방 프로그램을 제안했다"라고 적혀 있습니다. 주아의 심리학에 대한 관심사는 학년이 바뀌어도 꾸준히 이어지고 있습니다. 이걸 본 대학은 학생의 탐구 의지를 높게 평가하는 것입니다.

두 번째 연계성은 하나의 관심사가 여러 과목에서 보이고, 이 내용들이 서로 연결되는 것을 말합니다. 좀 복잡하게 느껴지나요? 한 과목에서 관심을 가졌던 주제가 거기서 끝나지 않고 다른 과목의 탐구 프로젝트나 연구 과제 같은 곳에서 또 쓰이는 걸 말하지요. 과목뿐만 아니라 진로나 자율, 창체 등의 활동에서 나타날 수도 있고요.

예를 들어 앞서 소개한 주아의 경우, 심리학이라는 관심사가 통합사회, 영어, 생명과학, 생명체의 항상성과 질병과 같은 과목에서 계속 등장합니다. 책 읽기, 수업, 활동, 연구로도 자연스럽게 연결해나갔지요. 이렇게 서로 다른 영역들이 같은 주제로 자연스럽게 연결되었을 때 대학은 학생이 한 가지 주제를 다각도로 깊이 탐구한다고 판단

합니다.

세 번째 성장성에서는 관심 분야에 대한 지식이 학년이 더해지면서 어떻게 성장해나가고 있는지 그 과정을 보여주는 것입니다. 그렇기 때문에 1학년에는 호기심의 단계, 2학년은 좀 더 발전한 단계, 3학년에서는 심화되고 발전해나가는 걸 단계적으로 보여주는 전략이 필요합니다.

이건 진로 찾기에서 다뤘던 얘기와 같은 내용인데 세특의 관점에서 다시 한 번 정리해보겠습니다. 고등학교 1학년 세특에서는 학업에 대한 기초적인 역량과 다양한 관심사를 보여줘야 합니다. 이때 꼭 주의해야 할 점은 1학년부터 진로를 명확히 정하기보다는 뭐든 두루두루 열심히 해보는 적극적인 모습을 보여주는 것입니다. 딱 내 진로만 열심히 하는 학생도 매력이 없죠. 대학은 뭐가 됐든 일단 열심히 해보는 학생을 더 좋아합니다. 더구나 진로는 나중에 바뀔 수도 있는 일입니다. 확고한 진로가 바뀌는 건 좋아 보이지 않습니다. 때문에 다양한 관심사를 보여주고, 그중에 내 진로 후보군을 넣어두는 편이 훨씬 더 안전한 일이지요.

이후 고등학교 2학년 때는 이과인지, 문과인지 정도는 정하는 것이 좋습니다. 그리고 내가 얼마나 이 계열 공부에 적합한 학생인지 보여주는 것이지요. 이때는 특정 관심 분야 한 가지가 구체화되는 모습을 보여주는 것도 좋습니다. 멘토-멘티처럼 진로와 연관된 활동을 통해 진로를 더 단단하게 굳히는 과정을 어필하는 것도 좋고, 관심 분야에 대한 전문 서적을 읽은 경험을 담아도 좋습니다.

입시를 바로 앞둔 고등학교 3학년에는 전공이 결정되어 있어야 겠지요? 이때는 전공과 관련된 심화된 탐구 역량을 보여줘야 합니다. 내 전공 분야의 최신 뉴스는 모두 파악해둬야 하고, 전공 관련 최신 논문 읽기에 도전해보는 것도 좋습니다. 이런 내용이 심화 탐구보고 서를 통해 세특에 기재되어야 나의 노력을 비로소 대학에 알릴 수 있 는 것입니다.

세특 내용을 체계적으로 담아내기 위해서는 1학년 때부터 3학 년까지, 3년의 장기 로드맵을 미리 그려보는 것이 좋습니다. 그렇게 계획한 대로 채워나가는 것이 가장 이상적인 세특 만들기 방법입니 다. 다만, 이를 위해서는 진로가 일찍 정해져 있어야겠지요.

선생님의 마음을 움직이는 전략

세특 기록을 만들 때 한 가지 간과하지 말아야 할 점이 있습니다. 세특은 학생에 대한 기록이지 학생이 적는 기록이 아니라는 점입니다. 고등학교에서는 세특에 워낙 민감하기 때문에 학생의 의견을 반영해주는 경우가 많긴 합니다. 하지만 그렇 다고 해도 세특 작성은 어디까지나 순수한 선생님의 주관이어야 한 다는 게 기본 원칙입니다. 때문에 이건 융통성 있는 선생님을 만나야 만 가능한 일입니다. 원하는 내용을 직접 적을 수 있으면 제일 좋겠으 나 그럴 순 없으니 좋은 세특 기록을 얻기 위해서는 노련함이 필요합니다.

그러니 생각해보겠습니다. 수업 시간에 호기심을 발견하고 혼자 책을 읽고 열심히 연구를 했습니다. 그런데 그 사실을 선생님은 어떻게 알까요? 선생님은 초능력자가 아니기 때문에 뭐라도 한 걸 봐야 써줄 것입니다. 그럼 선생님께 가져가서 이런 이런 걸 혼자 탐구해봤다고 말하고 세특에 써달라고 하면 될까요? 150명이 넘는 학생들이 시도 때도 없이 찾아와 혼자 심화 학습을 했다고 말하며 세특에 적어달라고 조르는 풍경은 선생님 입장에서는 썩 달가운 일이 아닐 것 같습니다.

그렇기 때문에 세특에 특별함을 담아내기 위해서 일차적으로는 세특의 모든 내용이 수업 시간에 생긴 일을 바탕으로 적히는 것이라는 점을 명심해야 합니다. 핵심은 수업 태도에 있다는 말이지요. 밝은 표정과 인사성, 매 수업 시간에 적극적으로 참여하는 태도, 친구들을 배려하는 모습, 숙제를 성실히 하고자 하는 모습 등 기본적인 태도를 잘 갖추는 것이 좋은 세특을 위한 첫걸음입니다.

두 번째로는 정식 과제인 수행평가를 노려야 합니다. 세특에 담긴 연구나 에피소드에 대한 설명은 뜬금없이 적힌 게 아니라 대부분 수행평가의 결과물이라고 할 수 있습니다. 그러니 수행평가에 최선을 다하면 높은 점수와 좋은 세특이라는 일거양득의 결과를 얻을 수 있습니다.

세 번째로는 독서활동 상황을 활용하는 것입니다. 세특에 학생의 탐구가 기록되기 위해서는 반드시 눈으로 확인할 수 있는 증거가 필요합니다. 학교에서는 매학기 독서활동 상황을 작성하는데 그때를 기회로 만들어볼 수 있습니다. 2024년 이후 이 항목은 대입에 직접적으로 제출되지 않습니다. 하지만 학생이 쓴 독후감을 기재하고 싶은 과목 선생님에게 제출하고, 과목 선생님이 독후감을 검사한 후 기재해주는 복잡한 기록의 과정 자체가 선생님과 학생 간의 공식적인 소통 루트이니 잘 활용할 필요가 있습니다.

다음 학기에 배울 내용에 대해 예습해보거나 이번 학기에 배운 내용을 심화하는 내용의 책을 읽고 자율탐구보고서 형식의 독서록으로 제출한다면 상당수 과목 선생님들은 그 내용을 세특에 적어주실 것입니다. 이때 선생님을 찾아가서 읽을 책을 미리 추천받는 것도 좋습니다. 잘 생각해보면 그런 일이야말로 세부능력 및 특기사항의 관찰 기록이라는 세특의 취지에 잘 맞는 활동이지 않겠습니까.

250자에 담긴
성장 스토리

세특은 250자의 한정된 글자 수 안에 담아내는 나의 성장 스토리입니다. 국어 시간에 배운 좋은 스토리의 요건에 대해 생각해보세요. 작가의 진심 어린 태도와 공감 가는 내용, 어려움을 극복하고 성장하는 주인공의 모습과 그로 인해 느껴지는 감동. 이런 것들이 균형 있게 갖춰졌을 때 오래 기억에 남는 좋은 스토리가 되는 것이지요.

세특 기록은 선생님들이 해주지만, 결국 그 안에 담을 내용을 만들어가는 건 학생 자신입니다. 철저한 전략과 계획하에 3년이라는 긴 시간을 공들여 만든 기록은 부족한 성적을 보완해 내 입시를 역전시킬 수 있는 무기가 되는 것입니다. 차별화된 나만의 스토리를 만들기 위해 지금부터 차근차근 준비해보세요. 미래는 준비된 자의 것이니까요.

원하는 세특을 만드는
4단계 행동 전략

1단계 | **모든 것의 시작은 '교실'과 '호기심'이다.**

모든 심화 탐구는 반드시 수업 시간에서 출발해야 한다. 이것이 활동의 진정성을 증명하는 첫걸음이다.

- **학생의 Action** 수업 내용 중 가장 흥미로웠거나, 더 깊은 의문이 생긴 개념을 하나 정한다. 그리고 수업이 끝난 후, 해당 교과 선생님께 찾아가 구체적으로 질문한다.

  "선생님, 오늘 '화학' 시간에 배운 고분자 화합물 부분이 정말 흥미로웠습니다. 특히 플라스틱의 종류에 따라 성질이 달라지는 원리에 대해 더 깊이 탐구해보고 싶은데, 혹시 참고할 만한 자료나 책이 있을까요?"

2단계 | **'목적'을 가지고 책을 읽고, '독서록'으로 증거를 남긴다.**

독서는 탐구를 심화시키는 가장 강력한 도구이다. 이때 독서록은 세특 기록을 위한 가장 확실한 '증빙 자료'이자 선생님과의 '소통 도구'가 된다.

- **학생의 Action** 이 책을 통해 '플라스틱의 환경 문제'에 대한 나의 생각을 보고서로 정리해야겠다는 식의 구체적인 목표를 세우고 책을 읽는다. 책을 읽은 후, 줄거리 요약과 함께 이 책을 읽고 수업 내용과 관련하여 어떤 점을 깨달았고, 어떤 추가적인 탐구를 하고 싶은지를 중심으로 독서록을 작성하여 해당 교과 선생님께 제출한다. 이는 학생의 탐구 의지를 보여주는 공식적인 신호탄이다.

3단계 | **'결과물'로 증명한다.** (가장 중요!)

독서와 고민의 과정은 반드시 선생님이 평가할 수 있는 유형의 결과물로 만들어져야 한다.

- **학생의 Action** 과목 수행평가 주제를 자신의 탐구와 연결하여 보고서나 발표 자료에 "저는 이 주제에 대한 이해를 넓히기 위해 《나는 미생물과 산다》라는 책을 읽고, 미생물을 활용한 해결책을 고안했습니다"와 같이 독서 과정을 명확히 언급한다.

  ① **자율탐구보고서 제출**: 수업 내용과 책을 연계한 자신만의 탐구보고서를 작성해 해당 과목 선생님께 제출하며 피드백을 요청한다.

  ② **발표 수업 활용**: 관련 단원 발표 수업 시, 도입부에서 "저는 《멋진 신세계》라는 책을 읽고 과학 기술의 윤리 문제에 대해 고민하게 되어, 이 주제로 발표를 준비했습니다"라고 밝히고, 발표 내용에 책에서 얻은 통찰을 녹여낸다.

③ **수업 시간 토론 활용:** 토론 시간에 자신의 주장에 대한 근거로 책의 내용을 인용한다. ("저는 이 문제에 대해 《정의란 무엇인가》에 나온 롤스의 '차등의 원칙'을 적용하여….")

4단계 **적극적으로 '소통'하고 '성장'을 보여준다.**

모든 과정은 선생님과 '함께' 만들어가는 것이다. 자신의 성장 과정을 꾸준히 공유하고 소통하는 것이 핵심이다.

- **학생의 Action**
  ① **과정 공유:** 보고서를 작성하는 중간에 선생님께 찾아가 "선생님, 《나는 미생물과 산다》를 읽고 이런 방향으로 보고서를 쓰고 있는데, 혹시 조언해주실 부분이 있을까요?"라고 질문한다. 이는 학생의 자기 주도성과 열의를 보여주는 가장 확실한 방법이다.

  ② **결과물 제출 및 설명:** 최종 결과물을 제출할 때, 어떤 수업 내용에서 출발해서, 어떤 책을 읽고, 어떤 새로운 점을 깨달았는지 짧게 요약해 선생님께 말씀드린다.

※ 출처: 수행과 수능

진짜와 가짜가 드러나는 최종 관문

서울대에서는 2020년부터 대부분의 수시 모집에서 면접을 강화하고 있습니다. 선발 과정을 살펴보면 1단계로 생기부를 평가해서 모집 인원보다 몇 배 많은 학생을 1차로 뽑습니다. 이렇게 뽑힌 학생들을 모아서 다시 2단계로 면접을 봅니다. 그리고 최종적으로는 이 점수를 50% 이상 반영해서 최종 합격자를 결정하는 것이지요. 이는 고려대와 연세대도 비슷합니다.

더구나 실질 경쟁률이 치열한 학교와 학과의 경우에는 모두 면접을 강화하고 있는 분위기입니다. 전문가들은 이런 분위기가 앞으로도 지속될 것으로 예상합니다. 왜 대학들은 면접에 이렇게 공을 들이는 걸까요?

핵심은 변별력에 있습니다. 대입 변화로 인해 앞으로 입시에서는 수능도, 내신도 확고한 변별력을 갖지 못할 가능성이 큽니다. 그러니 대학은 비교과(세특), 논술, 면접 등 변별력을 대신할 방법을 찾을 수밖에 없지요. 그중 면접은 학생의 사고력, 논리력, 인성과 더불어 순발력까지 직접 확인해볼 수 있는 방법입니다. 더구나 다른 방법에 비해 비용도 시간도 덜 들어가는 평가 방법이니 인기가 높아지게 된 것이지요. 이제 면접은 입시의 새로운 키워드가 되고 있습니다.

지금까지 면접이라는 평가 방식은 주로 공무원을 뽑을 때와 회사의 입사 시험에서 사용되었습니다. 이건 그 회사에서 얼마나 일을 잘할 수 있는 사람인지 판단하기 위한 시험입니다. 이때 이력서에 적힌 노력의 흔적을 1차적으로 검토합니다. 이후 면접을 통해 즉흥적인 태도와 지식을 보고 최종 합격자를 정하는 것이지요. 이 방식이 좋다는 사실에 대해 반대할 사람은 없을 것입니다.

대학에서도 같은 맥락으로 학생을 뽑겠다는 것으로 이해하면 될 것 같습니다. 우리 학교에서 얼마나 공부를 잘 할 수 있는 학생인지 생기부에 적힌 3년간 학습 이력을 1차로 보고, 면접을 통해 최종적으로 확인하겠다는 것이지요. 형태와 내용 역시 대입 면접이라고 해서 딱히 다르진 않습니다.

　　면접에서 주로 하는 질문을 크게 5가지 정도로 나누어볼 수 있습니다. 우선 첫 번째는 지원 동기와 진로에 대해 묻는 질문입니다. '우리 학교에 왜 지원했는지' '이 전공을 선택하게 된 계기나 과정은 무엇인지' '입학한다면 어떤 과목을 수강하고 싶은지' '졸업 후 진로 계획은 무엇인지' '전공 적합성을 보여줄 경험은 무엇인지' '이 전공의 미래 전망을 어떻게 보는지'와 같이 말 그대로 지원 동기와 진로에 대해서 묻는 질문이지요. 이때 전공 관련 기초 상식을 묻거나 개념을 정확히 이해하고 있는지 확인하는 질문을 하거나 전공 관련 최신 시사 이슈를 던지고 생각을 묻는 질문을 할 수도 있습니다.

　　실제 면접 사례를 보면, 지원 동기에 대해 묻는 질문에 "저는 고등학교 2학년 때 '암의 발생 메커니즘'에 대한 탐구 활동을 하면서 생명과학 연구에 관심을 갖게 되었습니다. 특히 서울대학교 생명과학과의 '단백질 구조 연구실'에서 진행하는 연구가 제 탐구 내용과 연결되어 있어서 지원하게 되었습니다"라고 답변했다고 합니다. 상당히 전문적이게 느껴지지요? 서울대 의대에 지원하려면 이 정도 깊이의 심화 탐구를 해보려는 노력이 필요합니다.

　　두 번째 질문 유형은 학업 및 탐구 활동에 대한 질문입니다. 이 부분이 면접의 진짜 목적이라고 생각해도 되는데, 생기부 기재 사항의 진실성을 확인하는 것이지요. 주로 '수행평가나 발표 중 가장 기억에 남는 건 무엇인지' '좋아하는 과목 또는 싫어하는 과목과 이유는 무엇인지' '인상 깊게 읽은 책 제목과 이유는 무엇인지' '수학 성적이 1학년 2학기 때 3등급이었는데 3학년 1학기에는 1등급으로 향상된 이유는 무엇인지?'와 같이 생기부 기재 사항에 대한 궁금증을 묻습니다. 또 '세특의 ~~내용을 구체적으로 설명해줄 수 있는지' '○○ 활동을 통해 배운 점은 무엇인지' '다시 한다면 어떤 점을 수정하고 싶은지' '수상 경력의 준비 과정이나 스스로의 학습 방법을 분석해보라' 등 생기부에 적힌 탐구 내용이 사실인지 확인하는 깊이 있는 질문을 하기도 하지요.

예를 들어 "심화 과목 들었네요. 어려웠을 텐데. 세특에 PCR 실험을 했다고 적혀 있는데, PCR이 뭔지 알아요?"라는 면접관의 질문에 "PCR은 중합효소연쇄반응인데, DNA의 특정 부분을 증폭하는 기술입니다. 3학년 때 수강한 '과학과제연구' 수업에서 한 실험인데 저희가 실험할 때는 먼저 증폭하고자 하는 DNA 샘플을 준비하고, 프라이머와 DNA 중합효소, dNTP를 혼합한 반응액을 만들었습니다. 실험 과정은 크게 세 단계로…(실험 설명과 자신이 담당한 역할 설명)"라고 대답하는 식입니다.

다소 어려워 보이는 내용이지만 이건 학생이 생기부에 이런 내용을 적었기 때문에 받은 질문입니다. 여기서 실험 내용을 잊었거나 제대로 이해하지 못해서 자칫 엉뚱한 답변을 한다면 그야말로 대참사입니다. 3년을 공들여 작성한 생기부 전체의 신뢰가 깨지기 때문에 입시를 망하는 지름길이 되는 것이지요. 그러니 적어도 생기부 기재 사항과 관련해서는 어떤 질문이 기습적으로 나온다고 하더라도 다 대답할 수 있도록 철저히 준비해야 합니다. 괜히 멋있는 생기부를 만들겠다고 잘 알지도 못하는 어려운 책, 어려운 연구에 대해 잔뜩 기재했다면 오히려 독이 될 수 있으니 주의해야 합니다. 이 점이 생기부에 거짓 내용을 적을 수 없는 이유이기도 하고요.

세 번째 질문 유형은 인성과 가치관에 대한 질문입니다. 이때는 동아리나 봉사활동과 관련된 질문을 할 수도 있습니다. '자신의 장단점에 대해 말해보기' '리더십을 발휘한 경험이 있는지' '봉사활동을 통해 느낀 점은 무엇인지' '친구들에게 어떤 사람으로 평가되고 있는지' '실패의 경험에 대해 말해보기' 등 학창 시절 경험을 통해 학생의 인성과 가치관을 알아보기 위한 질문을 하는 것이지요. 질문에는 너무 길게 답하기보다는 30초 이내로 짧고 진심 어린 태도로 답하는 게 좋습니다.

예를 들어 인생에서 가장 중요하게 생각하는 가치에 대한 면접관의 질문에 대해 "제가 생각하는 가장 중요한 가치는 '성장'입니다. 저는 고등학교 1학년 때까지 수학 성적이 좋지 않아서 좌절한 적이 있습니다. 하지만 포기하지 않고 꾸준히 노력했고 3학년 때는 2등급까지 성적을 향상시켰습니다. 이 경험을 통해 꾸준한 노력이 만든 발전의 기쁨을 깨닫게 되었습니다. 앞으로도 끊임없이 성장하는 사람이 되고 싶습니다"라고 나를 어필할 부분을 담아 짧고 진정성 있는 대답을 하면 됩니다.

네 번째 유형은 상황 판단에 대한 질문입니다. 이건 주로 대학에서 학업을 할 때 발생할 수 있는 상황에 대해 묻는 질문입니다. '입학을 했는데 전공이 맞지 않는다면 어떻게 할 건지' '(팀 프로젝트시 발생할 수 있는 갈등 상황을 제시하고) 이럴 때 어떻게 할 건지' '면접관에게 궁금한 건 무엇인지?' '우리 전공과 관련된 윤리적 딜레마에 대한 개인적 생각은 어떤지'와 같이 돌발 상황이나 난감한 상황을 제시하고 어떻게 대처할지 묻는 것입니다. 기본적으로 이 같은 질문에 잘 대답하려면 삶에 대한 뚜렷한 철학이 있어야 합니다. 그리고 순발력과 재치도 있어야 하지요. 이때 질문의 상황과 비슷한 경험을 예로 들어 대답하는 것도 좋은 인상을 줄 수 있습니다.

예를 들어 "우리 전공은 팀프로젝트 실험이 많은데, 갈등이 생기면 어떻게 할 거예요?"라는 면접관 질문에 "2학년 물리 시간에 '무지개 생성 장치' 팀 프로젝트를 하게 됐는데, 역할 분담에 대한 갈등이 생겼던 적이 있습니다. 모두 사진 찍기, 실험 결과 발표 같은 쉬운 일만 하려고 했고 프리즘 각도 계산이나 보고서 쓰기 같은 일은 아무도 하지 않으려고 했습니다. 저는 역할을 서로 바꿔가면서 하자는 해결책을 제안했고 과제 난이도를 구분해서 납득할 수 있는 역할 표를 완성했습니다. 저는 갈등이 팀원들의 이해관계에서 출발한다고 생각합니다. 어느 한쪽이 일방적으로 양보하기보다는 모두가 받아들일 수 있는 공정한 해결책을 생각해냄으로써 갈등 상황을 해소하도록 할 것입니다"라고 경험과 연결해서 대답하는 식으로 말입니다. 이런 식으로 대답하니 상당히 똑똑한 학생으로 보이지요?

다섯 번째 유형은 제시문 기반 심층 면접입니다. 이 방식은 일반적으로 널리 사용되는 방법은 아니지만 현재는 서울대, 연세대, 고려대, 경희대 및 의대 입시에서 주로 사용되고 있습니다.

방법은 제시문 자료를 주고 복도나 대기실에서 미리 읽고 생각해볼 시간을 30분 정도 준 후 면접을 보는 방식이지요. 이 경우 짧은 준비 시간 동안 제시문을 분석하고 예상되는 질문과 답변을 혼자 시뮬레이션 해봐야 합니다. 그렇기 때문에 기본적으로는 제시문에 대한 독해력이 필요하고, 내용을 심화하거나 확장할 배경지식이 풍부해야 유리합니다. 이 면접에서는 어떤 분야의 제시문이 나올지 알 수 없습니다. 그렇기 때문에 생기부에 적힌 내용을 기반으로 물어보는 서류 기반 면접보다 훨씬 더 어려운 면접이라고 할 수 있습니다.

면접장에서 질문을 받게 되면 따로 생각할 시간이 없이 거의 바로 대답해야 합니다. 대답의 길이는 질문에 따라 짧게는 30초, 길게는 1분 30초 정도이지요. 물론 사례로 보여준 것처럼 면접관의 질문에 어려운 전문 지식을 척척 말할 수 있으면 더할 나위 없이 좋겠지만 그렇게까지 답할 순 없을 것입니다. 하지만 적어도 진실한 태도로, 말하고자 하는 바가 상대방에게 명확하게 전달되도록 또박또박 말하는 자세는 필요합니다.

짧은 시간 안에 자신의 생각을 잘 담아내서 면접관에게 어필하는 건 상당히 어려운 기술입니다. 그렇기 때문에 면접은 학원에 가서 내 생기부에서 나올 법한 예상 문제 100문항을 받아 달달 외우고 연기하는 벼락치기 준비로 잘 볼 수 있는 그런 시험이 아니지요. 그런데

이런 점 때문에 이 평가 방식이야말로 학생의 진짜 실력을 판가름할

수 있는 시험이라고 할 수 있는 것입니다.

반드시 대비해야 할
입시 면접법 3가지

1. 서류 기반 개별 면접

한 명의 지원자를 대상으로, 2~3명의 면접관이 제출한 서류(학생부, 자기소개서 등) 내용을 확인하고 심화 질문을 던지는 가장 일반적인 방식입니다. 현재 대부분의 학생부종합전형에서 사용되고 있습니다.

- **평가 역량:** 생기부 내용의 진실성, 전공에 대한 관심과 이해, 인성, 의사소통 능력
- **주요 학교:** 대부분의 대학 및 학과 (가장 일반적인 형태)
- **면접 준비 시간:** 별도의 준비 시간 없이 대기실에서 순서를 기다립니다.
- **실제 면접 시간:** 보통 10~15분 내외입니다. 짧게는 5분, 길게는 20분까지 진행될 수도 있습니다. 이때 면접관이 지원자에게 3~5개 정도의 질문을 합니다. 지원자가 답변하면 여기에 꼬리를 물고, 추가 질문을 하는 식으로 질문과 답변이 오가는 대화의 모습입니다.

2. 제시문 면접

면접 전에 특정 제시문(논문, 자료, 그래프 등)을 주는데 이를 미리 분석해봅니다. 이후 면접을 볼 때는 면접관이 묻는 질문에 대해 제시문의 내용을 바탕으로 자신의 의견을 이야기하는 방식입니다.

- **평가 역량:** 논리적 사고력, 분석력, 문제 해결 능력
- **주요 학교:** 서울대, 연세대, 고려대 등 상위권 대학의 학생부종합전형 및 특기자 전형. 주로 인문사회계열과 자연과학계열에서 심층적인 학업 역량을 평가하기 위해 활용합니다.
- **면접 준비 시간:** 면접실에 들어가기 전, 제시문을 읽고 답변을 생각하는 시간이 주어집니다. 이 시간은 대학마다 다르지만, 보통 15~40분 내외입니다. 서울대학교 인문계열의 경우 30분 내외의 준비 시간이 주어지기도 합니다. 고려대학교는 10~20분 내외의 준비 시간을 제공하는 경우가 많습니다.
- **실제 면접 시간:** 질의응답을 포함하여 10~20분 내외로 진행됩니다.

3. 다중 미니 면접(MMI)

여러 개의 면접 방이 있는데 각 방에는 하나의 상황(윤리적 딜레마, 팀워크의 문제 상황 등)에 대한 질문이 준비되어 있습니다. 학생은 이 방들을 하나씩 순서대로 돌면서 각 방에서 하는 상황에 대한 질문에 자신의 판단을 이야기합니다. 각 방의 면접관은 자기가 담당하는 상황에 대해 대답하는 학생을 평가하고, 면접이 끝나면 각 방의 점수들이 합쳐져서 최종 점수가 정해지는 방식입니다.

- **평가 역량:** 의사소통 능력, 윤리 의식, 공감 능력, 문제 해결 능력
- **주요 학교:** 서울대, 성균관대, 울산대, 고려대, 인제대의 의예과, 치의예과, 수의예과 등 의료 및 생명과학 계열에서 지원자의 인성을 심층적으로 평가하기 위해 사용됩니다.
- **면접 준비 시간:** 각 면접 방에 들어가기 전, 제시된 상황을 파악하고 답변을 구상하는 시간이 주어집니다. 보통 1~2분 정도의 짧은 시간입니다.
- **실제 면접 시간:** 여러 개의 면접 방을 이동하며 진행되므로, 전체 면접 시간이 상당히 긴 편입니다. 방마다 5~10분 내외로 짧은 면접이 진행됩니다. 그

럼 전체 4~6개의 방을 거치므로, 전체 면접 시간은 30~60분에 이르기도 합니다.

면접장에서 빛나는 독서 포트폴리오

면접 질문들 중 대학이 특히 중요하게 보는 부분은 ①지원 동기와 ② 진로에 대한 질문과 ③학업 및 탐구활동에 대한 질문입니다. 그런데 이 3가지는 모두 독서 경험을 기반으로 답할 때 더 큰 힘이 생깁니다.

예를 들어 사범대 지원자에게 지원 이유를 묻는 질문에 대해 "어릴 때부터 선생님이 되고 싶었고, 사명을 느끼고 등등"의 평범한 대답을 할 수도 있을 겁니다. 하지만 "유발 하라리의 《21세기를 위한 21가지 제언》을 읽고 미래 사회에서 교육의 역할에 대해 생각해보게 되었습니다. 교육은…"이라고 대답하는 게 훨씬 더 구체적이고 설득력 있습니다. 각 계열별로 사례를 비교해본다면 좀 더 쉽게 이해할 수 있을 것 같습니다.

○ **자연계열**

평범한 대답: 저는 어릴 때부터 과학에 흥미가 많았습니다. 특히 생명과학 분야에 관심이 있어서 생물 수업을 열심히 들었습니다. 앞으로 생명과학을 더 깊이 공부해서 좋은 연구원이 되고 싶어서 지원했습니다.

구체적이고 설득력 있는 대답: 저는 어릴 적부터 자연 현상에 대한 궁금증이 많았습니다. 특히 생명체가 어떻게 진화하고 유전 정보를 전달하는지에 대해 깊은 관심을 가졌습니다. 고등학교 생명과학 시간,《이기적 유전자》를 읽고 유전자의 관점에서 생명체를 바라보는 새로운 시각을 얻게 되면서, 생명과학에 대한 흥미가 더욱 커졌습니다. ○○대학의 생명과학과는 기초 과학 지식뿐만 아니라 최신 유전공학 기술을 배울 수 있는 커리큘럼을 갖추고 있어, 제가 가진 궁금증을 해결하고 미래 연구에 기여할 수 있는 전문가로 성장하는 데 최적의 환경이라고 생각하여 지원했습니다.

○ **의약학계열**

평범한 대답: 저는 남을 돕는 것에 보람을 느낍니다. TV에서 의사 선생님들이 환자를 치료하는 것을 보고 멋있다고 생각했습니다. 저도 의사가 되어서 아픈 사람들을 도와주고 싶어서 의학과에 지원했습니다.

구체적이고 설득력 있는 대답: 저는 생명과학과 인간의 삶에 대한 깊은 존중을 바탕으로 의학의 길을 닦고 싶습니다. 응급의학과 의사의 기록인《지독한 하루》라는 책을 읽고, 삶과 죽음의 경계에서 환자의 고통을 마주하는 의사의 치열한 사명감을 간접적으로 경험했습니다. ○○대학 의학과는 기초 의학 연구와 임상 실습을 균형 있게 교육하며, 환자와 소통하는 인문학적 소양을 중시하는 것으로 알고 있습니다. 저는 이곳에서 끊임없이 배우고 연구하며, 질병을 치료하는 것을 넘어 환자에게 희망을 전하는 따뜻한 의사가 되고 싶어 지원했습니다.

○ **인문계열**

평범한 대답: 저는 어렸을 때부터 책 읽는 것을 좋아했습니다. 시나 소설을 읽으며 감수성을 키웠고, 글쓰기에도 재능이 있다고 생각합니다. 그래서 국어국문학과에 진학해서 국어와 글쓰기를 더 잘하고 싶어 지원했습니다.

구체적이고 설득력 있는 대답: 저는 언어가 인간의 사고와 문화를 어떻게 형성하는지에 대해 깊은 관심을 가지고 있습니다. 고전 문학 작품을 읽으며 과거 사람들의 사상과 정서를 이해하는 것이 즐거웠고, 특히《언어의 온도》라는 책을 읽고 언어가 단순한 소통 도구를 넘어 개인의 인격과 사회의 수준을 결정하는 중요한 요소임을 깨달았습니다. 저는 이곳에서 언어와 문학에 대한 깊이 있는 탐구를 통해 인문학적 소양을 함양하고, 우리말의 아름다움을 널리 알리는 전문가가 되고 싶어 지원했습니다.

《1등급을 이기는 생기부 독서법》
초판 한정 특별 부록

무조건 통하는 계열별 생기부 필독서 100

김수미 지음

빅피시
BIG FISH

바뀐 입시, 계열별 맞춤 독서로
똑똑하게 대비하자

입시가 변했습니다. 이전의 입시 성공 공식을 마음에 품고 착실히 준비해왔다면 분명 엉뚱한 입시를 준비하고 있는 것입니다. 바뀐 입시는 어떤 모습일까요?

현재 상위권 주요 대학의 입시에서는 생기부의 영향력이 강화되는 추세입니다. 대학은 지원자의 고교 3년의 생기부를 분석해서 더 일관성 있는 진로 스토리를 가진 학생을 뽑고자 하죠. 이건 창체(자율·동아리·봉사·진로), 세특, 행특 같은 생기부의 여러 기재 사항이 하나의 진로를 향해, 통일된 방향성을 갖고 서로 연결되는 걸 말합니다.

그런데 이때 진로가 명확하지 않다면 모든 선택이 어려울 수밖에 없습니다. 고교학점제에 따라 과목 선택을 할 때도, 동아리나 진로 활동을 선택할 때도 모두 지원하고자 하는 학과에 맞는 선택을 해야 하거든요. 그렇기 때문에 이제 입시에서 진로를 아는 것은 공부를 잘해야 하는 것만큼이나 중요한 상식이 되었습니다.

그럼 진로는 어떻게 찾아야 하는 걸까요? 우선은 나 자신에 대한 이해가 필요합니다. 내가 무엇을 좋아하는지, 싫어하는지, 어떨 때 기쁨을 느끼는지와 같은 이해가 있어야 그에 맞는 선택을 할 수 있어요. 그런데 이걸 하루아침에 할 순 없습니다. 평생에 걸쳐서 끊임없이 고민하고 탐구하면서 알아가는 것이지요.

나 자신에 대한 이해와 함께 내가 살아가는 세상에 대한 이해 역시 진로를 정하기 위해 꼭 필요한 일입니다. 그런데 10대라는 나이는 아직 세상에 대한 지식도, 경험도 부족한 시기이기 때문에 이 또한 어렵습니다. 이렇게 나를 아는 것도, 세상을 아는 것도 모두 청소년들에게는 무척이나 쉽지 않은 일입니다.

하지만 독서는 이 한계를 극복할 수 있는 유용한 수단입니다. 우리는 책을 읽을 때 등장인물에 나를 투영하거나 그들의 판단에 대해 생각합니다. 이런 과정은 나 자신에 대한 이해의 계기가 될 수 있습니다. 뿐만이 아니라 독서를 통해서 나와 동떨어진 다양한 삶을 간접 체험해볼 수 있고 이를 통해 세상을 알아가지요.

이 책에는 의학계열, 약학계열, 이공계열, IT·소프트웨어계열, 인문·사회과학계열, 상경계열, 교육계열, 국제·어문계열, 예체능계열의 9개 계열에 대한 배경지식과 간접 체험을 할 수 있는 추천도서가 수록되어 있어요. 특히 앞부분 5권은 중학생도 읽을 수 있는 수준의 도서를, 뒷부분 5권은 고등학생이 읽어볼 수준의 도서를 배치했어요.

각 계열별 추천도서를 한 권씩 읽어보며 어떤 계열에 끌리는지 알아간다면 세상에 대한 견문도 넓힐 수 있고 진로에 대해서도 알아갈 수 있을 것입니다. 계열별 책을 읽어보다가 끌리는 계열을 만났다면 그 분야의 도서를 더 집중해서 읽어보세요. 그런 다음 수행평가를 할 때 책 내용을 활용하는 연습을 해본다면 좋은 진로 스토리를 만들어나가는 데 도움이 될 거예요. 책의 제일 마지막에는 계열에 상관없이 생기부를 빛나게 해줄 수 있는 만능 책 10권이 수록되었어요. 이 책들은 여러분이 어떤 계열을 지원한다고 해도 쉽게 활용할 수 있는 책들이랍니다.

이제 입시는 꿈을 찾고, 꿈을 이루어가는 과정 그 자체입니다.

책과 함께하는 여러분의 긴 여정이 마침내 성공에 이르길 진심으로 응원합니다.

책과 함께하는 여러분의 긴 여정이 마침내 성공에 이르길 진심으로 응원합니다.

의학계열 10

의학은 생명을 다루는 학문입니다. 단순히 '생물을 잘하면 되는 과목'이 아니지요.
진짜 의학은 인체의 구조와 기능을 넘어, 질병의 사회적 맥락, 의료윤리,
공중보건 정책, 그리고 환자와의 소통까지 아우르는
종합 학문이라고 할 수 있습니다.

<의학계열 적성 확인해보기>

☐	다른 사람의 고통에 진심으로 공감하고 도와주고 싶다는 마음이 든다.
☐	나의 말과 행동이 미치는 영향을 깊이 고민한다.
☐	복잡한 문제를 단계적으로 분석하고 논리적으로 해결하는 것을 즐긴다.
☐	생명과학, 화학 등 자연과학 과목을 좋아한다.
☐	어려운 내용도 이해할 때까지 포기하지 않고 반복 학습한다.
☐	경험한 활동에서 배운 점과 윤리적 고민을 깊이 성찰한다.
☐	아픈 사람이나 어려움을 겪는 사람을 실제로 돕는 활동에 보람을 느낀다.

《의대에 가고 싶어졌습니다》

서울대 의대 선배 32명이 직접 들려주는 진짜 의대생의 이야기. 이 책에는 그들이 어떻게 공부했고 어떤 어려움을 겪었는지에 대한 진솔한 이야기가 담겨 있다. 의사라는 직업의 현실과 보람, 그리고 의대 생활의 구체적인 모습을 미리 체험할 수 있는 가장 생생한 안내서.

《탐정이 된 과학자들》

전염병의 원인을 찾아내는 과학자들의 이야기를 추리소설처럼 재밌게 풀어낸 책. 콜레라부터 에이즈까지, 과학자들이 질병과 싸워온 이야기를 읽다 보면 의학이 얼마나 흥미진진한 분야인지 알 수 있다. 그리고 의학이 치료를 넘어 인류를 구하는 학문임을 깨닫게 된다.

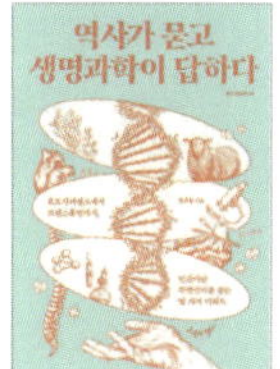

《역사가 묻고 생명과학이 답하다》

나폴레옹의 죽음, 미라의 비밀 등 역사 속 미스터리를 생명과학의 관점에서 풀어내는 책. 생명과학이 단순한 암기가 아니라 실제 문제를 해결하는 도구임을 깨닫게 된다. 특히 서울대 의대 교수인 저자의 의학적 관점과 문제 해결 방식을 함께 경험할 수 있다.

《통계의 거짓말》

의학 뉴스나 논문을 볼 때는 숫자를 잘 해석해야 한다. 이 책은 숫자 뒤에 숨은 진실을 꿰뚫어 볼 안목을 길러준다. 통계의 함정, 확률의 오해, 데이터의 조작 등을 짚어주어 의학 정보를 제대로 이해할 수 있도록 돕는다.

《수학의 숲을 걷다》

역학 조사, 의료 통계, 약물 농도 계산 등 거의 모든 의학 분야에는 수학이 숨어 있다. 수학적 사고는 진단과 치료의 정확성을 높이는 핵심 도구다. 수학이 어렵게 느껴진다면, 국제수학올림피아드 한국 대표팀 단장이 쉽고 재미있게 풀어낸 이 책을 읽어보자.

《숨결이 바람 될 때》

암에 걸린 젊은 의사가 쓴 회고록. 의사가 된다는 것, 환자를 대한다는 것이 무엇인지, 의학의 한계와 인간의 존엄성 문제를 어떻게 바라봐야 할지, 죽음 앞에서 의사가 가져야 할 태도는 무엇인지 등 많은 생각을 해볼 수 있기 때문에 의대 지망생의 필독서라고 할 수 있다.

《의사의 딜레마》

의사라는 직업이 직면한 윤리적 고민을 다룬 희곡. 의료 상업화, 환자의 권리, 의사의 책임 등 100년이 지나도 여전히 해결되지 않은 의료윤리의 핵심 질문을 탐구하며, 오늘날 의료 현장을 성찰하게 한다. 의사와 환자, 사회가 맞닥뜨린 윤리적 문제를 고민하게 만드는 중요한 고전.

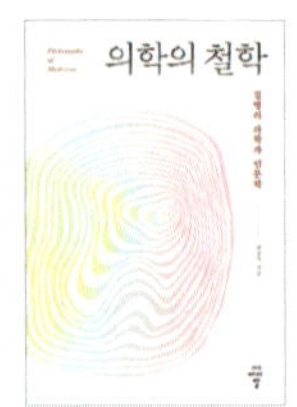

《의학의 철학》

의학이 단순히 병을 고치는 기술이 아니라 철학이 담긴 학문이라는 사실을 알려주는 책. 생명의 의미, 건강의 정의, 질병의 본질 등 의학의 근본 질문을 철학적으로 탐구하며 의사로서의 세계관을 정립할 수 있다. 의학에 대해 깊이 생각해보고 싶다면 도전해볼 만한 책.

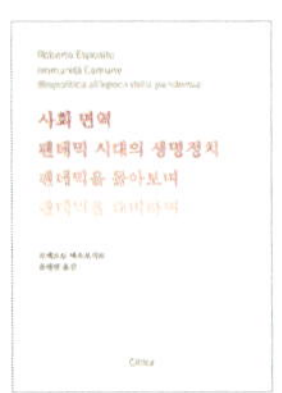

《사회 면역》

면역을 개인의 문제가 아닌 사회적 차원에서 바라보게 하는 책. 코로나와 같은 팬데믹을 겪을 때 우리 사회가 어떻게 대응해야 하는지 철학적으로 고민하게 해줄 뿐만 아니라 감염병 시대에 개인의 자유와 공동체의 안전, 의료자원의 분배 등 의사가 마주할 사회적 딜레마를 깊이 사유하게 한다.

《나는 미래의 병원으로 간다》

AI와 첨단기술이 바꿀 미래 의료의 모습을 보여준다. 미래 의료기술을 이해하면 앞으로 어떤 의사가 되어야 할지 방향을 잡는 데 도움이 된다. 원격진료, 유전자 맞춤치료, AI 진단 등 빠르게 변화하는 의료 환경 속에서 의사의 역할을 재정립하고 미래 의학을 준비하는 통찰을 제공하는 책.

약학계열 10

약학은 약을 통해 병을 치료하고 예방하는 학문입니다.
단순히 약을 조제하는 기술을 넘어, 신약 개발, 약물이 신체에 작용하는
메커니즘, 부작용 관리, 그리고 제약 산업의 사회적 책임까지 두루 다루는
융합 과학이라고 할 수 있지요.

<약학계열 적성 확인해보기>

☐	화학과 생명과학 과목을 좋아한다.
☐	꼼꼼하고 정확한 성격으로 작은 실수도 줄이려는 집중력이 있다.
☐	실험이나 과제가 어려워서 잘 풀리지 않아도 끈기 있게 계속 시도한다.
☐	여러 분야의 지식을 연결하여 문제를 해결하는 것을 좋아한다.
☐	복잡한 내용을 이해하기 쉽게 설명하는 것에 자신이 있다.
☐	아픈 사람의 상황을 배려하고, 그 사람에게 맞는 방법으로 도와주고 싶다.
☐	신약이나 새로운 치료법에 대한 뉴스에 관심이 많다.

《약사가 말하는 약사》

현직 약사들의 생생한 이야기를 통해 직업의 폭넓은 시야와 현실적인 고민을 엿볼 수 있다. 약사가 단순히 약을 조제하는 직업이 아니라 신약 개발, 임상시험, 의약품 안전관리 등 다양한 영역에서 전문성을 발휘하는 모습을 접하며, 진로를 구체적으로 설계할 수 있다.

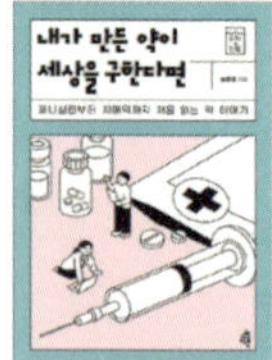

《내가 만든 약이 세상을 구한다면》

주요 약물의 개발 역사와 원리를 배우고, 미래 신약 개발의 중요성과 과정을 이해할 수 있다. 페니실린에서 코로나 백신까지, 한 알의 약이 탄생하기까지 도전과 실패, 그리고 성공의 드라마를 통해 약학자의 사명감을 생생하게 느낄 수 있다.

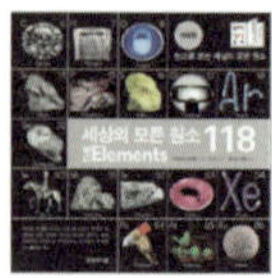

《세상의 모든 원소 118》

약학의 기초인 주기율표의 모든 원소를 시각 자료와 함께 익혀, 화학적 지식 기반을 탄탄히 다지고 과학적 호기심을 충족시킨다. 원소의 특성을 알면 약물이 체내에서 어떻게 작용하고 상호작용 하는지 이해하는 데 큰 도움이 된다.

《화학 혁명》

화학의 역사를 주요 사건과 이론 중심으로 쉽게 해설하여, 화학적 사고방식의 기초를 정립하는 데 도움을 준다. 화학적 사고는 약물 설계의 핵심으로 화학의 거장들이 어떻게 세상을 바꿨는지 이해하며, 약학이 화학의 응용 학문임을 깨닫게 한다.

《영화관에 간 약사》

영화 속에 등장하는 약물들을 통해 약의 오용, 남용, 부작용, 상상 속의 약까지 폭넓게 고찰하며 약학 지식을 재미있게 확장할 수 있다. 마약, 독극물, 신비의 묘약 등 영화 속 약물의 과학적 진실을 파헤치며 약물의 양면성과 사회적 책임을 생각하게 만드는 책.

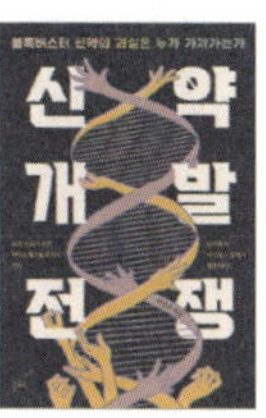

《신약 개발 전쟁》

신약 개발의 전 과정과 치열한 바이오 기술 동향, 제약 산업의 현실과 전망을 심층적으로 다루어 약학 분야의 미래와 도전 과제를 파악하는 데 필수적인 책. 임상시험의 단계별 과정과 글로벌 제약 산업의 경쟁 구도를 이해하며 약학자의 역할을 폭넓게 조망할 수 있다.

《단백질 혁명》

생명의 핵심 분자인 단백질의 구조, 기능, 그리고 이를 활용한 첨단 치료제 개발 등 바이오 시대의 혁신적인 연구 흐름을 이해하는 데 도움이 된다. 차세대 바이오 의약품의 원리를 이해하고, 화학 합성 약물을 넘어 생물학적 치료제의 시대가 왔음을 깨닫게 한다.

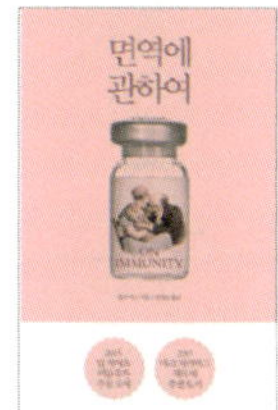

《면역에 관하여》

백신 논란, 집단면역, 예방접종의 윤리 등 약사가 마주할 현실적 이슈를 인문학적 시각으로 탐구하며, 약물의 안전성과 공공의 건강을 균형 있게 고려하는 약학자의 자세를 배우게 된다. 건강과 공중보건의 가치에 대한 중요성을 성찰할 수 있다.

《인간은 왜 병에 걸리는가》

노화와 생로병사에 대한 과학적 이론을 탐구하며, 인간 수명 연장과 질병 치료에서 약학이 어떤 역할을 하는지 고민하게 하는 책. 왜 인간은 병에 걸리고 늙는지를 이해하며, 약물이 생명 현상에 개입하는 의미를 성찰할 수 있다.

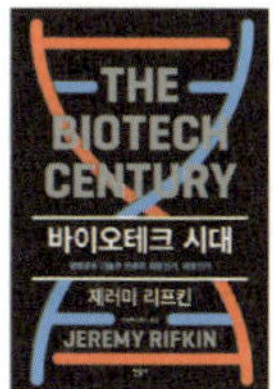

《바이오테크 시대》

바이오 기술이 가져올 미래 사회 변화와 윤리적 이슈를 조망하여, 약학이 단순한 의약품을 넘어 생명과학 전반에 미치는 영향을 거시적으로 바라본다. 과학기술의 발전과 인간의 존엄성 사이에서 약학자가 가져야 할 윤리적 책임을 깊이 고민하게 하는 필독서.

이공계열 10

이공계열은 자연 현상의 원리를 탐구하고 기술로 실현시키는 학문입니다.
물리학, 화학, 생명과학, 수학, 건축, 기계, 전기, 전자, 화학공학 등 많은 분야가 있지요.
인류가 지금까지 이루어온 모든 기술문명을 다루는 학과라고 생각할 수 있습니다.

<이공계열 적성 확인해보기>

☐	자연 현상이나 복잡한 문제를 보면 '왜 그럴까?'라는 질문을 자주 던진다.
☐	수학, 물리학 등 자연과학 과목을 좋아한다.
☐	세상을 편리하게 만드는 새로운 기술에 대한 흥미가 크다.
☐	복잡한 문제라고 해도 분석해보거나 논리적으로 해결하는 것을 좋아한다.
☐	실험이나 프로젝트가 실패해도 원인을 분석하고 다시 도전하려고 한다.
☐	현실의 문제를 발견하고 새로운 방법이나 기술로 해결하려는 의지가 있다.
☐	팀 프로젝트에서 내 지식을 다른 사람에게 논리적으로 설명하고 협력한다.

《구름관찰자를 위한 그림책》

구름 입문서. 기상학과 대기과학에 대한 흥미를 불러일으키고 자연 현상을 관찰하고 기록하는 탐구 습관을 길러준다. 구름의 종류와 날씨 패턴을 이해하며 대기과학의 매력에 빠질 수 있고, 관찰이 모든 과학의 출발임을 깨닫게 해주는 책.

《유전공학의 상상은 현실이 된다》

유전공학의 핵심 개념과 최신 기술을 이해하기 쉽게 소개하는 책. 생명과학, 의학, 조직공학 분야에서 발생하는 윤리적 쟁점과 미래 가능성을 깊이 탐구한다. 유전자 가위로 질병을 치료하고 맞춤형 인간을 만든다면 어떤 윤리적 고민이 따를지도 생각해본다.

《탐구한다는 것》

살아 있는 지식으로 세상을 바라보는 방법을 제시하며, "왜?"라고 묻는 순간이 바로 과학자로서의 시작임을 보여준다. 교과서 암기가 아닌 진정한 탐구가 무엇인지 알려주고, 호기심을 학문으로 발전시키는 과정이 얼마나 설레는 일인지 느낄 수 있다.

《뉴턴의 우주에서 아인슈타인의 우주로》

물질과 중력, 빛의 속도, 시간과 공간에 대한 주요한 연구 결과들이 어떻게 아인슈타인의 상대성이론으로 연결되는지를 정리해 보여준다. 이 책을 통해 우리는 두 과학자의 우주적 성찰이 결코 단절된 적이 없고, 폐기된 적도 없으며, 시대를 거쳐 이어져 왔음을 이해할 수 있다.

《수학이 내 인생에 말을 걸었다》

수학을 단순한 문제 풀이가 아니라 세상의 구조를 꿰뚫는 언어로 조명한다. 복잡한 현상 속에서 단순함을 포착하는 통찰, 유연한 사고, 그리고 삶의 지혜를 발견하는 수학적 사유법을 보여준다. 수학자가 세상을 바라보는 독창적이고 매력적인 사고방식을 경험할 수 있다.

《지구를 살리는 화학 수업》

지속 가능한 세계와 환경 과학, 발전의 필요성을 화학의 언어로 풀어내며, 화학이 지구를 살릴 수 있다는 점을 보여준다. 플라스틱 분해부터 친환경 에너지까지, 화학이 환경 문제 해결의 핵심이 될 수 있음을 설명하며, 과학자의 사회적 책임에 대해서도 깊이 고민하게 한다.

《생물학의 쓸모》

세포, 유전자, 미생물 등 눈에 보이지 않는 생명체가 인간과 지구의 미래에 어떤 영향을 미치는지 이해하는 데 유용하다. 장내 미생물부터 항생제 내성까지, 작은 생명체들이 세상에 끼치는 거대한 영향력을 알 수 있으며, 생명과학이 얼마나 흥미진진한 분야인지 깨닫게 된다.

《미적분으로 바라본 하루》

미적분을 일상 속 현상과 연결하여 쉽게 이해하도록 돕는다. 커피가 식는 속도나 심장박동까지 미적분으로 설명하며, 일상 속 수학적 원리를 발견하는 즐거움을 선사한다. 미적분이 이토록 실용적이고 흥미로운 학문이라는 사실에 놀라게 될 것이다.

《과학혁명의 구조》

과학철학 고전. 과학사와 인문학을 아우르며 깊은 통찰력을 기르는 데 필수적인 도서. 천동설에서 지동설로, 뉴턴에서 아인슈타인으로 이어지는 과학의 혁명적 변화를 통해, 과학이 어떻게 발전하는지 철학적으로 이해할 수 있다. 과학자의 사고방식을 근본적으로 바꿔주는 명저.

《여섯 번째 대멸종》

지구상의 다섯 차례 대멸종 역사를 탐구하고, 인류 활동으로 초래될 여섯 번째 대멸종의 위기를 경고한다. 공룡 멸종보다 빠른 속도로 종이 사라지고 있다는 사실 등 인간이 지구에 끼치는 영향을 과학적 데이터로 직시하며, 환경 문제의 심각성을 느끼게 하는 책.

IT·소프트웨어계열 10

IT·소프트웨어계열은 코드로 세상을 바꾸는 학문입니다.
컴퓨터과학, 소프트웨어공학, 인공지능, 데이터과학, 정보보안 등을 포함하며,
4차 산업혁명 시대의 가장 핵심적인 분야이기도 하지요.
이 계열에서는 단순히 프로그래밍 언어를 배우는 것이 아니라,
문제를 논리적으로 분석하고 해결하는 사고방식을 기릅니다.

<IT·소프트웨어계열 적성 확인해보기>

☐	복잡한 문제를 작은 단위로 쪼개서 논리적으로 해결하는 것을 즐긴다.
☐	수학, 정보 과목을 좋아한다.
☐	버그나 오류를 만나도 끈기 있게 원인을 찾아 해결하려는 집요함이 있다.
☐	새로운 프로그래밍 언어나 기술 트렌드를 스스로 찾아 학습하는 습관이 있다.
☐	창의적인 아이디어를 실제 프로그램으로 만들어보고 싶은 마음이 있다.
☐	팀 프로젝트에서 다른 사람과 협력하는 자세가 있다.
☐	변화를 즐거워하고, 불편함을 개선하는 데 적극적이다.

《야구×수학》

야구 기록과 통계를 통해 숨겨진 법칙을 탐구하며, 데이터 분석의 중요성과 확률적 사고를 일깨워준다. IT 분야에서 필요한 논리적 문제 해결 능력을 흥미롭게 배양할 수 있다. 타율과 방어율 뒤에 숨은 확률과 통계를 이해했을 때, 비로소 데이터 분석의 재미에 푹 빠지게 된다.

《모두를 위한 양자 컴퓨터》

양자 컴퓨터의 기본 원리인 중첩과 얽힘을 비롯해 기존 특이점을 쉽게 설명하며, 미래 컴퓨팅 패러다임의 변화를 이해하도록 돕는다. 암호 체계, AI 성능 발전 등 IT의 최신 동향을 파악하는 데 필수적이다. 미래 IT의 게임 체인저를 미리 만나볼 수 있는 책.

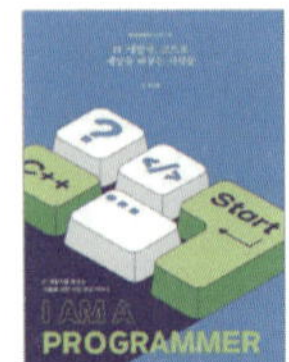

《IT 개발자, 코드로 세상을 바꾸는 사람들》

현직 개발자의 경험을 통해 IT 개발자의 실제 업무 환경, 필요한 역량, 조직 문화 등을 생생하게 보여주며, IT 진로를 꿈꾸는 이들에게 현실적인 통찰을 제공한다. 선배 개발자들의 생생한 이야기를 통해 IT 진로를 구체적으로 그려볼 수 있다.

《새빨간 거짓말, 통계》

통계 숫자가 대중을 어떻게 오도하는지 폭로한다. 통계는 때때로 거짓말을 할 수 있다. 뉴스와 광고 속 숫자에 속지 않고, 그래프 축의 조작이나 편향된 표본이 얼마나 다른 결론을 만들어내는지 이해하며, 데이터 시대에 꼭 필요한 비판적 사고력을 키워주는 필독서.

《복잡한 세상을 이기는 수학의 힘》

복잡한 현상 속에 숨겨진 수학적 원리를 탐구하며, 논리적 사고가 현실 문제를 어떻게 해결하는지 명쾌하게 보여준다. 데이터 홍수 속에서 핵심을 꿰뚫어보는 수학적 사고의 힘, AI와 같은 미래 기술의 기반이 되는 수학의 중요성을 일깨운다.

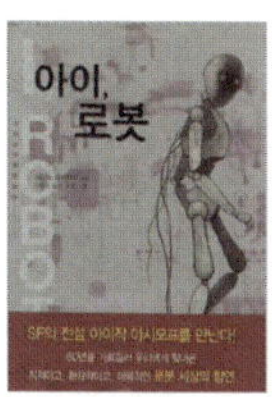

《아이, 로봇》

인공지능이 인간 사회에 통합될 때 발생할 수 있는 윤리적 문제와 로봇 3원칙을 다룬 SF 고전. AI가 인간을 해치지 않으려면 어떻게 해야 할까? 자율주행차 사고의 책임은 누구에게 있을까? SF라는 흥미로운 이야기로 시작해, 현실 속 미래 기술 윤리를 고민하게 만드는 책.

《파인만의 컴퓨터 강의》

노벨 물리학상 수상자인 리처드 파인만의 시각으로 컴퓨터의 기초와 한계를 물리학적 관점에서 탐구하는 책. 하드웨어 아키텍처와 계산 이론의 근본을 깊이 이해하고자 하는 지원자에게 추천한다. 컴퓨터의 본질을 물리학적으로 이해하며 깊이 있는 통찰을 얻을 수 있다.

《인류의 종말은 사이버로부터 온다》

해킹 무기가 거래된다는 사실과, 국가들이 비밀리에 사이버 무기를 사고파는 시장의 실체는 가히 충격적이다. 보안 취약점 하나가 전 세계를 마비시킬 수 있음을 생생히 보여주며, 사이버 보안이 왜 곧 국가 안보 문제인지 절실하게 느끼게 한다.

《AI 나를 위해 일하게 하라》

미래 사회는 AI를 능숙하게 활용하는 사람이 주도하게 될 것이다. 이 책은 AI 시대에 필요한 디지털 마인드셋을 기르는 방법을 제시한다. AI가 HR, IT, 재무 등 다양한 분야에서 인간의 창의력을 어떻게 강화하는지 이해하고, 기계와 효과적으로 협업할 수 있도록 안내한다.

《인스파이어드》

제품 관리 분야의 필독서로, 사용자를 만족시키는 위대한 제품을 만드는 방법을 다룬다. IT 개발자가 갖춰야 할 고객 중심 사고를 배울 수 있다. 실리콘밸리 최고의 제품 전략을 배우며 기술과 비즈니스를 연결하는 안목을 기를 수 있다.

인문·사회과학계열 10

인문·사회과학계열은 인간과 사회를 탐구하는 학문입니다.
철학, 역사학, 심리학, 사회학, 정치학, 언론학 등을 포괄하며, '인간이란 무엇인가'
'좋은 사회란 무엇인가'라는 근본적 질문을 던지지요. 통계와 데이터 속에
숨겨진 의미를 읽어내는 통찰력이 이 학문의 핵심이라고 할 수 있습니다.

<인문·사회과학계열 적성 확인해보기>

☐	다른 사람의 생각과 감정에 깊이 공감할 수 있다.
☐	사회·문화, 윤리, 세계사, 정치와 법과 같은 과목을 좋아한다.
☐	주어진 정보를 그냥 받아들이지 않고 '왜 그럴까?' 질문하는 습관이 있다.
☐	책이나 자료를 읽고 나만의 생각을 논리적인 글로 쓰는 것을 좋아한다.
☐	하나의 문제를 여러 관점에서 바라보고 생각하는 것을 즐긴다.
☐	사회 문제에 관심이 많고, 토론이나 활동을 통해 참여하는 것을 좋아한다.
☐	사실과 데이터를 근거로 나의 주장을 논리적으로 뒷받침하는 것을 중요하게 생각한다.

· 인문·사회과학계열 10 도서 목록 ·

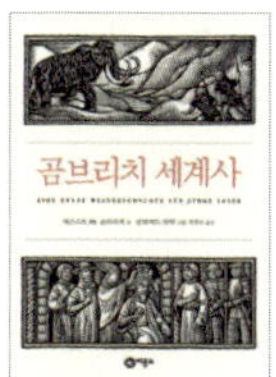

《곰브리치 세계사》

인류 문명의 흐름을 쉽고 친절하게 정리해 역사와 사회를 바라보는 통찰을 길러준다. 딱딱한 연표가 아닌 인류의 드라마를 이야기로 풀어 고대 문명부터 현대까지 한 권으로 꿰뚫는다. 역사적 사고력을 키워주고, 모든 인문사회 탐구의 배경지식이 되는 필독서.

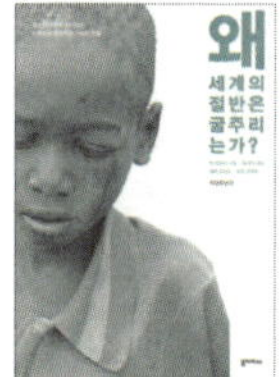

《왜 세계의 절반은 굶주리는가?》

세상에는 식량이 충분한데, 왜 10억 명이 굶주림에 시달릴까? 이 책은 전 세계적인 빈곤과 불평등 문제의 구조적 원인을 탐구하며, 사회 정의와 윤리적 책임에 대한 인문학적 성찰을 요구한다. 사회과학도라면 반드시 고민해야 할 정의와 평등의 문제를 날카롭게 제기한다.

《김영란의 열린 법 이야기》

법이 단순한 규범이 아니라, 사회의 갈등을 해결하고 가치를 실현하는 과정임을 알려주는 책. 일상 사례를 통해 민주시민으로서 법 감각과 정의관을 함양할 수 있다. 학교 폭력, 아르바이트 임금, SNS 명예훼손 등 우리 삶 곳곳에 법이 작용하고 있다는 사실을 일깨워준다.

《빅터 프랭클의 죽음의 수용소에서》

나치 수용소와 같은 극한 상황에서도 희망을 찾을 수 있을까? 모든 것을 빼앗긴 상황에서도 인간은 자신의 태도를 선택할 자유가 있다. 심리학자가 직접 겪은 생존 경험과 삶의 의미를 탐구하는 철학적 성찰이 담긴 이 책은, 읽고 나면 인생관을 바꾸는 감동을 선사한다.

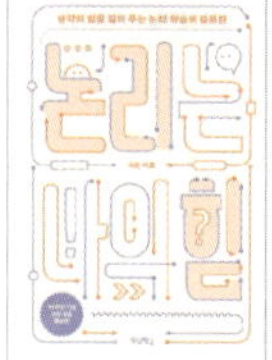

《논리는 나의 힘》

논리학의 기본 원리를 알려주고, 비판적 사고 능력을 길러주는 책. 가짜뉴스와 궤변을 간파하며, 설득력 있게 주장하는 방법을 배울 수 있다. 논리적 오류를 이해하면 광고와 정치 연설 속 숨은 함정도 쉽게 파악할 수 있다. 글쓰기와 토론에 필수적인 사고 도구가 되어주는 책.

《소피의 세계》

철학이 이렇게 재미있을 수 있다니! 소설처럼 읽히면서도 소크라테스부터 사르트르까지 철학사 전체를 배울 수 있다. '나는 누구인가?' '세계는 실재하는가?'와 같은 근본적 질문을 통해 생각하는 힘을 길러주며, 모든 인문학의 출발점이 되는 책.

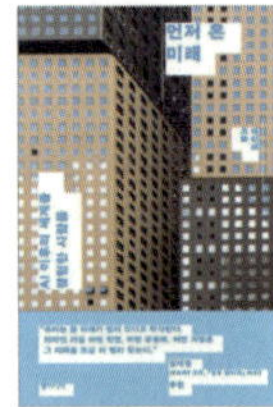

《먼저 온 미래》

우리는 이미 미래에 살고 있다. AI, 자율주행, 유전자 편집이 우리 사회를 어떻게 바꾸고 있는지, 기술 발전이 불평등을 심화시킬 수도, 해결할 수도 있다는 사실을 성찰하게 한다. 사회학적 상상력으로 기술 시대를 분석하며, 인문사회학도로서의 역할을 고민하게 만드는 책.

《논어》

동양 철학의 기본이자 인문학적 교양의 뿌리가 되는 책. 유교 사상을 바탕으로 한 바람직한 인간관계, 공동체 윤리, 자기 수양의 가치에 대해 안내한다. 리더십, 도덕성, 학습 태도 등 삶의 모든 영역에 적용되는 고전의 힘을 깨달을 수 있다.

《유전자 지배 사회》

유전학 기술의 발전이 가져올 사회적·윤리적 쟁점을 다룬다. 맞춤형 아기, 유전자 차별, 생명 특허 등은 이제 현실로 다가오고 있다. 과학기술이 사회 불평등을 심화시킬 수 있다고 경고하며, 생명윤리와 사회 정의를 고민하고 미래 사회의 딜레마를 성찰하도록 이끈다.

《국가는 왜 실패하는가》

국가 간 빈부 격차와 번영의 원인을 제도의 관점에서 분석한 사회과학 명저. 왜 어떤 나라는 부유하고, 어떤 나라는 가난할까? 이것은 자원이나 문화가 아니라 제도가 결정한다. 역사적 사례로 가득한 이 책을 읽으면 사회과학적 사고의 깊이를 한층 넓힐 수 있다.

상경계열 10

상경계열은 경제와 경영의 원리로 세상을 움직이는 학문입니다.
경제학, 경영학, 회계학, 금융학, 무역학 등을 포괄하고 있지요.
이 학문은 개인의 합리적 선택부터 기업의 전략, 국가의 정책까지
모든 의사결정에 대한 근거를 제공합니다.

<상경계열 적성 확인해보기>

☐	숫자와 데이터를 보고, 그 속에서 의미를 찾아내는 것이 재미있다.
☐	수학, 경제, 사회·문화 과목을 좋아한다.
☐	문제를 발견하면 해결 방법을 생각하고 직접 실행해보는 것을 좋아한다.
☐	불확실한 상황에서도 여러 가능성을 생각하고 합리적으로 판단하는 것을 좋아한다.
☐	복잡한 경제 현상이나 시장 변화를 논리적으로 분석하고 이해하려고 노력한다.
☐	돈을 버는 것도 중요하지만, 윤리적으로 올바른 선택을 하는 것도 함께 고민한다.
☐	우리나라뿐 아니라 세계 경제 문제에도 관심이 많다.

· 상경계열 10 도서 목록 ·

《펠릭스는 돈을 사랑해》

경제 개념을 탐정 소설 형식으로 흥미롭게 풀어, 돈의 순환, 노동의 가치, 주식 투자 등을 직접 체험할 수 있도록 안내한다. 자본주의 사회에서 돈과 사회의 관계를 쉽고 재미있게 이해할 수 있다. 펠릭스와 함께 돈의 비밀을 추적하다 보면 경제 개념이 머리에 쏙 들어온다.

《청소년을 위한 경제의 역사》

자본주의의 기원부터 성장, 산업혁명, 독점 자본주의와 수정 자본주의에 이르기까지 경제 현상의 역사적 의미와 전개 과정을 체계적으로 보여준다. 경제를 역사적 맥락 속에서 바라보며 거시경제적 안목을 키울 수 있는 책.

《시장의 빌런들》

세계 거대 기업들이 저지른 악행과 비윤리적 역사를 꼼꼼히 짚어낸다. 이익 추구라는 목표 뒤에 숨은 자본주의의 어두운 면과 기업 윤리의 중요성을 비판적으로 성찰하게 한다. 경영학을 배우기 전에 기업의 사회적 책임이 왜 중요한지 깨닫게 해주는 책.

《이나모리 가즈오의 마지막 수업》

맨손으로 두 개의 세계적 기업을 세우고, 파산한 일본 항공을 되살린 일본의 전설적 경영자 이나모리 가즈오가 전하는 경영 철학을 담은 책. 사업의 목적, 인생을 경영하는 지혜, 사원의 행복 추구 등 경영의 근본 원리와 올바른 기업가 정신, 리더십을 배우기에 최적의 책.

《청소년을 위한 ESG》

이제는 단순히 돈만 버는 기업이 살아남기 어려운 시대가 되었다. 이 책은 ESG(환경·사회·지배구조) 경영이 왜 선택이 아닌 필수인지 설명하고, 지속가능 경영이 미래 세대에 미치는 영향을 청소년의 눈높이에서 보여준다. 진정한 미래 경영의 의미를 깨닫게 해주는 책.

《애덤 스미스 함께 읽기》

애덤 스미스의 《국부론》과 《도덕감정론》을 함께 읽으며, '보이지 않는 손'에 대한 오해를 바로잡고, 공감과 윤리가 자본주의의 균형에 미치는 영향을 깊이 탐구한다. 시장만능주의가 아니라 윤리적 자본주의를 이해하게 해준다.

《카를 마르크스》

자본주의 구조, 인간 소외, 포섭 등을 명료하게 추적하며, 오늘날 자본주의가 우리의 삶과 정신을 어떻게 지배하는지 비판적으로 살펴본다. 왜 부자는 더 부자가 되고, 노동자는 소외되는지 그 구조적 원인을 이해하며, 비판적 경제관을 형성할 수 있다.

《죽은 경제학자의 살아있는 아이디어》

애덤 스미스, 케인스, 맬서스 등 위대한 경제학자들의 생애와 이론을 유머러스하게 소개한다. 과거 경제 이론이 현대 경제 문제에 어떻게 적용되는지 깨닫고, 경제학 전반에 대한 교양을 쌓을 수 있다. 경제학의 흐름을 한 권으로 마스터할 수 있는 최고의 입문서.

《확률적 사고의 힘》

판단의 질을 높이는 확률적 사고방식을 제시한다. 데이터 기반 의사결정, 리스크 관리, 장기적 관점 등 경영과 금융에 필수적인 사고력을 길러준다. 주식 투자, 사업 결정, 인생 선택까지 모든 것은 확률의 문제다. 중요한 것은 확률적으로 옳은 선택을 반복하는 것이다.

《하드씽》

실리콘밸리의 전설적인 벤처 투자가가 스타트업 경영자가 겪는 고독하고 절박한 난제들을 솔직하게 고백한다. 리더십, 조직 문화, 위기 관리 등 현실적인 경영 통찰을 얻을 수 있으며, 창업의 진짜 현실을 보여준다.

교육계열 10

교육계열은 배움과 성장의 본질을 탐구하는 학문입니다.
교육학, 유아교육, 특수교육, 상담심리 등의 전공이 있습니다.
이 계열은 단순히 가르치는 기술이 아니라 인간의 발달, 학습의 원리,
교육 제도의 철학, 그리고 미래 교육의 방향을 연구합니다.

<교육계열 적성 확인해보기>

☐	다른 사람의 어려움에 공감하고, 그 사람이 성장할 수 있다고 믿는다.
☐	친구나 후배를 가르쳐주거나 도와주는 것이 즐겁고 보람을 느낀다.
☐	지금의 교육 방식이 모든 학생에게 좋은지 의문을 갖고, 더 나은 방법을 생각해본다.
☐	모든 사람은 다르다는 것을 인정하고, 각자에게 맞는 방법으로 도와주려 노력한다.
☐	팀 활동에서 여러 사람과 협력하며 함께 목표를 이루는 것을 좋아한다.
☐	내가 한 일을 되돌아보며 '더 잘할 수 있었을까?' 생각하는 습관이 있다.
☐	친구가 느리고 답답한 모습을 보여도 기다려주고 응원하는 자세가 있다.

《나무 같은 사람이 되고 싶다》

나무가 가진 꾸준함, 자기 수용, 주변과의 관계 등 지혜를 통해 교사에게 필요한 성장 태도와 정서적 안정감을 발견하도록 안내한다. 학생들을 포용하는 깊은 공감 능력을 기르는 데 도움을 주며, 나무처럼 천천히 뿌리내리며 성장하는 교사의 자세를 배우게 한다.

《교사의 말 연습》

교사를 힘들게 하는 학생부터 까다로운 학부모까지 고민 많은 교사를 위한 대화 솔루션. 감정적인 대응은 절제하고, 학생들의 긍정적 변화를 이끌어내는 화법을 따뜻한 시선으로 안내한다. 학생, 학부모, 동료 교사 등 모든 관계에서 신뢰를 얻고 교사로서 성장하기 위한 필독서.

《그릿》

성공에 결정적인 영향을 미치는 '열정'과 '지속적인 노력'의 힘을 과학적으로 분석한다. IQ나 환경이 아니라 끈기와 열정이 성공을 만든다는 사실을 바탕으로, 학생의 성장 마인드셋을 키우는 교육의 핵심 원리를 배울 수 있다.

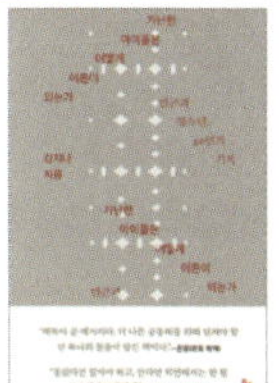

《가난한 아이들은 어떻게 어른이 되는가》

빈곤 가정 청소년들의 10년 기록을 통해 가난이 교육, 노동, 복지와 얽힌 복합적 구조 문제임을 보여준다. 교사로서 소외된 학생들을 어떻게 지원할 수 있을지 깊이 성찰하게 하는, 교육 복지의 중요성을 절감하게 해주는 책.

《우리는 작은 가게에서 어른이 되는 중입니다》

대학에 진학하지 않은 청소년들이 일터에서 성장하는 모습을 기록하며, 일과 교육이 결합된 대안적 자립 시스템을 제시한다. 학교 밖 청소년의 현실과 진로 교육의 새로운 방향을 탐색하는 데 필수적인 자료. 다양한 성장 경로를 인정하는 폭넓은 교육관을 갖게 해주는 책.

《나도 10대는 처음이라서》

청소년기 학생들이 겪는 다양한 심리적 어려움과 고민을 깊이 있게 다룬다. 외모 콤플렉스, 친구 관계, 성 정체성, 진로 고민 등 청소년들의 진짜 속마음을 10대의 언어로 풀어냈다. 학생들과 진정으로 소통하고 공감하며 신뢰를 쌓는 교사가 되기 위한 필독서.

《무지의 즐거움》

모른다는 사실이 배움의 출발점이 될 수 있음을 일깨우는 책. 학생들의 지적 호기심을 자극해 깊은 사고로 이끄는 교사의 자세를 고민하게 한다. 정답을 알려주는 대신 질문하게 만드는 교사가 진짜 스승임을 보여주며, 스스로 배우고 싶게 만드는 교육의 본질을 깨닫게 한다.

《에밀》

자연주의 교육 사상의 고전으로, 인간을 행복하게 하는 교육이 무엇인지 근본적으로 질문한다. 아동의 본성을 존중하고 경험 중심의 학습을 강조하며, 교육 철학을 확립하는 데 중요한 토대를 제공한다. 주입식 교육을 비판하고 학생 중심 교육의 원리를 보여주는 교육 철학의 고전.

《평균의 종말》

'평균'이라는 허상이 교육을 어떻게 표준화하고 개인의 다양성을 억압해왔는지 비판하며, 맞춤형 교육과 창의적 인재 양성을 위한 새로운 교육 설계 틀을 제시한다. 학생 각자의 잠재력을 발견하고 지원하는 미래 교육의 방향을 보여주는 책.

《수업의 본질》

수업을 단순한 기술이 아닌, 교사 자신의 내면 성찰과 학생과의 진정성 있는 관계로 정의한다. 교사로서 흔들림 없이 자신만의 교육 철학을 세우고, 신념이 담긴 수업을 만들어갈 수 있도록 안내한다. 학생과 진심으로 만나는 순간, 그 수업이 비로소 진짜 수업이다.

국제·어문계열 10

국제·어문계열은 언어와 문화로 세계를 연결하는 학문입니다.
국어국문학, 영어영문학, 통번역학, 국제관계학, 문화콘텐츠학 등이 있지요.
이 계열에 진학하면 언어의 아름다움, 문학의 깊이, 문화의 다양성,
그리고 국제 사회의 역학을 탐구합니다.

<국제·어문계열 적성 확인해보기>

- [ ] 다른 사람과 소통하고 상대에 대해 이해하는 일이 즐겁다.
- [ ] 영어를 좋아하고, 다른 외국어에도 흥미가 있다.
- [ ] 다른 나라의 문화와 생각을 편견 없이 받아들이고 이해하려고 노력한다.
- [ ] 언어나 글에 담긴 의미를 분석하고 논리적으로 생각하는 것을 좋아한다.
- [ ] 문학 작품이나 국제 문제를 여러 관점에서 바라보고 연결해서 이해한다.
- [ ] 하나의 사건을 여러 나라의 입장에서 생각해보고 비교하는 것이 재미있다.
- [ ] 다른 나라의 역사와 문화에 호기심이 많아 깊이 알고 싶다.

• 국제·어문계열 10 도서 목록 •

《향신료 전쟁》

후추 때문에 전쟁이 일어났다고? 평범해 보이는 향신료가 대항해 시대의 무역 경쟁, 식민지 개척, 제국주의 전쟁 등 세계사의 흐름을 바꿔 놓았다. 이 책은 후추를 비롯한 향신료가 단순한 음식 재료를 넘어 역사와 경제, 국제정치에 어떤 영향을 미쳤는지를 흥미롭게 탐구한다.

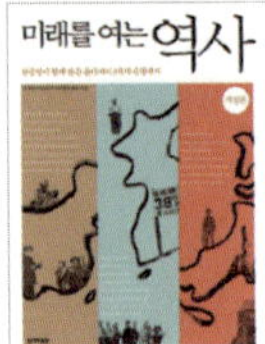

《미래를 여는 역사》

한·중·일의 학자들이 공동으로 집필한 가장 객관적인 역사서. 세 나라의 시각을 함께 담아 동아시아 근현대사를 조망하며, 서로 다른 역사 인식이 어떻게 갈등을 낳고 또 평화와 화해의 필요성을 일깨우는지 보여준다. 국제관계에서 역사 인식이 얼마나 중요한지 깨닫게 한다.

《말한다는 것》

설득, 공감, 논쟁의 기술을 다루며 언어가 지닌 힘을 새롭게 깨닫게 한다. 통번역, 외교, 언론 등 모든 어문 분야의 기본인 소통의 본질과 말하기, 글쓰기의 본질을 성찰하도록 이끈다. 어문계열 학생들에게 필수적인 논리적이고 설득력 있는 표현 능력 향상을 돕는 책.

《십 대를 위한 정치 사전》

민주주의의 역사와 원칙, 국내외 정치 현안 등 14가지 핵심 키워드를 통해 정치에 대한 기초 소양을 쌓을 수 있다. 좌파와 우파, 자유와 평등, 민주주의와 독재 같은 핵심 개념을 알기 쉽게 풀어내며, 글로벌 리더로서 필요한 비판적 정치 의식을 길러준다.

《분쟁 지역을 읽으면 세계가 보인다》

러-우 전쟁, 이-팔 분쟁 등 세계 주요 10대 분쟁의 역사적 배경과 원인을 분석한다. 국제정치 전문가의 시각을 통해 평화의 소중함과 외교의 중요성을 통찰하게 되며, 복잡한 국제 뉴스를 이해하는 눈을 길러준다. 국제관계학과 외교의 현실을 생생하게 느낄 수 있는 필독서.

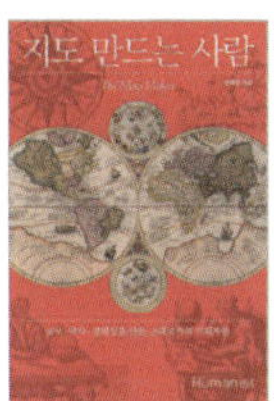

《지도 만드는 사람》

지도가 단순한 지형 정보가 아니라 국가 정체성과 정치적 의도가 담긴 매체임을 보여준다. 국경선, 영토 표시, 지명 선택까지 모두 권력의 산물임을 밝히며, 역사·지리·국가 기획의 관계를 이해하게 한다. 국제관계의 복잡성을 이해하게 하는 신선한 관점을 제공하는 책.

《지리의 힘》

러시아는 왜 부동항을 원할까? 중국은 왜 남중국해에 집착할까? 이 책은 지리적 조건이 각국의 정치, 역사, 외교에 미치는 결정적 영향을 분석하며, 지정학적 시각에서 복잡한 국제관계를 새롭게 이해하도록 돕는다. 국제관계 전공자라면 반드시 읽어야 할 필독서.

《손자병법》

2,500년 전 쓰인 동양 군사 전략의 고전을 현대적 관점에서 해석하여 경쟁 사회에서 필요한 전략적 사고와 문제 해결 능력을 길러준다. 단순한 전쟁 전략서가 아니라 외교와 협상, 조직 관리, 비즈니스 전략, 인간관계까지 폭넓게 적용할 수 있는 실용적인 지혜를 담고 있다.

《빌 브라이슨 언어의 탄생》

언어가 단순한 소리나 문자의 집합이 아니라, 문화적 정체성과 창작적 의도가 응축된 매체임을 보여준다. 셰익스피어가 만든 수많은 단어, 미국식 영어와 영국식 영어의 차이, 단어에 담긴 기묘한 어원까지, 이 모든 것이 언어의 역사이자 문화의 역사임을 날카롭게 파헤친다.

《국가는 어떻게 생각하는가》

국가에는 영원한 우방도, 영원한 적도 없다. 존재하는 것은 오직 국익뿐이다. 이 책은 국제정치학의 핵심 질문인 '국가의 합리적 행동'을 냉정하게 탐구하며 외교 정책 결정의 메커니즘을 분석한다. 국제관계의 냉혹한 진실과 현실 인식 감각을 길러주는 책.

예체능계열 10

예체능계열은 예술과 체육으로 인간의 감성과 신체를 표현하는 학문입니다.
미술, 음악, 디자인, 영화, 체육, 무용 등이 있지요. 이 계열에 진학하게 되면
창작의 영감, 미학의 이론, 신체의 과학, 그리고 예술의 사회적 역할을 탐구합니다.
실기 능력만큼이나 이론적 사고와 문화적 통찰도 중요하지요.

<예체능계열 적성 확인해보기>

☐	세상의 아름다움과 사람들의 감정을 민감하게 느끼고 표현하고 싶다.
☐	미술, 음악, 체육, 문학 과목 중 특히 좋아하는 과목이 있다.
☐	내 생각과 감정을 그림, 음악, 춤, 연기 등으로 창의적으로 표현하는 것을 좋아한다.
☐	실력을 키우기 위해 반복적인 연습과 훈련을 꾸준히 할 수 있다.
☐	내 작품이나 활동에 의미와 메시지를 담으려고 노력한다.
☐	실패하거나 잘 안 풀려도 원인을 생각하고 다시 도전하는 끈기가 있다.
☐	팀 활동에서 아이디어를 나누고 함께 작품을 만드는 것을 즐긴다.

《그리스 로마 신화》

서양 문화와 예술의 근원적 서사와, 삶과 죽음·선악·영웅 등 인류의 보편적 주제를 이해하는 필독서. 그리스 신화에 담긴 상징과 비유를 통해 예술 작품의 깊은 맥락을 읽어내는 능력을 기를 수 있다. 신화를 알면 미술관과 공연장에서의 경험이 완전히 달라진다.

《사람은 왜 그림을 그리고 노래를 부르고 시를 쓸까》

인간이 예술을 할 수밖에 없는 이유를 인류 역사와 내면의 동물적 본성이라는 독특한 비유로 풀어낸다. 예술의 기원과 진정성을 탐구하며 창작의 본질적인 의미를 성찰하게 한다. 예술가로서 자신의 정체성과 사명을 성찰하게 하는 철학적인 책.

《달리는 사람에서 게임하는 사람으로》

스포츠와 게임을 인문학적 '놀이' 관점에서 분석하며, 창의성·협력·몰입 등 인간의 본능적 특성을 탐구한다. e스포츠가 올림픽 종목이 되는 시대, 그 시대적 의미와 예술 및 문화 콘텐츠와의 접점을 모색하는 데 유용하다. 미래 스포츠의 방향을 제시하는 책.

《스포츠 인문학 수업》

스포츠를 단순한 경기가 아닌 철학적·사회적 렌즈로 바라보며, 스포츠의 본질과 사회적 영향을 탐구한다. 올림픽의 정치적 이용, 인종차별, 도핑 문제 등 경기장 밖 이야기를 흥미롭게 풀어냈다. 스포츠 경영이나 저널리즘을 꿈꾸는 학생들의 필독서.

《이기고 싶으면 스포츠 과학》

승패를 가르는 0.01초 뒤에는 물리학, 공학, 생물학적 원리가 숨어 있다. 이 책은 스포츠 역학의 기본 지식을 익히고, 과학적 데이터에 기반한 훈련 전략을 이해하는 데 도움을 준다. 근육, 중력, 공기저항, 영양학 등 스포츠의 모든 순간에 숨은 과학을 흥미롭게 풀어낸다.

《아름다움이 너를 구원할 때》

아름다움이 우리를 어떻게 변화시키고 더 나은 존재로 이끄는지 탐구하는 실천적 미학 에세이. 예술의 구원적 가치와 창작의 철학적 동기를 성찰하는 데 도움을 준다. 예술을 단순한 사치가 아닌 삶의 생존 도구로 바라보며, 예술가로서의 사명감을 일깨우는 감동적인 책.

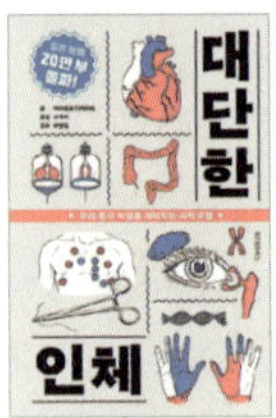

《대단한 인체》

인체 생리학을 흥미롭게 풀어내며, 몸의 구조와 기능을 깊이 있게 이해하도록 돕는다. 무용, 체육, 연기 등 신체를 매개로 하는 예술 분야에서 몸의 잠재력을 탐구하는 기초 지식을 쌓을 수 있다. 몸을 도구로 활용하는 모든 예술가에게 꼭 필요한 인체 탐구서.

《운동의 뇌과학》

운동이 뇌 건강, 집중력, 정서 안정에 미치는 긍정적 효과를 과학적으로 설명한다. 심리학과 운동의 융합적 사고를 기르는 데 유용하다. 운동선수의 멘탈 관리와 무용수의 집중력 훈련도 뇌과학으로 설명되며, 몸과 마음이 하나임을 과학적으로 증명하는 책.

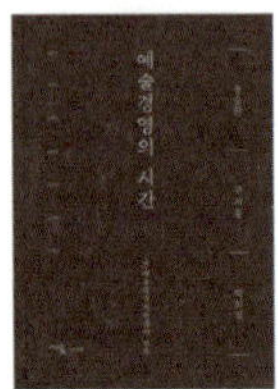

《예술경영의 시간》

예술의 심미적 가치와 경영적 효율을 조화시키는 예술 경영의 중요성을 다룬다. 예술 작품을 시장과 관객에게 효과적으로 연결하는 기획과 운영 전략을 이해하는 데 필수적인 책. 공연 기획자, 갤러리 디렉터, 문화예술 경영자를 꿈꾼다면 반드시 읽어야 할 책.

《벤야민&아도르노》

자율적 예술과 대중문화의 양면성을 분석하며, 예술의 사회적 역할과 미학적 의미를 살펴본다. 벤야민은 대중문화의 민주적 가능성을 강조했고, 아도르노는 문화산업의 획일화를 비판했다. K-pop과 유튜브 시대, 상업성과 예술성 사이에서 고민하는 예술가를 위한 철학서.

모든 계열에 통하는 만능 책 10

'만능 책'은 특정 전공에 국한되지 않고 모든 전공에 두루 어울리는 책입니다.
좀 더 구체적으로 생각해보면 단순히 지식을 전달하는 것을 넘어,
스스로 질문하고 탐구하며 자신만의 답을 찾아가는 '사고의 근육'을
키워줄 수 있는 책인 것이지요. 또한 다양한 분야에 적용할 수 있는 전공 지식을
더 넓고 깊게 심화시켜주는 렌즈이기도 합니다. 그러니 아직 진로 적성이
무엇인지 정하지 못했다면 일단 여러 계열에 두루 적용할 수 있는
만능 책 읽기에 도전해보세요.

· 모든 계열에 통하는 만능 책 10 도서 목록 ·

《과학자의 서재》

생물학적 통찰을 통해 인간 사회와 현상을 분석하며, 이과생에게는 인문학적 깊이를, 문과생에게는 과학적 논리를 더해준다. 협력, 경쟁, 공존의 원리가 자연과 인간 사회 모두에 적용됨을 깨닫고, 과학적 통찰로 세상을 입체적으로 이해하는 힘을 길러준다.

《팩트풀니스》

우리의 편견과 달리 세상이 나날이 진보하고 있음을, 사실에 충실한 명확한 데이터와 통계로 증명한다. 통계적 사고와 논리적 오류를 피하는 방법을 익히고, 데이터로 세상을 보는 법을 배우면, 어떤 전공에서든 객관적 판단력과 비판적 사고력을 갖출 수 있다.

《로봇 시대, 인간의 일》

인공지능(AI)과 자동화 시대, 인간만이 할 수 있는 일의 가치와 미래 직업의 방향을 탐구한다. 기술 발전의 흐름을 이해하며, 계열을 넘어선 융합적 커리어 설계에 필수적인 통찰을 제공한다. AI와 협업이 필수인 시대, 미래 직업의 핵심 역량을 준비하도록 안내하는 필독서.

《박문호 박사의 빅히스토리 공부》

빅뱅부터 인류 문명까지 138억 년의 역사를 한 권에 담았다. 우주, 지구, 생명, 인류 문명을 하나의 지식 체계로 통합해 조망하며, 전공 지식을 우주적 맥락에서 이해할 수 있다. 물리, 화학, 생물, 역사 등 모든 학문 간의 연결고리를 발견하는 지적 모험을 시작하게 해주는 책.

《정의란 무엇인가》

공리주의, 자유지상주의 등 현대 사회의 근본적인 도덕과 윤리 문제를 탐구한다. 합리적 시민으로서 사회적 딜레마를 논리적으로 판단하고, 정의로운 사회를 고민하는 힘을 길러준다. 논리적 사고와 가치 판단 능력은 모든 전공의 필수 기본기이다.

《사피엔스》

돈, 국가, 종교, 회사 모두 상상 속 개념이지만 인간은 이를 현실처럼 믿는다. 이 책은 인류의 기원과 진화를 인지/농업과 혁명이라는 관점에서 분석하며, 인간이 만든 허구(언어, 신화, 화폐)의 힘을 탐구한다. 인류 문명의 작동 원리를 이해하게 해주는 책.

《청소년을 위한 코스모스》

3만 2,000년 전 인류의 달 관찰부터 닐 암스트롱의 달 착륙까지, 인류가 코스모스를 발견해온 위대한 순간들을 포착한다. 이 책은 천문학을 뒤흔든 30가지 핵심 이야기를 통해 우주의 원리를 탐구하며, 해시계 만들기, 태양계 모형 제작 등 30가지 체험 활동을 함께 제시한다.

《이기적 유전자》

생명체를 '유전자의 생존 기계'라는 혁명적 관점에서 해석하며, 진화와 생명의 본질을 깊이 이해하도록 안내한다. 이타적 행동조차 유전자의 이기적 전략이라는 충격적 해석을 시작으로, 생물·심리·사회 현상을 진화론적 시각으로 풀어내는 20세기 최고의 과학 고전.

《종의 기원》

진화론을 바탕으로 관찰과 증거에 기반한 과학적 방법을 이해하게 하며, 생물학을 넘어 역사, 사회, 철학 전반에 걸친 통찰을 제공한다. 자연선택과 적자생존의 원리는 생물뿐 아니라 기술, 경제, 사회의 진화에도 적용된다. 과학이 세계관을 어떻게 바꾸는지 보여주는 역사적 명저.

《총 균 쇠》

왜 유럽이 아프리카를 정복했을까? 이유는 인종이 아니라 지리와 환경의 차이였다. 곡물과 가축을 가진 대륙은 농업과 문명을 빠르게 발전시켰고, 그 결과 총·균·쇠라는 힘을 만들어 세계사를 뒤흔들었다. 《총 균 쇠》는 역사를 전혀 다른 관점에서 바라보게 하는 지적 걸작.

○ **사회계열**

평범한 대답: 저는 세상에 일어나는 여러 가지 일에 관심이 많습니다. 뉴스나 신문을 보면서 사회가 어떻게 돌아가는지 궁금했습니다. 사회학을 배우면 이런 궁금증을 해결하고 사회에 대해 더 잘 알 수 있을 것 같아 지원했습니다.

구체적이고 설득력 있는 대답: 저는 사회 현상을 분석하고 그 원인을 탐구하는 일에 매력을 느낍니다. '왜 이런 사회적 문제가 발생하는가?'에 대한 답을 찾고 싶었습니다.《정의란 무엇인가》라는 책을 읽으며 옳고 그름에 대한 다양한 관점을 접하고, 사회 현상을 단순히 선악 구도로 판단할 수 없다는 것을 깨달았습니다. ○○대학 사회학과는 이론뿐만 아니라 현장 연구와 데이터 분석을 통해 사회문제를 다각적으로 접근할 수 있는 능력을 키워준다고 들었습니다. 이러한 교육을 통해 저는 사회문제의 근본적인 원인을 파악하고, 더 나은 사회를 만드는 데 기여하는 사회학자가 되고 싶어 지원했습니다.

많이 읽는다고 대답도 척척
잘할 수 있을까?

학업 및 탐구 활동에 대한 질문도 마찬가지입니다. 이건 생기부에 적힌 탐구 내용에 대한 질문인데 기본적으로 탐구는 자료를 찾아서 읽고 보고서를 쓰는 걸 말하지요. 면접은 그 내용을 확인하는 과정이니 당연히 제대로 된 읽기와 쓰기의 경험,

즉 독서 경험이 필요한 겁니다. 이런 점을 보면 고교학점제, 수행평가, 세특, 면접 이 모든 것이 결국 연결되어 있다는 걸 알 수 있을 겁니다. 또 그 중심에는 독서가 있다는 점도 말입니다.

제시문 기반 심층 면접의 경우도 마찬가지입니다. 평소 독서력이 뒷받침하지 않으면 제시문 독해도 어려울 뿐만 아니라 그걸 응용한 대답을 즉흥적으로 하는 것 역시 어려울 것입니다. 다중 미니 면접 시 제시되는 윤리적 딜레마와 같은 상황도 철학 지식 없이는 눈에 띄는 좋은 대답을 할 수 없습니다.

그런데 독서량이 많기만 하면 실전 면접에서 읽은 책 내용을 모두 척척 활용할 수 있는 걸까요? 사실 그건 좀 별개의 문제입니다. '아는 것'이 많은 것과 '말을 잘하는 것'은 다른 차원의 능력이기 때문이지요. 국제학업성취도평가(PISA)에서도 한국 학생들은 읽기, 수학, 과학 모든 영역에서 상위권이지만 온라인 집단 토론, 공개 토론 참여 비율이 OECD 평균보다 낮다는 연구 결과를 발표한 적이 있습니다. 한마디로 한국 학생들은 아는 건 많은데 말은 잘 못한다는 뜻입니다.

이 문제는 한국 교육의 문제와도 연결됩니다. 그동안 우리의 교육은 과정보다는 결과를, 다양한 사고보다는 정답을 중시해왔습니다. 더 근본적으로는 암기와 문제 풀이 위주의 주입식 교육이 교육 현장 대부분을 차지해왔지요. 이런 환경에서 자란 학생들은 '틀리는 것'에 강박에 가까운 부담을 느낍니다. 발표는 본질적으로 자신의 생각을 드러내는 과정인데, '정답'이 아닐 수 있다는 두려움은 학생들의 입을 닫게 만들지요.

성공적인 면접을 위한
3가지 준비

그럼 발표 두려움을 떨치고 면접에서 승리하기 위해서는 어떻게 해야 할까요? 첫 번째로 할 수 있는 일은 평소 읽은 책 내용을 포트폴리오로 차곡차곡 정리해두는 것입니다. 포트폴리오는 일찍 준비할수록 좋습니다. 책 리스트를 통해 자신의 관심사가 어떻게 변해왔는지를 확인할 수 있기 때문에 자기 확신에도 도움을 줍니다.

포트폴리오를 작성할 때는 너무 자세히 기록하려고 욕심내기보다는 향후 면접에 필요한 최소한의 정보인 책 제목, 작가, 읽은 날짜, 책 주제별 분류, 생각의 변화책을 읽고 난 다음 변한 생각, 이 5가지 항목만 단순하게 기록하는 것이 좋습니다. 그런데 만약, 생기부에 기재된 책이라면 면접 전에 특히 주의해서 준비해야 할 책이니 기재 내용도 함께 기록해두는 것이 유용합니다. 의욕이 넘쳐서 너무 거창한 포트폴리오를 만들려다가 힘에 부치면 오히려 안 하게 될 수 있습니다. 그렇기 때문에 꾸준함을 유지할 수 있도록 단순하게 기록하는 것이 더 좋은 전략이라는 점을 명심해야 합니다.

두 번째로는 시사 문제에 꾸준히 관심을 갖는 게 좋습니다. 특히 지원하고자 하는 전공 분야에 대한 최신 뉴스는 꼭 파악해두는 것이 유리하지요. 특별히 관심 가는 기사는 스크랩해서 모아두는 것도 좋습니다. 시사 이슈는 세상 돌아가는 것에 대한 감각을 익히는 일입니다. 그렇기 때문에 평소에는 교과 공부에 파묻혀 전혀 관심을 갖지 않다가 면접 직전에 갑자기 익혀지는 것이 아닙니다. 하지만 꾸준한 관심을 가진다면 면접장에서 빛나는 한 끗을 보여줄 수 있을 것입니다.

연장선상에서, 지원할 학교가 정해졌다면 그 학교에 대해서도 미리 파악하고 가야 합니다. 이때 해외 교환 학생 프로그램이나 학생들에게 제공한 특별한 혜택 등 최신 소식이나 글로벌 이슈를 꼼꼼이 챙겨두면 이 학교를 지원한 이유를 말할 때 응용할 수 있습니다.

세 번째는 발표 연습입니다. 이건 단연코 독서 토론을 꾸준히 해보는 것이 제일 좋겠지요. 독서 토론은 일상적인 대화와는 달리 특정 주제에 대해 이야기하는 것이기 때문에 면접과 매우 유사한 형태의 말하기라고 할 수 있습니다. 토론 연습을 꾸준히 하면서 자신의 생각을 논리적으로 구성하는 능력, 다른 사람의 의견을 경청하고 말 속에 담긴 논지를 파악하는 능력, 반대 의견을 내는 능력, 새로운 생각을 받아들이고 자신의 생각을 수정하는 생각의 유연성 등 많은 것들을 얻을 수 있습니다. 특히 제시문 기반의 심층 면접을 준비한다면 더 열심히 훈련할 필요가 있습니다.

15분 남짓 주어진 짧은 시간 동안 면접관에게 자신의 모든 걸 어필해야 하는 것이 면접입니다. 대입의 모든 과정 중에 가장 짧은 시간 동안 정신없이 지나가지만 가장 어려운 관문이라고 할 수 있지요. 지금까지 대입을 위해 준비해온 모든 과정이 함축된 순간이며, 고교 3년간 쌓아올린 성장의 결실을 보여주는 무대이기도 합니다. 리허설 없이 바로 본편인 이 무대는 너무 어렵고 긴장되는 곳이지만 대학이 이런 면접을 강화하고 있는 이유는 진짜 실력, 진짜 열정, 진짜 가능성을 확인하기 위해서입니다.

凡事豫則立, 不豫則廢

(범사예즉립, 불예즉폐)

중국의 고전《중용》에 나오는 구절입니다. 이 말은 모든 일은 미리 준비하면 이루어지고, 준비하지 않으면 패하게 된다는 말입니다. 꿈에 그리던 대입이 실현될 마지막 관문인 면접장에서 빛나는 나만의 이야기를 들려줄 수 있기를 응원하겠습니다.

합격 생기부를 만드는 입시 독서법

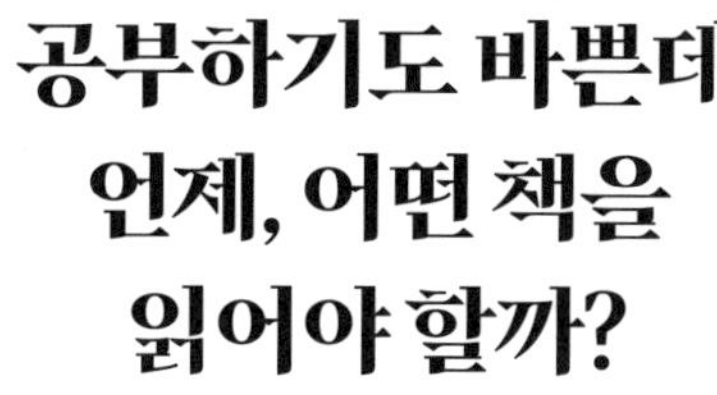

공부하기도 바쁜데 언제, 어떤 책을 읽어야 할까?

생기부를 위한 독서를 할 때 어떤 책을 읽어야 할까요? 일단 가장 먼저 생각할 점은 너무 필독서나 권장도서 위주로 읽으려고 해서는 안 된다는 점입니다. 그냥 내 수준에서 편안하게 읽을 수 있는 책을 선택하는 것이 좋습니다. 하지만 그렇다고 해서 너무 쉬운 책만 읽을 수는 없지요. 그러니 1년에 1~2권 정도는 다소 어려운 필독서 읽기에 도전해보는 것이 좋습니다. 메인 독서는 매일 먹는 밥처럼 읽기 편한 독서로, 필독은 특별한 외식을 하는 것처럼 1년에 한두 권 완독을 목표로 읽어보는 것이지요.

이렇게 읽어야 하는 이유는 우선 남에게 보여주기 위한 으리으리한 책 리스트보다는 제대로 깊이 읽어낸 한 권의 책이 더 쓸모 있기 때문입니다. 더구나 중·고등 읽기 수준은 사람마다 천차만별이기 때문에 굳이 남을 흉내 낼 필요가 없습니다. 이보다는 즐기며 읽는 것이 심화 독서에 더 근접한 독서가 될 수 있습니다. 대입에서 어필되는 건 어려운 필독 리스트가 아니거든요.

사실 대입에 사용될 책은 어떤 책이든 상관없습니다.《흥부놀부》를 감명 깊게 읽었다면 그걸 활용하면 됩니다. 단, 이 책을 그 누구보다 심화해서 읽고 생각했다면 뽑아낼 수 있는 분석도 남달라야 할 것입니다. 예를 들어《흥부놀부》에 나오는 가족주의를 분석하고, 개인의 자유와 책임을 중시하는 현대와의 차이를 비교해볼 수 있습니다. 또한 흥부와 놀부의 유산 분배 과정에서 당시 사회경제학적 구조를 읽어낼 수도 있겠지요. 더 흥미로운 접근도 가능합니다. 대리 곤장 알바가 가능했던 조선시대 사회 인식과 법 집행의 부조리를 논리적으로 지적해볼 수 있습니다. 심지어 다리가 부러진 제비를 치료하기 위해 새의 골상학 지식을 어떻게 활용했을지에 대해서도 생각해볼 수 있고, 제비가 물어다 준 박씨를 키우는 과정에 생물학적 지식을 대입해볼 수도 있는 것이지요.

결국 어떤 책을 읽었는지가 중요한 게 아니라, 그 책을 심화해서 읽어내고 수업 시간에 배운 개념에 접목할 수 있는 높은 지성을 보여주면 된다는 점을 명심해야 합니다. 또 그러기 위해서는 일단 책부터가 푹 빠져서 읽을 수 있는 그런 책이어야 합니다. 온 힘을 다해 거절하고 싶은 책을 억지로 읽으려고 용을 쓰지 않아도 된다는 건 모든 학생들에게 희소식이 될 것 같군요.

스스로 골라
읽어야 한다

여기에 고교학점제의 과목 선택 능력을 키우기 위해 평소 스스로 선택하는 힘을 길러야 합니다. 선택과 그에 따르는 책임도 일종의 습관 같은 것입니다. 자꾸 해버릇해야 할 수 있는 것이지 높은 지적 수준이 완성되었다고 해서 어느 날 갑자기 짠 하고 되는 게 아니거든요. 더구나 책을 고르는 건 대단한 일이 아닌 그야말로 일상의 소소한 일입니다. 인생을 바꿀 책 한 권을 만나게 될 순 있겠지만, 그 책 한 권을 뺀 나머지 책은 인생을 크게 바꾸지 않습니다. 그러니 읽을 책 정도는 스스로 고르는 경험을 반복해보는 것을 권장합니다.

여기에 왜 이런 선택을 했는지에 대해 묻고 답하는 과정이 더해지면 더 좋습니다. 답 역시 거창할 필요가 없습니다. 표지가 예뻐서라든가, 제목의 어떤 단어가 마음에 들어서라든가, 요즘 관심 있는 분야인 것 같아서라든가 다 상관없습니다. 그냥 훈련을 해보는 것만으로도 충분히 도움이 되거든요.

선택 연습과 함께 다양한 분야를 맛보는 것도 좋습니다. 이번 달 테마는 과학, 그다음 달은 역사나 예술 같은 식으로 억지로라도 다양한 책을 접하는 계기를 만드는 것이지요. 이런 준비를 통해 훗날 더 폭넓은 선택을 할 수 있게 됩니다. 아는 만큼 보인다는 말도 있지 않습니까.

이후 독서가 어느 정도 무르익게 되면 다음 단계로 한 가지 주제를 여러 각도에서 보는 확장된 독서를 해보는 경험을 쌓아야 합니다. 예를 들어 '인공지능'이라는 주제로《AI 인류혁명》(미래),《로봇 소년, 학교에 가다》(소설),《청소년을 위한 AI 최강의 수업》(기술)같이 여러 분야의 책을 읽어보는 것이지요. 이런 독서를 통해 '연결'에 대한 안목을 키울 수 있고 다소 이질적인 과목을 어떻게 연결할 수 있는지 자연스럽게 터득할 수 있을 것입니다.

이 능력은 고교학점제에서 과감하게 과목을 선택할 수 있는 힘이 되기도 합니다. 선택한 과목이 진로 방향과 맞지 않는 일은 언제나 생길 수 있습니다. 내 진로가 바뀔 수도 있고, 과목이 생각했던 것과 다를 수도 있거든요. 이런 상황이 생긴다고 해도 이 이질적인 수강 과목을 내 진로와 연결할 수 있는 창의적인 안목이 있다면 더 이상 실패를 두려워할 필요가 없을 것입니다.

독서 시간은
어떻게 만들어야 할까?

중·고등학생의 독서량에 대해서는 초등 때처럼 '일주일에 몇 권 읽기'와 같이 정할 순 없습니다. 워낙 시험과 학교 스케줄이 많기 때문인데, 이때는 오히려 책을 읽을 수 있는 자투리 시간을 잘 활용하는 노하우를 익혀야 합니다.

만약 중학생이라면 책 읽기 빅 찬스는 역시 1학년 자유학기입니다. 대부분 학교는 중학교 1학년 1학기를 자유학기로 지정하는데, 사실 이때 많은 학생들이 중학교에 입학했다는 사실에 들떠서 시간을 낭비해버리기 일쑤지요. 중학생이 된다고 6학년 마지막 겨울방학부터 온갖 중등 선행을 달렸는데, 막상 중학교에 입학해보면 시험도 없고 선생님들도 생각보다 친절할 겁니다. 그리고 무엇보다 초등 때랑 다르게 많은 자유와 선택권이 주어집니다. 그러니 동아리다 뭐다 잔뜩 들떠서 어영부영 시간을 보내다 보면 어느새 2학기 첫 중간고사가 코앞에 도착해 있는 것이지요.

이 시간을 알차게 보내려면 중학교 3년 동안 읽어야 할 책의 반 이상을 이때 다 읽어야 한다는 마음가짐으로 책 읽기 계획을 세우는 것이 좋습니다. 책의 난이도에 따라 다르겠지만 쉬운 책이라면 한 달에 2권 정도를, 어려운 책이라면 한 달에 1권 정도를 목표로 해보면 좋습니다. 이건 자유학기에만 할 수 있는 빅빅 찬스라는 점을 꼭 기억하세요.

자유학기가 이미 지나가버렸다고 해도 너무 아쉬워할 필요는 없습니다. '아깝다'라는 마음을 원동력으로 또 다른 자투리 시간에 더 집중하면 됩니다. 우선 중간고사, 기말고사 직후부터 3주 정도는 생각보다 쏠쏠한 책 읽기 찬스입니다. 실제로 시험 공부를 하는 건 보통 시험 직전 2주 남짓입니다. 하지만 학기 내내 하지도 않는 시험 공부를 해야지~ 해야지~ 하는 부담감을 느끼느라 정작 아무것도 못하는 경우가 많습니다. 그러니 바로 다음 시험 대비에 들어가는 것보다는 시험 직후 2주는 공부보다는 책에 집중하는 시간으로 활용하는 것이 좋습니다. 2주면 책 한 권을 심화 독서 해보기에 충분한 시간이지요. 매

시험이 끝날 때마다 1권 읽기를 한다면 1년에 최소 4권 이상의 책을 읽을 수 있으니 입시 전까지 제법 많은 책을 확보해둘 수 있습니다.

책 읽기 좋은 시간으로 방학을 생각하고 '방학 때 읽어야지' 하고 미룰 수 있는데, 방학은 의외로 학기보다 더 바쁩니다. 학교는 느슨하게 공부를 시키지만 학원은 그렇지 않거든요. 방학에는 거의 반년 치 공부를 한 번에 밀어 넣겠다는 각오를 담은 온갖 학원들의 특강 전단지가 우리를 유혹합니다. 이걸 뿌리치고 독서에 집중할 담력을 가진 사람은 많지 않을 겁니다.

특히 고등학교 때 심화 수학이나 심화 과학 과목을 선택해야 하는 이과 성향의 학생이라면 방학은 더욱 바쁘지요. 그러니 '이번 방학의 메인 학습은 부족한 독서량 3권 채우기로 하겠어!'와 같이 단단히 마음먹지 않는 이상 다른 과목에 집중하면서 책을 읽는 건 무척 어려운 일입니다. 오히려 학기 중에 수행평가를 준비하며 책 읽기를 하는 것이 더 현실적인 길이지요.

하루에 10분씩 무조건 책 읽는 시간을 확보하는 방법도 있습니다. 이건 책도 책이지만 습관 자체로도 위대한 일입니다. 언제여도 상관없고 뭘 읽어도 상관없이 습관을 들이는 것 자체를 목적으로 해도 좋습니다. 주의해야 할 점은 꾸준함 한 가지뿐입니다. 하지만 이 꾸준함을 어느날 갑자기 만드는 건 어려운 일이니 만만하게 봐서는 안 됩니다.

영국 런던대학(UCL)의 필리파 렐리 교수 연구팀에 따르면, 새로운 행동이 습관화되는 데는 평균 66일이 걸린다고 합니다. 습관은

1~2주 지속했다고 몸에 배는 게 아닙니다. 어떤 날은 1시간을 읽고, 어떤 날은 숙제가 많아서 건너뛰고 이런 식으로 할 거라면 안 하는 게 낫습니다. 차라리 10분 읽기를 계획해보세요. 화장실에 갈 때나 아침 밥을 먹으면서 읽어도 됩니다. 이렇게 예외 상황을 두지 말고 무조건 꾸준히 읽는 걸 목표로 하는 것이 좋습니다. 이 마법의 66일을 만난 사람과 그렇지 않은 사람은 입시에서도 다른 결과를 만나게 될 게 분명합니다.

딱 1권
심화 독서 성공
경험 만들기

중·고등 수준의 독서와 초등 수준의 독서는 분명한 차이가 있습니다. 이 둘의 차이는 무엇일까요? 많은 사람들이 읽는 책의 수준 차이일 거라고 생각하는데 이건 잘못된 생각입니다. 읽는 책이 쉬운지 어려운지는 그저 선택의 문제일 뿐, 읽기 수준과는 전혀 상관없는 일입니다. 높은 읽기 수준을 가진 사람이 어린이용 동화책을 좋아한다고 해서 초등 수준의 독서가가 아닌 것처럼 말입니다.

이 두 독서의 진짜 차이는 배경지식 사용에 있습니다. 배경지식을 기준으로 두고 배경지식을 사용하지 않는 것은 초등 수준의 독서로, 배경지식을 사용하는 것은 중·고등 수준의 독서로 구분하는 것이지요.

《토끼전》을 예로 설명해볼게요. 작품에 대한 배경지식을 고려하지 않고 읽는 초등 수준 독서에서 이 작품은 영락없는 전래동화일 뿐입니다. 하지만 중·고등 독서에서는 작품의 배경인 17~18세기 임진왜란과 병자호란 이후 신분제도의 동요, 화폐 경제의 발달, 지배층의 횡포와 같은 시대 모습을 고려해서 읽게 됩니다. 그래서 결론적으로 이 작품은 조선이 유지해오던 사회 질서가 무너지는 모습을 풍자하는 소설로 읽히게 되는 것입니다.

이런 방식의 읽기를 심화 독서(Contextual Reading)라고 합니다. 심화 독서는 텍스트를 단순히 문자 그대로 해석하는 것이 아니라, 역사적 사건과 사회적 상황, 문화적 배경, 저자의 삶, 언어적 관습, 독자와의 관계 등 여러 가지 상황과 배경을 고려하며 읽는 독서를 말합니다. 이렇게 읽으면 표면적으로 드러나지 않은 등장인물의 내면과 작품의 상징 등을 더 깊이 느끼며 읽을 수 있거든요. 책을 호수라고 했을 때, 글자라는 호수 표면만 보는 건 초등 독서, 눈으로 볼 수 없는 물속 상황까지 고려하면서 읽는 건 중·고등 독서 즉, 심화 독서라고 할 수 있습니다.

심화 독서는 입시에 꼭 필요한 독서 방법입니다. 이런 깊이 있는 독서를 해내지 못한다면 책을 아무리 많이 읽어도 수행평가, 세특, 면접에서 독서를 제대로 된 무기로 활용하지 못합니다. 그러니 그동안 독해력이 부족하지도 않고, 아는 것도 많은데 유독 수행평가나 탐구 활동이 어렵다고 느꼈다면 반드시 나의 독서가 초등 수준에 머물러 있는 건 아닌지 점검해봐야 합니다.

또 한 가지 명심해야 할 점이 있죠. 심화 독서 능력은 학년이 올라간다고 해서 저절로 생기는 것이 아니라는 점입니다. 어릴 때부터 책을 제법 읽었다고 자부하는 학생들 중에도 심화 독서가 어려운 경우는 무척 많습니다. 이유가 뭘까요?

우선 첫 번째는 배경지식 부족을 생각해볼 수 있습니다. 심화 독서를 하려면 역사 및 사회문화 등 뭘 좀 알아야 적용을 할 수 있을 테지요. 하지만 활용할 배경지식이 부족하면 당연히 숨겨진 의미를 읽어낼 수 없을 것입니다. 그러니 이를 고려한 등장인물의 깊은 속마음 또한 알 수 없는 것이지요. 이렇게 표면에 드러나지 않는 감춰진 의미를 맥락이라고 부릅니다. 사람마다 맥락을 읽어내는 능력은 각기 다른데 이 능력이 곧 심화 독서의 수준이 되는 것이죠.

두 번째는 아까와는 반대로 배경지식은 많은데 심화 독서가 되지 않는 경우입니다. 배경지식이 많다고 해서 저절로 심화 독서가 되는 건 아닙니다. 역사 배경지식인 조선시대 상황은 사건과 연도까지 세세하게 기억하고 있으나, 이걸 《토끼전》에 적용해서 읽을 생각은 못 하는 경우가 많습니다. 정말 안타까운 일이지요. 이건 그동안 배경지식 만들기에만 급급한 나머지 정작 이 지식을 활용해본 적이 없기 때문에 생기는 일입니다.

세 번째 경우는 책 읽기 자체에 푹 빠져서 즐기는 읽기가 아닌 수동적 책 읽기를 한 경우입니다. 독서를 숙제 해치우듯 대충 빨리 읽어버릇했거나, 자신의 읽기 수준이나 취향은 고려하지 않고 어려운 책 읽기만 하려고 해도 심화 독서로 이어질 수 없습니다. 물론 어려운 책을 읽는 것 자체가 잘못된 건 아닙니다. 한 장, 한 장 음미하고 모르는 걸 탐구하며 천천히 읽어내려간다면 오히려 이런 읽기야말로 심화 독서의 훈련이 될 수 있습니다. 하지만 책 읽기를 최소 시간을 투자해서 최대 권수를 읽어내는 그런 효율적인 일로 생각한다면 결국 아무것도 남지 않게 될 뿐입니다.

네 번째는 지나치게 비문학 정보 전달 위주의 책이나 학습만화만 읽고, 이야기책은 전혀 읽지 않은 경우입니다. 소위 이과 성향의 학생에게서 자주 볼 수 있는 일인데, 심화 독서 능력의 발달에는 문학 독서가 더 유리하다는 점을 명심해야 합니다. 그렇다고 해서 문학만 읽고 비문학 읽기를 게을리하라는 뜻은 아닙니다. 그랬다간 배경지식 부족으로 심화 독서를 하기가 더 어려워질 것입니다. 결국 문학과 비문학을 가리지 말고 골고루 읽는 균형 잡힌 독서 습관을 가져야 하는 것이지요.

다섯 번째로는 요즘 특히 문제가 되는 유행인데, 문해력을 독해 문제집 풀이로 키운 경우에도 심화 독서는 불가능합니다. 수능형 긴 지문의 독해 문제집 풀이는 얼핏 독서를 대신할 수 있을 것처럼 보입니다. 그러나 이 둘은 엄연히 다른 영역의 학습입니다. 독해 문제집 풀이가 책 읽기라면 인생에서 독서량이 가장 높은 시기는 아마 고3 수험생 때일 것입니다. 하지만 누구도 수능 국어 문제집 푼 걸 독서라고 말하지 않습니다.

독해 문제집 풀이는 텍스트를 읽을 때 주관적 생각을 멈추고 질문이 물어보는 내용을 빠르고 정확하게 찾아내는 기능적 읽기를 핵심으로 합니다. 그렇기 때문에 너무 어릴 때부터 이런 훈련을 반복하다 보면 오히려 골똘히 생각하면서 읽는 심화 독서와는 점점 멀어지게 되는 것이지요. 이와 같은 이유로 초·중등에서는 심화 독서의 습관이 잘 잡힌 경우 오히려 독해 문제 풀이 점수는 낮게 나옵니다. 골똘히 생각하며 1번 문제를 풀 때, 기능적 읽기를 하는 학생은 벌써 4번 문제를 풀고 있을 테니 당연한 결과일 겁니다.

그래서 둘 중 무엇이 옳고 틀렸다는 것은 아닙니다. 생기부와 수능이 둘 다 필요한 것처럼 당연히 심화 독서와 기능적 읽기 둘 다 필요합니다. 중요한 건 순서에 있습니다. 기능적 읽기는 심화 독서 능력을 충분히 익힌 후에도 얼마든지 만들 수 있습니다. 하지만 반대로 기능적 읽기가 익숙한 학생이 이후 심화 독서 능력을 확보할 순 없습니다. 그러니 심화 독서 능력을 부지런히 발전시켜야 할 시기에, 문제집 풀이로 시간을 뺏겨 정작 독서 시간을 확보하지 못하는 것을 주의해야 합니다. 그럼 오히려 초등 수준의 독서에 갇혀서 발전할 기회를 놓칠 수 있다는 점을 꼭 명심하세요.

심화 독서의 기반은 오직 주인공의 상황에 깊이 감정 이입하고, 책의 세계관을 생각해보고, 질문하고 비교하며, 깊이 읽는 독서를 반복했을 때 만들어집니다. 그러니 적어도 중학교 때까지는 책 자체를 깊이 음미하며 천천히 읽어가는 독서 경험을 충분히 쌓는 것이 좋습니다.

심화 독서 훈련해보기

심화 독서 훈련에 특히 좋은 장르는 고전입니다. 고전은 우리가 살고 있는 현대와 다른 모습의 시대를 배경으로 하지요. 그렇기 때문에 작품의 역사 문화적 배경을 적용하면서 읽어야만 제대로 된 해석을 할 수 있습니다.

《나의 라임오렌지나무》를 현대의 관점으로 보면 이 책은 그저 엽기적인 아동 학대에 대한 내용일 것입니다. 그런데 작품이 쓰인 시대 모습과 작가의 삶 등 보이지 않는 맥락을 함께 고려해서 읽는다면 책의 메시지는 달라지지요.

이 작품의 배경은 세계 경제 대공황이 찾아온 1930년대입니다. 대공항은 전 세계적으로 경제가 폭삭 주저앉아서 가난했던 시기인데, 주인공 제제가 살던 브라질 역시 대공항의 영향을 피할 수 없었습니다. 주 생산품인 커피 가격이 폭락하고 이로 인해 심각한 경기 침체를 맞았거든요. 여기에 갑자기 이루어진 도시화로 인해 도시에는 빈민가가 생기게 되었습니다. 이 빈민가에서 대가족 중심의 전통적 가족 구조를 유지하고 사는 사람들, 어른의 권위가 강조되고 아이들에 대한 훈육이 엄격했던 시대상 등 이 소설을 읽을 때 고려해야 할 점이 많습니다.

이런 내용을 고려한 읽기인 심화 독서를 하며 책을 읽어 내려갔을 때 가난한 어른의 세계를 바라보는 다섯 살 어린아이의 순수한 눈을 이해할 수 있을 겁니다. 그리고 상상 속 친구 라임오렌지나무를 통해 현실의 제약을 극복하려는 희망적인 메시지도 음미할 수 있는 것입니다.

이렇게 심화 독서는 보이지 않는 작품의 요소를 고려하고, 천천히 읽어 내려가면서, 다양한 생각을 해보는 독서 방법입니다. 이 작품을 읽으면서 '현대 어린이들은 경제적으로 풍족하지만 정서적으로도 풍족하다고 할 수 있을까?' '나는 제제와 같은 현실의 한계에 부딪쳤을 때, 이를 어떻게 이해하고 극복해나갈까?' '지금까지 살아오면서 부조리라고 느꼈지만 수용해야 했던 일에는 무엇이 있었을까?' '그때 경험을 통해 무얼 배웠고 성장했는가?' 등의 다양한 생각을 하면서 읽어 내려가는 것이지요.

심화 독서를 위한 또 다른 고전으로 허먼 멜빌 《모비 딕》을 살펴보겠습니다. 스타벅스의 창업주인 하워드 슐츠는 《모비 딕》 마니아였습니다. 우리가 '별다방'이라고 부르는 스타벅스라는 이름 역시 이 소설에 나오는 일등 항해사 이름이지요. 소설 속 스타벅스는 신중하고 합리적인 인물입니다. 주인공 에이허브 선장이 흰고래 모비 딕에 대한 복수심에 광기 어린 집착을 보일 때에도 본래의 목적에 충실해야 한다는 이성적인 목소리를 낸 인물이지요. 이건 하워드 슐츠가 스타벅스라는 이름을 통해 자신의 커피숍에 어떤 이미지를 투영하고 싶었는지 생각해볼 수 있는 대목입니다.

이 작품의 경우도 피상적인 텍스트가 아닌 심화 독서를 했을 때 진짜 풍미를 느낄 수 있습니다. 작품의 배경인 1820~60년대는 미국 포경 산업의 황금기였습니다. 그리고 이와 동시에 서부 개척과 산업화 같은 도전이 이루어진 그야말로 역동적인 시기였지요.

작품의 주된 사건인 향유고래 사냥은 그 당시에는 가장 위험하지만 수익성이 높은 사업이었습니다. 포경선에서는 다양한 인종과 국적의 선원들이 함께 어울려 향유고래라는 하나의 목적을 향해 위험을 무릅썼죠. 이런 다층적 배경을 고려한 심화 독서를 했을 때, 작품의 주된 메시지인 인간과 자연, 운명과 의지에 대한 철학적 탐구를 읽어낼 수 있는 것입니다.

두 작품을 통해 살펴본 것처럼 고전은 우리가 살아가는 현대와 완전히 다른 세상을 배경으로 합니다. 그렇기 때문에 애초에 심화 독서를 하지 않는다면 작품의 메시지를 읽어낼 수 없지요. 이런 점 때문에 고전 읽기를 좋아하는 학생들은 유독 심화 독서에 강한 경향을 보입니다.

하지만 그렇다고 해도 고전만 편독한다면 이 또한 한계가 분명할 것입니다. 추리소설, 모험소설, 역사책, 과학 변천사, 사회과학 분야 책 등 다방면의 책을 골고루 읽어보면서 더 많은 지식을 경험해봤을 때 한층 깊이 있는 심화 독서를 해낼 수 있습니다. 그러니 최상의 음식이 균형 잡힌 식단인 것처럼 최상의 독서는 균형 잡힌 독서라는 점을 명심하고 편향된 독서를 하지 않도록 세심한 주의를 기울여야 합니다.

본격적으로 심화 독서를 훈련하기 위해서는 다음의 3가지 힘을 기르는 것이 좋습니다. 첫 번째는 책의 내용과 나의 경험을 연결하는 힘입니다. '우정'에 대한 메시지를 담고 있는 책을 읽는다고 가정해보겠습니다. 이때 마치 내리막길을 내려가듯 급하게 책을 읽는다면 읽고 난 후 남는 게 없습니다. 이보다는 나의 경험도 떠올려보고 이상적인 친구에 대해서도 생각해보면서 천천히 느림의 독서를 해야 하는 것이지요.

두 번째는 책의 내용에 대해 질문하는 힘입니다. 저자의 주장에 반박도 해보고, 등장인물의 행동에 대해서 문제 제기를 해보며 읽는 것이지요. 이런 읽기는 옳고 그름을 따지는 비판력을 한층 높여줄 수 있습니다. 책을 통해 길을 찾는다는 말이 있습니다. 선택의 어려움을 느낄 때, 정서적인 혼란의 느낄 때, 삶의 방향성을 결정해야 할 때, 책이 길을 알려줄 수 있는 건 맞습니다.

하지만 말처럼 정답만 쏙 알려주는 책은 세상에 없습니다. 책을 읽고 깊이 있는 생각을 하는 과정에서 나 스스로 찾아낸 생각이 길이 되는 것이지 책이 길을 스스로 알려주진 않거든요. 그러니 저자의 생각을 비판적으로 생각해보지 않고 그저 주는 대로 날름 주워 먹기만 하는 수동적 읽기는 결코 좋은 독서라고 할 수 없습니다.

세 번째는 책을 읽으면서 내 생각이 어떻게 변하는지 느껴보고 그 변화를 즐기는 힘입니다. 보통 사람들은 자기 수준에서 너무 어려운 책 읽기는 잘 시도하지 않지만, 이런 읽기도 도전해볼 가치가 충분합니다. 대신 겉핥기식으로 읽는 게 아니라 여러 번 반복해서 완독 해내는 걸 목표로 해야 합니다. 이때 같은 책을 여러 번 반복해 읽다 보면 처음에는 이해하지 못했던 내용도 점차 보이기 시작할 겁니다.

우리는 이 과정에서 내가 이전에 무엇을 몰랐는지, 책을 통해 어떤 부분을 새롭게 알게 되었는지를 깨달을 수 있습니다. 이런 변화의 과정을 즐길 수 있다면 이미 능동적인 독서를 하고 있는 셈입니다. 이렇게 길러진 메타인지내가 아는 것과 모르는 것을 파악하는 능력는 주어진 과제를 더 능동적이고 창의적으로 풀어내는 밑거름이 됩니다. 그리고 수행평가, 세특, 면접 등에서 자기 주도 학습 역량을 어필하는 데 도움이 되겠지요.

정리해보자면 심화 독서의 힘을 기르기 위해서는 독서가 경쟁이 아니라는 점을 명심해야 합니다. 그리고 다른 친구의 독서 수준을 기준으로 나의 책 읽기 수준을 정해서도 안 됩니다. 또한 학원과 부모님에게 의존하기보다는 스스로 물꼬를 트는 법을 알아야 합니다.

입시에 반영되지 않는 중학교 과제를 할 때에는 실패를 충분히 경험해보는 것도 좋습니다. 우수한 결과, 선생님의 칭찬 같은 걸 목표로 하기보다는 스스로 해보고 실패하는 과정을 통해 성장해나가는 것이지요. 결국 언젠간 해낼 거라는 믿음으로 끝까지 해보려고 노력하는 것이야말로 최고의 입시 성과를 낼 수 있는 태도인 것입니다.

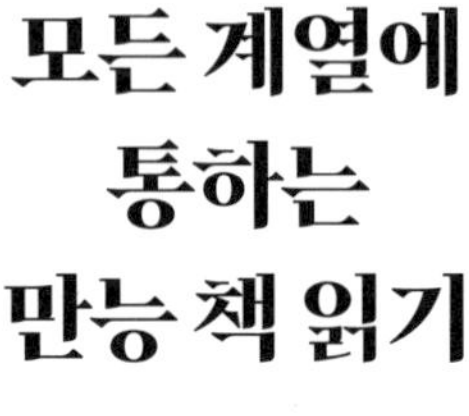

모든 계열에
통하는
만능 책 읽기

수많은 책 중에는 특히 입시에 효과적인 책이 존재합니다. 하나의 주제를 중심으로 여러 학문 분야를 아우르고, 다양한 관점에서 해석하며 활용할 수 있는 그런 책들 말입니다. 이런 책은 '만능 책'이라고 부를 수 있습니다.

만능 책으로 보는 핵심 기준은 단순히 지식을 전달하는 것이 아니라, 저자의 사고방식과 통찰을 통해 독자가 자신만의 관점을 형성하고 이를 다양한 분야에 적용할 수 있느냐입니다. 대표적으로 《과학자의 서재》《팩트풀니스》《로봇 시대 인간의 일》《빅 히스토리》《정의란 무엇인가》《사피엔스》《코스모스》《총 균 쇠》와 같은 책이 있습니다.

이중 《코스모스》 《총 균 쇠》와 같은 책은 상당히 어렵습니다. 그러니 만능 책이라고 해서 무조건 읽어야겠다고 생각하는 건 금물입니다. 또 이런 책은 어디까지나 어떤 계열(대학)에 지원하더라도, 어떤 고교 수강 과목에 적용하더라도 활용도가 높은 책이라는 것이지 이 책만이 정답이라는 건 아닙니다. 가장 좋은 책은 읽으면서 인상적이었고 나에게 영향을 준 책입니다. 그리고 이를 내 진로와 연결해서 활용할 수 있는 안목을 길러야 하는 것이지요.

자, 그럼 본격적으로 활용에 대한 안목을 길러보도록 하겠습니다. 이를 위해 만능 책 중 난이도 중간 수준의 책 3권을 뽑아 고등학교 1학년, 2학년, 3학년의 학교생활에 심화 독서를 어떻게 활용하는지 살펴보도록 하겠습니다. 다소 어려울 수 있으니 바짝 집중해야 할 겁니다.

《과학자의 서재》
진로를 구체적으로 그려볼 수 있는 책

《과학자의 서재》는 생물학자 최재천이 자신의 학문 여정을 '서재'라는 공간을 중심으로 보여주는 자서전 성격의 에세이입니다. 자서전이나 에세이처럼 저자가 자신이 걸어온 길을 진솔하게 이야기하는 책은 진로를 고민하는 청소년들에게 미래의 삶을 구체적으로 그려볼 수 있는 좋은 계기를 만들어줍니다. 더구나 이 책의 경우 독서와 공부를 주제로 하고 있기 때문에 더욱더 대입에 어필하기 좋은 책이지요.

책의 또 다른 장점은 '통섭_{서로 다른 학문을 연결하고 확장하는 생각}'이라는 키워드를 통해 과학과 인문학의 경계가 없어지는 현대 학문의 흐름을 잘 담아낸 점입니다. 생물학이라는 자연과학에서 출발하지만 인문학, 사회학, 예술 등 다양한 분야로 관심이 확장되는 과정을 인상 깊게 여기고, 응용하는 것만으로도 대학이 원하는 융합형 인재라는 점을 어필할 수 있거든요.

나아가 핵심 메시지인 '탐구 정신'과 '사고방식'은 모든 계열 지망에 두루 활용될 수 있는데, 우선 자연·공학계열의 경우 '통섭'의 중요성을 이해하고, 자신이 연구할 분야가 인류와 사회에 어떤 영향을 미칠지 윤리적으로 고민하는 태도를 보여줄 수 있습니다.

두 번째로 인문·사회계열의 경우 과학자의 삶과 철학적 사유를 통해 이성적이고 논리적인 사고방식을 키워갔다는 스토리를 만들 수 있지요. 또한 과학적 방법론을 사회 현상이나 문학 작품 분석에 적용하는 등 비판적 사고 능력을 확장하는 데 활용할 수도 있습니다.

세 번째로 의약학·교육계열의 경우 저자의 '인성'과 '책임감' 있는 모습을 통해, 미래의 의료인으로서 환자를 대하는 태도나 교육자로서 학생을 대하는 철학을 정립해나가는 과정에 대해 어필할 수 있습니다.

이런 내용들이 구체적으로 수업 시간에 어떤 활동(수행평가)으로 이어지고, 어떻게 세특에 기재되는지에 대해서는 다음의 예시를 참고해볼 수 있습니다.

자연계열

- **연계 교과:** 통합과학2 '지구 시스템의 변화와 인간 활동' 단원
- **수행평가:** 심화 탐구보고서
- **수업 내용:** 통합과학2 수업 시간에 저자가 개미 연구를 통해 얻은 '통섭'의 개념을 지구 환경에 적용했습니다. 플라스틱의 녹지 않는 화학적 특성이 해양 생태계에 어떤 영향을 미치는지 분석했는데, 물리와 생물학적 관점을 적용한 것이지요. 이후 분석한 내용으로 심화보고서를 작성했습니다.
- **세특 작성 예시:** 《과학자의 서재》를 읽고 '통섭'의 중요성을 깨달아, 생명 현상을 물리, 화학적 관점으로 이해하려는 탐구 자세를 보임. 특히 해양 플라스틱 오염 문제를 통합적으로 탐구하며 지속 가능성에 대한 진로 적성을 구체화함.

공학계열

- **연계 교과:** 통합사회2 '과학 기술의 발달과 윤리' 단원
- **수행평가:** 보고서 및 발표
- **수업 내용:** 기술 발전이 환경 및 사회에 미치는 영향을 탐구하는 내용의 수

업이 있었습니다. 이때 친환경 소재를 활용한 '지속 가능한 건축물'을 주제로 발표를 했습니다. 이 발표에서 과학적 성과가 반드시 인류의 행복을 보장하는 건 아니라는 저자의 주장을 중심 철학으로 활용했습니다.

- **세특 작성 예시:** 《과학자의 서재》를 통해 과학적 사고와 인문학적 소양을 융합하는 자세를 내면화함. 특히 기술 개발의 윤리적 책임에 대해 성찰하며, 지속 가능한 공학을 지향하는 진로 적성을 구체화함.

인문계열

- **연계 교과:** 공통국어2 '비문학 독해와 논증' 단원
- **수행평가:** 탐구보고서
- **수업 내용:** 저자가 인문학적 주제를 과학적으로 해석하는 방식에 깊은 인상을 받았습니다. 이후 공통국어2 수행평가 시간에 '인간의 본성과 자유 의지'를 주제로 탐구보고서를 작성했습니다. 이때 진화론적 관점과 철학적 관점을 융합한 탐구보고서를 작성했습니다.
- **세특 작성 예시:** 《과학자의 서재》에서 저자의 통섭적 사고에 영감을 받아, 인문학적 질문에 과학적 관점을 적용하는 비판적 사고 능력을 기름.

사회계열

- **연계 교과:** 통합사회1 '사회 정의와 불평등' 단원
- **수행평가:** 토론
- **수업 내용:** '젠더 불평등' 문제를 주제로 토론하는 수업 시간에 통섭 개념을 활용했습니다. 생물학적 사실과 사회문화적 차이를 구분하며 이런 차이 때문에 차별이 만들어지면 안 된다는 논리를 내세워 편견 없는 사회를 만들어야 한다고 주장했습니다.
- **세특 작성 예시:** 과학적 사실이 사회적 논쟁으로 확장되는 과정을 이해하

고, 사회 현상을 과학적 논리로 분석하는 비판적 사고 능력을 기름.

의약학계열

- **연계 교과:** 통합과학2 '인간의 건강과 질병' 단원
- **수행평가:** 보고서
- **수업 내용:** 수행평가로 '현대인의 스트레스와 질병'이라는 주제의 보고서를 제출했는데, 과거 수렵 채집 시대의 스트레스 반응이 현대 사회에서는 어떻게 질병으로 이어지는지를 진화론적으로 분석했습니다. 이때 책에 나온 진화생물학이 인간의 행동과 질병을 설명하는 내용을 활용했습니다.
- **세특 작성 예시:** 《과학자의 서재》를 읽고, 과학 탐구 과정에서 실패를 두려워하지 않는 인내심과 탐구심을 갖춘 인성을 내면화함. 질병의 원인을 진화론적 관점에서 통합적으로 분석하며, 진로 적성을 탐색함.

교육계열

- **연계 교과:** 통합사회2 '과학 기술의 발달과 윤리' 단원
- **수행평가:** 토론
- **수업 내용:** '유전자 편집 기술의 허용 범위'에 대한 토론 시간에 과학적 실패와 성찰이라는 교훈을 인용했습니다. 유전자 지식의 무분별한 사용이 만들 사회적 실패를 막기 위해 기술적 발전보다 교육을 통해 윤리적 성찰의 자세를 기르는 것이 중요하다는 주장을 했습니다.
- **세특 작성 예시:** 《과학자의 서재》를 통해 과학 기술 발달에 따른 윤리적 문제를 성찰하고, '유전자 편집 기술의 허용 범위' 토론에서 기술적 발전보다 교육을 통한 윤리적 자세 함양이 사회적 실패를 막는 데 중요함을 주장하며 비판적 사고력과 문제 해결 능력을 보여줌.

대입에서는 단순히 뛰어난 학업 역량만을 어필해서는 안 됩니다. 대학은 사회적 역할을 고민하는 성숙한 인성을 가진 리더가 될 인재를 뽑고 싶어 하거든요. 이런 부분에서 '무엇이 옳은가?'에 대해 깊이 통찰해보는 내용의《정의란 무엇인가》는 상당히 어필되는 만능 책이라고 할 수 있습니다.

특히 책을 통해 배울 수 있는 공리주의, 자유지상주의, 칸트의 정언명령, 롤스의 정의론 등의 이론은 다양한 가치 판단의 기준이 되는 철학입니다. 이 가치관을 공학, 의학, 경제, 법, 교육 등 모든 분야에 하나쯤 있는 윤리적 딜레마에 적용해볼 수 있습니다. 이후 이 내용을 한 단계 심화해서 내 꿈에 대한 이타적인 소명 의식을 부여하는 데 사용한다면 꿈을 향한 열정이 한층 어필될 수 있습니다.

여기에 한 가지 더 빼놓을 수 없는 이 책만의 장점이 있습니다. 생기부를 더욱 업그레이드 시킬 수 있는 활동은 토론이지요. 하지만 토론 근거를 다양하게 제시하는 건 중·고등 학생뿐만 아니라 어른들에게도 무척 어려운 일입니다. 그런데 이 책에 나온 지식은 다양한 토론 주제에 범용성 있게 널리 사용될 수 있습니다. 한마디로 토론의 보물 창고 같은 책이지요.

또한 책의 핵심인 '윤리적 딜레마에 대한 해결 능력'은 모든 계열에 두루 활용될 수 있는데 우선 자연·공학계열에서는 연구 윤리, 인공지능 윤리, 기술 개발의 사회적 책임 등 과학·기술 분야의 윤리적 문제 해결에 활용할 수 있습니다. 두 번째로 인문·사회계열의 경우 공동체와 개인의 갈등, 사회 정의, 복지 문제 등 사회과학의 근본적인 질문에 대한 해답을 찾을 수 있고요. 세 번째로 의약학·교육계열에서는 생명 윤리, 의료 자원 분배, 공정한 교육 기회 등 해당 분야의 윤리적 딜레마를 탐구하는 데 활용할 수 있습니다.

이런 내용들이 구체적으로 수업 시간에 어떤 활동(수행평가)으로 이어지고 세특에 기재되는지에 대해서는 다음의 예시를 참고해볼 수 있습니다.

자연계열

- **연계 교과:** 생명 공학과 인간의 삶 수업 '생명 공학 기술' 단원
- **수행평가:** 심화보고서
- **수업 내용:** 롤스의 '차등의 원칙'을 통해 과학 연구의 사회적 책임에 대해 고민했습니다. 특히, 고가 신약이나 유전자 치료 기술의 혜택이 가난한 사람들에게 돌아가야 하는 이유를 탐구하고, 과학 연구의 공공성을 고민하는 심화보고서를 작성했습니다.
- **세특 작성 예시:** 롤스의 '차등의 원칙'을 통해, 과학 연구의 혜택이 사회 전체, 특히 소외 계층에게 돌아가야 하는 이유에 대해 고찰하며 과학자의 사회적 책무를 고민함.

공학계열

- **연계 교과:** 기술의 세계 수업 '설계와 제작' 단원
- **수행평가:** 기획서
- **수업 내용:** 노인이나 장애인을 위한 배리어프리 디자인을 구상하는 기획서에 롤스의 '차등의 원칙'을 적용하고, 왜 이러한 기술 개발이 사회 전체의 정

의 실현에 기여하는지를 논리적으로 설명했습니다.

- **세특 작성 예시:** 롤스의 '차등의 원칙'을 학습하고, 노인이나 장애인 등 사회
적 약자를 위한 기술(배리어프리 디자인 등) 개발이 왜 사회 전체의 정의 실현
에 기여하는지를 논리적으로 설명함.

인문계열

- **연계 교과:** 정치와 법 수업 '민주주의와 법치주의' 단원
- **수행평가:** 발표
- **수업 내용:** 헌법 제정과 같은 역사적 결정을 재평가해보는 발표 시간에 롤
스의 '무지의 장막' 사고 실험을 적용했습니다. 내용은 자신이 사회에서 어
떤 위치에 놓일지 모른다는 전제 하에 사회 구성원들이 동의할 수 있는 정
의로운 사회의 조건을 찾아보는 것이었습니다.
- **세특 작성 예시:** 롤스의 '무지의 장막'이라는 사고 실험을 역사적 결정(헌법
제정, 제도 개혁 등)에 적용해보며, 더 정의로운 사회를 위한 합의의 조건이 무
엇인지 탐구하는 능력을 보여줌.

사회계열

- **연계 교과:** 윤리와 사상 수업 '공동체 윤리' 단원
- **수행평가:** 토론
- **수업 내용:** 현대 사회의 극심한 개인주의와 공동체 사이에 생기는 갈등을
해결할 방안을 탐색해보는 토론을 했습니다. 이 시간에 공동체주의 관점을
탐구하며, 애국심이나 가족에 대한 의무가 왜 도덕적 힘을 갖는지에 대해
적극적으로 주장했습니다.
- **세특 작성 예시:** 공동체주의 관점에서 애국심, 가족에 대한 의무 등이 왜 도
덕적 힘을 갖는지 탐구하며, 현대 사회의 개인주의와 공동체 사이의 갈등을

해결할 방안을 모색함.

의약학계열

- **연계 교과:** 진로활동
- **수행평가:** 심화 탐구보고서
- **수업 내용:** '의료인의 역할' 수업에서 아리스토텔레스의 목적론을 바탕으로 '의료의 텔로스(목적)는 무엇인가?'라는 근본적인 질문을 던지는 심화 탐구 보고서를 제출했습니다. 의료인은 단순한 질병 치료를 넘어 환자의 좋은 삶에 기여하는 역할을 해야 한다는 성찰이 돋보이는 보고서였습니다.
- **세특 작성 예시:** 아리스토텔레스의 목적론을 바탕으로 '의료의 텔로스는 무엇인가?'라는 근본적인 질문을 던지며, 단순한 질병 치료를 넘어 환자의 좋은 삶에 기여하는 의료인의 역할에 대해 성찰함.

교육계열

- **연계 교과:** 생활과 윤리 수업 '미래 사회의 윤리' 단원
- **수행평가:** 발표
- **수업 내용:** '미래 사회에서 학교는 어떤 공간이어야 하는가?'라는 주제의 발표 수행평가 시간에 공동체주의 관점을 적용했습니다. 학교는 단순한 지식 전달 공간을 넘어 학생들에게 공동체의 가치와 연대 의식을 가르쳐야 한다고 주장했습니다.
- **세특 작성 예시:** 공동체주의 관점에서 학교가 단순한 지식 전달의 공간을 넘어 학생들에게 공동체의 가치와 연대 의식을 가르쳐야 하는 이유에 대해 탐구하며 자신만의 교육 철학을 정립함.

《사피엔스》
심화 탐구보고서 작성에 가장 유용한 책

소위 '벽돌 책'이라고 불릴 만한 압도적 분량 때문에 학생들에게는 이 책의 첫인상이 나쁠 수 있습니다. 하지만 《사피엔스》는 인류의 역사를 생물학, 역사학, 문화인류학 등 다양한 관점에서 분석하고 있기 때문에 다 읽어내기까지 품이 많이 들더라도 그만큼 투자할 만한 가치가 충분한 책입니다. 굳이 끝까지 다 읽기를 목표로 하지 않고 제일 흥미로운 한 챕터 읽어보기만 시도해봐도 좋습니다.

더욱이 이 책은 과학과 인문학이 서로 분리된 학문이 아니라 연관되어왔다는 걸 책 전반에 걸쳐 보여줍니다. 때문에 소위 이과와 문과 과목들의 교과 간 연계 찾기에 활용하기에도 무척 좋은 책입니다. 여기에 미래 사회의 다양한 모습에 대한 통찰도 잘 담겨 있습니다. 그래서 교과서에서 배운 내용을 현실 문제에 적용해보고, 자신만의 관점과 대안을 제시해보는 심화 탐구보고서를 쓸 때 거의 독보적이라고 할 만큼 유용한 책이기도 합니다.

이런 좋은 내용을 독특한 발상으로 담아냈기 때문에 두꺼운 분량에도 불구하고 지루할 틈 없는 책이지요. '인류의 가장 위험한 발명품은 무엇인가?' '인간은 정말 행복해졌는가?'와 같은 도발적인 질문이 특히 매력적이니 꼭 한번 읽어볼 것을 권합니다. 너무 어렵다고 느껴진다면 《사피엔스: 그래픽 히스토리》를 읽어보는 것도 대안이 될 수 있습니다.

이 책의 핵심은 인류의 역사를 거시적으로 조망하는 '통섭적 사고'입니다. 이 점은 모든 계열에 두루 활용될 수 있는데 우선 자연·공학계열의 경우 '과학혁명' 파트를 통해 기술 발전의 윤리적 측면을 고민하거나, '무지의 발견'을 통해 현대 물리학의 미해결 문제를 탐구하거나, 생명과학 시간에 '농업혁명'이 현대인의 질병에 미친 영향을 분석하는 등 심화 과목의 내용을 인류사적 관점에서 조망할 수 있습니다.

두 번째로 인문·사회계열의 경우 '상상 속의 질서'를 통해 법이나 경제 체제의 근원을 이해하고, '제국' 파트를 통해 문화 확산 과정을 사회학적으로 분석하거나, 세계사 시간에는 '진화론적 관점'으로 제국주의를 재해석하고, 사회·문화 시간에는 K-POP 팬덤을 '문화 제국'의 관점에서 분석하는 등 각 과목의 심화 탐구 주제를 발굴할 수 있습니다.

세 번째로 의약학·교육계열의 경우 인류의 진화와 질병의 상관관계, 지식과 교육이 인류의 역사에 미친 영향 등을 탐구하며, '교육 불평등에 대한 사회학적 분석 보고서'와 같은 활동을 기재함으로써 자신의 진로에 대한 깊은 사명감과 자기 주도적 학습 역량을 갖추고 있음을 강력하게 어필할 수 있습니다.

이런 내용들이 구체적으로 수업 시간에 어떤 활동(수행평가)으로 이어지고 세특에 기재되는지에 대해서는 다음의 예시를 참고해볼 수 있습니다.

자연계열

- **연계 교과:** 생물의 진화 '생명과 진화' 단원
- **수행평가:** 심화 탐구보고서
- **수업 내용:** 생물의 진화 수업 시간에 《사피엔스》의 '농업 혁명' 파트를 적용해서 '진화 의학'에 대한 심화 탐구보고서를 작성했습니다. 이 파트는 인류의 유전자는 여전히 수렵 채집 시대에 머물러 있는 반면, 식단은 급격하게

변화하면서 비만, 당뇨 등 대사성 질환이 증가하는 현상을 분석하고 있습
니다.

- **세특 작성 예시:** '농업 혁명'이 인류의 영양 구조와 질병의 양상을 어떻게 바
  꾸었는지 고찰하며, 생명 현상을 거시적인 인류사적 관점에서 조망하는 통
  합적 사고력을 보여줌. 특히 현대인의 만성 질환을 진화론적으로 분석하는
  진로 적성을 구체화함.

공학계열

- **연계 교과:** 정보 '디지털 문화' 단원
- **수행평가:** 보고서
- **수업 내용:** '인지 혁명' 파트를 읽고 '프로토콜은 상상 속의 질서'라는 관점을
  정리하여 보고서를 작성했습니다. 보고서의 내용은 인터넷 통신 규약(TCP/
  IP)을 넘어, 비트코인이나 이더리움에 사용되는 블록체인 프로토콜이 어떻
  게 '신뢰'를 기반으로 작동하는지를 분석하는 내용입니다.
- **세특 작성 예시:** 《사피엔스》에서 인류가 '상상 속의 질서'를 통해 대규모 협
  력을 이뤄냈다는 사실에 착안하여, 미래 사회의 기술 발전을 위한 효과적
  인 프로토콜을 탐구하는 자기 주도적 학습 능력을 보임. 특히 '블록체인'을
  새로운 상상 속의 질서로 해석하며 정보 과학 분야에 대한 깊은 이해를 보
  여줌.

인문계열

- **연계 교과:** 세계사 '제국주의 시대의 변화' 단원
- **수행평가:** 심화보고서
- **수업 내용:** '인류의 진화에 도움이 되었다는 제국주의의 주장은 진정한 진
  보였는가?'를 주제로, 진화론적 관점에서 제국주의의 이면을 분석하고, 역

사적 사실을 객관적으로 비평하는 심화보고서를 작성했습니다. 이 보고서를 작성할 때 《사피엔스》의 '농업 혁명' 및 '과학 혁명' 파트를 활용했습니다.

- **세특 작성 예시:** 《사피엔스》에 나오는 '진화론적 관점'으로 인류의 역사를 조망하는 저자의 통찰력에 깊은 감명을 받아, 특정 역사적 사건을 새로운 관점으로 해석하려는 자기 주도적 학습 능력을 기름.

사회계열

- **연계 교과:** 경제 '금융의 이해' 단원 수업
- **수행평가:** 보고서
- **수업 내용:** '신용과 자본의 발명' 파트를 읽고 비트코인이나 신용카드와 같은 현대 화폐가 '상호 간의 신뢰'라는 '상상 속의 질서'를 기반으로 작동한다는 내용의 보고서를 작성했습니다.
- **세특 작성 예시:** 《사피엔스》를 읽고 '상상 속의 질서'가 화폐와 같은 사회적 도구의 작동 원리임을 깨닫고, 금융 시장의 본질을 거시적인 관점에서 분석하는 자기 주도적 학습 능력을 보임.

의약학계열

- **연계 교과:** 생명과학 '항상성과 건강' 단원
- **수행평가:** 심화 탐구보고서
- **수업 내용:** 대사성 질환에 대해 학습하는 과정에서 《사피엔스》의 농업 혁명 파트를 적용해서 '인류의 유전자는 왜 여전히 수렵 채집 시대에 머물러 있는가?'라는 주제의 심화 탐구보고서를 작성했습니다. 보고서의 주요 내용은 급격한 식단 변화와 인간의 진화 속도 사이의 불일치가 현대인의 만성 질환을 야기한다는 '진화 의학'적 관점에 대해 동의하는 것이었습니다.
- **세특 작성 예시:** 농업 혁명 이후 인류의 식단 변화가 현대인의 질병(당뇨, 비

만 등)과 어떻게 연결되는지 탐구하며, 질병의 원인을 사회, 역사적 맥락에서 통합적으로 이해하는 넓은 시야를 갖춤. 특히 '진화 의학'에 대한 깊은 전공 적합성을 보여줌.

교육계열

- **연계 교과:** 진로활동
- **수행평가:** 수업설계보고서
- **수업 내용:** '교수 학습 이론'에 대한 내용의 수업을 할 때 《사피엔스》의 과학 혁명 파트를 연계하여 자신만의 교육관을 정립해보고 이에 대한 수업 설계 보고서를 작성해서 발표했습니다. 보고서에는 기존 주입식 교육(정답 찾기)과 대비되는 '질문 중심 하브루타 학습법'의 장점에 대한 탐구와 이를 적용해서 학생들이 '우리는 무엇을 모르는가?'를 스스로 탐색하게 하는 과학 수업을 직접 설계해보는 내용이 담겨 있습니다.
- **세특 작성 예시:** 과학 혁명이 '무지의 발견'에서 시작되었다는 점에 착안, 학생들에게 정답을 주입하는 교육이 아닌, 스스로 질문하고 탐구하며 '무지를 인정할 줄 아는 용기'를 길러주는 교사가 되겠다는 뚜렷한 교육 철학을 정립함. 특히, 기존 주입식 교육과 대비되는 '질문 중심 하브루타 학습법'을 적용하여 학생들이 '우리는 무엇을 모르는가?'를 탐색하게 하는 과학 수업을 직접 설계하며, 이론을 실천으로 옮길 수 있는 실행력을 보여줌.

진로 적성을
탐색하는 독서

생기부 독서는 단순히 많은 책을 읽는 것이 아니라 체계적인 전략과 단계별 접근이 필요한 일입니다. 이 과정을 크게 3단계로 나누어볼 수 있지요. 1단계는 '진로 적성을 탐색하는 독서'입니다. 이건 나 자신과 세상을 이해하며 진로의 방향성을 잡아가는 과정을 보여주는 것입니다. 2단계는 '전공 분야를 깊이 있게 탐구하는 독서'입니다. 관심 분야의 전문 서적과 관련 도서를 통해 학문적 깊이를 더하는 걸 보여주는 단계이지요. 마지막 3단계는 생기부의 클라이맥스로 '융합적 사고를 완성하는 독서'입니다. 이는 각기 다른 여러 분야를 연결하고 확장하며 나만의 생각을 정립해나가는 과정을 보여주는 단계입니다.

이 3단계 독서를 1학년부터 3학년까지 순서대로 적용해나가는 것이 가장 이상적인 생기부 독서입니다. 그러니 이런 체계를 정확히 이해하고 실제 수행평가와 세특 작성에 활용한다면 누구보다 경쟁력 있는 생기부를 만들어나갈 수 있을 것입니다. 그럼 지금부터 생기부 독서의 첫 번째 단계인 진로 적성을 탐색하는 독서부터 알아보도록 하겠습니다.

진로 적성을 찾는
가장 빠른 방법

진로 적성은 진로와 적성, 두 단어가 합쳐진 말입니다. 진로는 미래에 무엇이 되고 싶은지를 말하고, 적성은 나는 어떤 사람인가에 대한 앎이지요. 그러니 둘 중 먼저여야 하는 단어는 적성부터입니다. 나를 먼저 알고 세상을 알아야 하는 것처럼, 내가 어떤 사람인지 알고 난 후에 내가 속한 세상에 대해 이해하고, 최종적으로 무엇을 하고 싶은지 생각해볼 수 있죠. 하지만 이 과정은 정말 기약 없이 길고 명확하지 않습니다.

그럼 좀 쉽게 진로 적성을 찾는 비법은 없는 걸까요? 물론 있습니다. 소위 컨설팅 학원에 가서 30~50만 원을 주면 약 2시간 남짓한 시간에 학생의 진로 적성을 찾아줍니다. 방식은 약 40~50분 정도 소요되는 진로 적성 테스트를 보고, 그 결과를 바탕으로 대화를 해서 진로 적성을 확정하는 것이지요. 물론 이것보다 더 쉽고 빠르게 진로 적성을 찾는 방법도 있습니다. 아주 용한 점집을 찾아가는 것입니다. 비용은 약 10만 원 내외로 방울을 두 번 정도 흔들고 나면 딱, 학생의 진로 적성을 찾아줄 것입니다. 시간도 10분이 채 걸리지 않으니 정말 쉬운 방법이지요?

그런데 이렇게 찾은 진로 적성에 내 온 진심을 담아 3년의 정성을 쏟을 수 있을까요? 남이 정해준 진로를 이루어가는 여정이 담긴 생기부의 가치는 그저 그런 수준밖에 되지 않습니다. 더구나 이런 식으로 정해진 진로가 정말 내 것이 맞을지도 의문입니다. 어떻게 확인할 수 있을까요? 일단 살아보고 아니다 싶으면 회귀를 해야 할까요?

진로 적성은 끊임없는 고민을 통해 스스로 찾았을 때만 진짜를 얻을 수 있는 것입니다. 그건 진짜이기 때문에 세상 무엇보다 가치 있고 소중하죠. 진심과 진지함을 담아낼 수 있다는 말입니다. 대학도 이걸 알아보는 것입니다. 그리고 설령 긴 고민 끝에도 결정을 못 한다고 하더라도 고민하는 과정 자체도 가치 있는 일이지요. 평생을 살아가야 할 나 자신입니다. 내가 어떤 사람인지, 그리고 내가 무얼 할 때 만족을 느끼는 사람인지에 대해 잘 안다면 삶의 만족도 또한 높을 것이 분명하니까요.

그럼 내가 어떤 사람인지 알 수 있는 방법은 뭘까요? 막연히 '나는 누구인가'라는 생각을 반복한다고 알게 될까요? 내 모습을 확인해 보려면 거울 앞에 서야 합니다. 내가 어떤 사람인지 알아보는 방법도 이와 비슷합니다. 우리는 타인과 소통하는 과정에서 나를 발견할 수 있습니다. 이건 찰스 호턴 쿨리가 '거울 자아'라는 이론으로 설명한 내용입니다. 결국 다른 사람이라는 거울에 비친 내 모습을 통해야지만 나를 발견할 수 있다는 거죠.

　하지만 혼자 입을 꾹 닫고 성실하게 공부를 해야 좋은 성적을 받을 수 있는 한국의 교육 현실에서 이건 무척 어려운 일입니다. 이때 대안이 될 수 있는 게 바로 독서입니다. 우리는 책을 읽으며 주인공에게 나를 투영하고 내가 어떤 사람인지 알아갑니다. 또 시련과 극복을 통해 성장하는 등장인물의 모습에서 내가 되고 싶은 건 어떤 사람인지 발견할 수도 있습니다. 초등학교 때부터 끊임없이 이어져온 독서는 결국 나를 찾아가는 긴 여정이라고 할 수 있는 것이지요. 이런 이유로 진로를 찾을 때도 독서만큼 좋은 수단은 없는 것입니다.

　더구나 우리가 직접 경험해보고 알게 된 세상은 지극히 한정적이지요. 그 작은 경험의 세상에서 직업을 찾는 건 직업이 세습되던 조선시대에나 있을 법한 일이지 않을까요? 더 넓은 세상을 알아야 그곳에서 무엇을 하고 싶은지도 찾아낼 수 있을 겁니다. 그리고 이 넓은 세상을 보여주는 것 역시 독서입니다. 다양한 책을 읽고 간접 체험하면서 진로를 찾아갈 수 있는 것이죠. 직접 경험의 한계를 채워주는 간접 경험, 그게 바로 독서인 것입니다. 이건 가장 바람직하고 안전한 진로 적성 찾기 방법입니다.

나를 이해하기 위한
추천 도서

진로 적성 탐색을 위해서는 먼저 '나'자신에 대한 이해가 선행되어야 합니다. 성찰의 계기가 될 추천 도서에는 《아몬드》《나는 나로 살기로 했다》《체리새우:비밀글입니다》《이지성의 꿈꾸는 다락방》같은 책이 있습니다.

여기에 다양한 '진로'에 대해 알아갈 수 있는 《방구석에서 혼자 읽는 직업 토크쇼》《열네 살 진로 학교》《십 대를 위한 직업 콘서트》《청소년 진로 탐색: 나에게 맞는 학과일까?》《나의 꿈, 나의 길》같은 책을 한두 권 더해도 좋습니다.

성장과 올바른 가치관을 더해줄 수 있는 책을 읽어보는 것도 좋습니다. 《수레바퀴 아래서》《데미안》《호밀밭의 파수꾼》《모모》같은 책도 좋고, 《모리와 함께한 화요일》《원더》《페르세폴리스》《나는 말랄라》같은 책이 대표적인 예입니다. 이런 책은 진로 적성을 탐색하는 과정에서 읽고 이후에는 학년 상관없이 인성을 돋보이게 해주는 토핑 같은 책으로 사용할 수 있기 때문에 활용도가 높습니다.

진로 탐색 독서의
3가지 함정

진로 탐색을 위한 책 읽기는 딱히 특별한 비법이 있다기보다는 내가 원하는 관심사의 책을 적극적으로 읽으면 되는 일입니다. 그러나 이게 다는 아니고 주의해야 할 점도 있습니다.

첫째로 나에 대한 탐색으로 시작된 진지한 고민을 하기보다는 소위 돈 잘 버는 진로, 부모님이 희망하는 특정 진로를 내가 하고 싶은 일이라고 착각하는 것입니다. 그리고 그 가짜 진로 분야의 책만 읽으려고 하는 일이지요. 어느 정도 이해는 되는 일입니다. 세상에는 소위 좋은 직업이라고 불리며 부러움을 사는 인기 직업이 있으니 말이지요. 하지만 명심해야 할 점이 있습니다. 대학 전공이 졸업 후 직업과 100% 일치하는 사람은 그리 많지 않다는 점입니다. 냉정하게 말해서 일단 우리의 목표는 대입이지 않습니까.

대입에 유리한 진로는 진정성이 있고 확고한 일관성을 갖춘 그런 진로입니다. 이건 스스로가 찾아내고 진심으로 열망할 때만 힘을 발휘할 수 있지요. 그러니 좀 아이러니하지만 일단 현실적 직업에 대한 고려보다는 순수한 적성과 관심사를 살펴서 진로 적성을 정하는 것이 대입에는 더 어필할 수 있는 방향입니다. 사실 직업은 대학 간 후에 생각해봐도 됩니다. 전문적인 지식이 더 필요하다면 대학보다 상대적으로 쉬운 대학원 입학을 생각해볼 수도 있고 말이지요. 진로를 찾지 못해 방황하며 삼수, 사수를 하는 것보다야 스펙 면에서도 훨씬 유리한 일일 겁니다. 더구나 유명 재수종합학원의 학원비와 교재비는 중·고등학교 때와 비교할 수 없을 만큼 더 비싸거든요.

둘째는 진로를 빨리 정해야 한다는 압박을 받거나 언제까지 정해야 한다는 식의 데드라인을 정하는 일입니다. 이런 조급함은 직업이나 전공이 쭉 나열된 책을 읽고 마치 음식점 메뉴 고르듯이 진로를 정하게 만들기도 합니다. 물론 직업이나 전공 소개서를 참고하는 건 많은 직업을 알 수 있다는 측면에서는 좋습니다. 그렇지만 이 방식은 겉핥기식의 정보만 줄 수밖에 없기 때문에 진로에 대한 깊은 고민을 이끌어낼 수 없을뿐더러 생기부에 어필할 수도 없습니다. 그러니《취업이 잘되는 유망학과백과》같은 책보다는《결국 너의 시간은 온다》같은 작가의 삶을 진솔하게 담아낸 에세이가 더 생생하게 진로 적성에 대한 길을 알려주는 책이지요.

세 번째로는 추천 도서와 베스트셀러만 읽으려고 하는 것도 경계해야 할 일입니다. 진로 적성을 찾아가는 독서 여정은 생기부에 어필되고, 면접에서 활용될 수 있습니다. 그러니 너무 남들 다 하는 비슷비슷한 책으로 어필하기보다는 자기만의 책을 찾는 것이 훨씬 더 유리하지요. 그 과정에서 시간 낭비인 책을 만날 수도 있고, 완독에 실패한 어려운 책을 만날 수도 있습니다. 하지만 실패한 독서도 충분히 좋은 경험이 될 테니 조급한 마음에 안전한 베스트셀러만 읽을 필요는 없다는 점을 명심하세요.

좋아하는 책으로
진로 적성 찾아보기

1. 지금의 나에게 가장 큰 영향을 준 '인생의 책' 5권을 적어보고 각 책을 고른 이유를 한 줄로 간단히 적어보세요.

	제목	장르	책을 선택한 이유
1			
2			
3			
4			
5			

2. 5권의 책에서 발견할 수 있었던 지적 가치, 사회적·공동체적 가치, 개인의 성장, 윤리적·도덕적 가치는 무엇이었는지 생각해볼게요. 다음 네 영역의 가치 중 각 영역에서 가장 크게 느낀 핵심 가치가 무엇인지 각각 하나씩 골라보세요.

(1) 지적 가치

핵심 가치	설명	체크
지적 호기심	'왜?'라는 질문을 멈추지 않고, 세상의 근본 원리를 탐구하려는 태도	
비판적 사고	주어진 정보를 그대로 받아들이지 않고, 다각적으로 분석하고 의심하는 능력	
창의성	당연한 것을 새롭게 보고, 기존의 틀을 넘어 새로운 해결책을 찾는 능력	
지적 정직성	모르는 것을 인정하는 용기, 진실을 왜곡하지 않고 마주하려는 태도	
융합적 사고	서로 다른 분야의 지식을 연결하여 더 큰 통찰을 얻어내는 능력	

(2) 사회적·공동체적 가치

핵심 가치	설명	체크
공감과 배려	다른 사람의 생각이나 처지를 자신의 일처럼 느끼고, 따뜻하게 마음을 쓰는 태도	
협력과 연대	'나'만이 아닌 '우리'의 공동 목표를 위해, 각자의 역할을 다하고 힘을 합치는 자세	
소통과 경청	나의 주장을 명확히 전달하고, 동시에 상대방의 의견을 존중하며 귀 기울이는 능력	
다양성 존중	나와 다른 생각, 문화, 가치를 틀린 것이 아니라 '다른 것'으로 인정하고 포용하는 마음	
사회적 책임	내가 속한 공동체와 사회의 문제에 관심을 갖고, 더 나은 세상을 만드는 데 기여하려는 의지	

(3) 개인의 성장

핵심 가치	설명	체크
도전 정신	실패를 두려워하지 않고, 자신의 한계를 넘어서는 새로운 목표에 기꺼이 부딪히는 용기	
끈기와 성실	어려운 상황에서도 쉽게 포기하지 않고, 꾸준히 자신의 길을 걸어가는 힘	
자기 성찰	자신의 내면을 깊이 들여다보며, 자신의 장점과 단점을 객관적으로 파악하고 성장하려는 노력	
긍정성	어려운 상황 속에서도 희망을 찾고, 할 수 있다는 믿음을 잃지 않는 마음가짐	
자기 주도성	누가 시키지 않아도, 스스로 문제를 발견하고 해결하기 위해 먼저 행동하는 자세	

(4) 윤리적·도덕적 가치

핵심 가치	설명	체크
정의	불의를 참지 않고, 공정하고 올바른 것을 추구하려는 강한 신념	
정직과 신뢰	거짓 없이 진실을 말하고, 다른 사람에게 믿음을 주는 행동	
생명 존중	모든 생명은 소중하다는 것을 알고, 함부로 대하지 않는 마음	
평화	갈등과 다툼을 대화와 이해를 통해 해결하고, 조화로운 상태를 지향하는 것	
환경 보호	우리가 살아가는 자연을 아끼고, 다음 세대를 위해 보존하려는 책임감	

3. 자, 이번에는 내가 고른 핵심 가치를 한번 적어볼까요? 그리고 그 가치가 나의 어떤 경험(동아리, 임원, 친구 등)과 연결될 수 있을지 곰곰이 생각해보세요.

핵심 가치	내가 고른 가치	연결될 수 있는 경험
지적 가치		
사회적·공동체적 가치		
개인의 성장		
윤리적·도덕적 가치		

4. 나의 관심사와 핵심 가치는 어떤 계열의 학문 분야와 가장 잘 맞는지 아래 표를 보면서 곰곰이 생각해보세요.

희망 계열	특징 및 역량	대표 학과
의학 계열	생명의 신비와 질병의 원인을 탐구하고, 아픈 사람을 돕습니다. 생명에 대한 존중과 높은 윤리 의식, 세심한 관찰력, 그리고 인간에 대한 깊은 애정이 필요합니다.	의예과 치의예과 수의예과
약학 계열	화학과 생명과학 지식을 바탕으로 새로운 약을 개발하고, 안전한 사용을 돕습니다. 정밀함과 책임감, 그리고 인류의 건강에 기여하고자 하는 마음이 중요합니다.	약학과 제약학과

이공 계열	자연의 기본 원리(물리, 화학 등)를 밝히고, 기술로 세상의 문제를 해결합니다. 논리적 사고와 수학적 문제 해결 능력이 핵심입니다.	컴퓨터공학부 전기정보공학부 기계공학부 화학생명공학부 물리·천문학부
IT· 소프트웨어 계열	코딩을 통해 새로운 세상을 만들고(프로그래밍), 데이터를 분석해 미래를 예측합니다(AI, 빅데이터). 창의적인 아이디어를 논리적으로 구현하는 능력이 요구됩니다.	컴퓨터공학부 데이터사이언스학과 인공지능학과
인문· 사회과학 계열	인간, 역사, 사회 구조를 깊이 이해하고, 더 나은 사회를 위한 대안을 제시합니다. 비판적 사고와 다양한 관점을 이해하는 공감 능력이 중요합니다.	경제학부 정치외교학부 심리학과 사회학과 인류학과
상경 계열	돈과 자원의 흐름을 읽고, 합리적인 선택을 통해 가치를 창출합니다. 분석력과 리더십, 세상의 흐름을 읽는 통찰력이 필요합니다.	경영학과 경제학부 통계학과
교육 계열	지식을 전달하고, 다른 사람의 성장을 돕는 일에 보람을 느낍니다. 타인에 대한 깊은 이해와 소통 능력, 그리고 사명감이 필요합니다.	수학교육과 영어교육과 역사교육과
국제· 어문 계열	다양한 언어와 문화를 바탕으로 세계와 소통하고 협력하는 전문가를 지향합니다. 열린 마음과 뛰어난 의사소통 능력, 다른 문화에 대한 존중이 중요합니다.	자유전공학부 정치외교학부 영어영문학과 중어중문학과
예체능 계열	음악, 미술, 체육 등 자신만의 재능과 창의성을 통해 세상에 새로운 아름다움과 감동을 선사합니다. 끊임없는 노력과 자신만의 개성이 필요합니다.	디자인과 성악과 체육교육과

※ 출처: 수행과 수능

관심 분야를 심화하는 독서

1단계 독서가 관심 분야를 찾아가는 독서였다면, 2단계는 그렇게 찾은 관심 분야를 심화해나가는 단계입니다. 그런데 이때, '심화'한다는 건 상당히 추상적으로 느껴질 수 있습니다. 어디서부터 시작할지, 그리고 어느 정도 해야 하는 건지 감이 안 잡힐 수 있거든요. 이때 기억해야 할 건 심화의 첫 단계는 무조건 교과 지식과의 연결에서 출발한다는 점입니다. 그러니 2단계 독서는 내 관심 분야의 독서 내용을 학교에서 배운 내용과 연결하는 과정이라고 생각해도 좋습니다.

내가 좋아하는 분야의 독서를 하고, 책에서 알게 된 지식을 교과 내용에서 찾아보는 훈련을 반복하다 보면 내 관심 분야를 교과 기반으로 심화할 수 있는 접점을 찾을 수 있습니다. 그럼 그 내용으로 탐구보고서를 쓰는 자율 학습을 할 수 있습니다. 마지막으로 이 내용이 선생님에게 어필되고 세특에 기록된다면 학업 역량뿐만 아니라 자기 주도적인 학습 태도 면에서도 높은 점수를 받을 수 있습니다.

꼭 보고서를 쓰지 않는다고 하더라도 평소 이런 접점 찾기 연습을 해두면 이득이 많습니다. 갑자기 수행평가가 주어졌을 때에도 그 과제를 심화시킬 수 있는 능력을 만드는 방법이기도 하고요. 반복해서 말하지만 모든 실력은 어느 날 갑자기 짠하고 나타나는 것이 아닙니다. 막막하더라도 일단 뭐가 됐든 해보고, 다소 미숙하더라도 꾸준히 연습하다 보면 익숙한 나의 실력이 되는 것이지요. 더구나 이런 식의 심화 학습을 자꾸 하다 보면 내가 유독 좋아하는 분야의 지식이 무엇인지를 알게 되는데 이게 바로 내 진로가 되는 것입니다.

심화 탐구보고서 작성
연습해보기

탐구보고서를 아직 한 번도 써보지 않았다면 낯설게 느껴질 수 있습니다. 읽은 책과 교과 내용의 접점을 찾아 탐구보고서를 제법 잘 쓴 실제 학생의 글 한 편을 보면서 이해해보도록 하겠습니다. 참고로 이 글은 중학생이 쓴 글로, 고등 수준의 심화 탐구보고서는 아닙니다. 하지만 탐구보고서 작성이 아직 익숙하지 않다면 너무 어려운 고등 탐구보고서보다는 이 정도의 심플한 구조로 연습해보는 것을 추천합니다.

탐구 주제	진정한 자유란 무엇인가?
교과 연계	'통합사회1 −ㅣ인간, 사회, 환경과 행복'
탐구 목표	임마누엘 칸트의 관점에서 진정한 자유를 이해하고, 그것이 무슨 조건에서 가능한지 탐구한다.
탐구 내용	**칸트에게 진정한 자유란?** 흔히 '자유'라는 단어를 들으면 내 맘대로, 자율적으로 행동하는 상태를 떠올리게 된다. 하지만 철학자인 임마누엘 칸트는 이에 반대하는 논리를 펼친다. 칸트는 흔히 생각하는 자유의 이미지를 그저 욕구를 충족하는 본능적인 행위라고 신랄하게 비판한다. 그렇다면 진정한 자유란 무엇일까? 자기 마음대로 하는 것이 아니라 자신이 옳다고 생각하는 보편적 원칙을 세우고 스스로 행하는 것이다. 인간은 이성적인 존재이기에 스스로 세운 도덕 법칙에 따라 행동해야 한다는 것이 칸트의 주장이다. **도덕 법칙에 복종하면 자유가 아니지 않은가?** 칸트의 주장을 듣고 있다 보면 의문이 든다. 도덕 법칙에 복종하는 것은 자유가 아니라 속박이 아닌가? 칸트는 이 질문에 명확하게 답한다. 내가 직접 정한 도덕 법칙을 스스로의 의지에 따라 열심히 지키는 것은 속박이 아니라 의지에 따른 자유이다. 결국 내가 정하고 내가 지키는 것이므로 이성적인 존재의 자유에 맞닿아 있다는 것이 핵심 반박이다. **그러면 아무런 법칙이든지 괜찮은가?** 이쯤 되니 또 의문이 든다. 내가 도덕 법칙을 세우는 주체니까, 나의 의지로 지키는 것이니까 마음대로, 아무런 법칙이나 세우면 되지 않을까? 칸트는 또 한번 명확히 반박한다. 여기서 말하는 도덕 법칙이란 모든 사람에게 적용되어도 정당한, 보편화된 도덕 법칙을 말한다.그러나 오직 자신의 이익 추구를 위한 경향이 조금이라도 포함된다면 그 법칙은 정당하고 타당한 도덕 법칙이 아니다. 예를 하나 들면서 쉽게 이해해보자. A라는 사람이 칸트의 주장을 듣고

‘마음대로 자신만의 도덕 법칙을 정하라고? 그러면 난 매일매일 볼링장에 가서 볼링이나 하고, 회사 일은 ChatGPT한테 맡기고 밤새 인스타나 뒤적거리면서 노는 법칙을 세워 실천해야지!’라고 생각했다. 칸트는 이에 거세게 반박할 것이다. 모두가 타당하고 윤리적이라고 인정하는 보편화된 법칙만이 진정한 자유를 위한 법칙이다.

나의 생각 정리

난 칸트의 논리를 맞닥뜨리기 전에 ‘자유’란 내가 원하는 것을 하는 것이라고 생각했었다. 그러나 칸트의 논리에 대해 탐구하면서 내가 생각했던 자유는 욕망의 충족에 불과했다는 사실을 깨달았다. 스스로 세운 도덕 법칙에 따라 행동하는 것이 진정한 자유였다.

느낀 점

칸트의 논리가 주장하는 진정한 자유에 대해서 탐구보고서를 작성했다. 진정한 자유에 대해서 알게 되면서, 나 또한 이성적인 존재라는 것에 큰 뿌듯함을 느끼며, 도덕 법칙을 세우고 지켜나가며 내게 주어진 자유를 진정으로 만끽할 것이다. 진정한 자유를 누리면 비로소 이성이 나를 통치하게 되어 사사로운 감정에 휘둘리지 않는 근사한 존재로 성장하게 될 것이라고 생각한다.

하지만 칸트의 논리에는 한 가지 약점이 있었다. 보편화된 도덕 법칙이 가상의 합의에서 판단되는 것이라는 약점이었다. 실제에서 존재하는 구체적인 것이 아니라 가상 속에서 결정되는 보편화된 도덕 법칙이라서 모두에게 정당하거나 타당한지 명확히 알 수 없었다. 앞으로 칸트의 논리가 어떻게 구체적 양상으로 나타나는지 알아보고 싶다. 진정한 자유가 사회에서 구체적으로 실현되는지 《정의란 무엇인가》를 통해 더 깨달아나갈 것이다.

이 보고서는 《정의란 무엇인가》 ‘5장. 중요한 것은 동기: 임마누엘 칸트’의 내용을 ‘통합사회1 – I 인간, 사회, 환경과 행복’에 적용한 내용입니다. 우선 책 5장에서는 동물이 본능에 휩쓸리듯 유혹에 따라 움직이는 것은 진정한 자유가 아니라고 설명합니다. 이건 칸트의 주장인데 오직 이성을 통해 판단한 도덕 법칙을 따르고, 그런 선한 의지로 행동하는 것이 진짜 자유라고 말합니다. 정리하자면 자유가 조건 없는 선택이 아니라 이성에 따른 책임 있는 행동이라는 것이지요.

하지만 통합사회1 교과서에서는 개인의 자율성과 사회적 책임이 서로 부딪치지 않고 조화를 이루면서 추구할 수 있는 행복에 대해 이야기합니다. 자유에 대한 개념은 현대 사회에서 개인과 공동체의 관계를 이해하는 핵심적인 사고방식을 만들어주지요.

자유에 대한 해석이 다르니 이런 질문을 해볼 수 있을 겁니다.

"개인의 행복 추구 과정에서 칸트의 '도덕적 의무에 따른 자유'와 '타인에게 해를 끼치지 않는 선에서의 자유' 중 어떤 관점이 더 적절할까?"

글을 쓴 학생은 이렇게 탐구하며 자신의 생각을 정리했습니다. 칸트는 이성에 따른 도덕적 행동이 진정한 자유라고 보았지만, 이것이 개인의 자율성을 제한하는 것은 아닌지에 대한 의문을 제기하고, 현실적인 자유의 의미를 찾은 것이지요.

그리고 탐구를 통해 칸트가 말한 자유는 욕망에 휩쓸리지 않고 스스로 이성을 통해 세운 도덕 법칙에 따라 행동하는 것임을 깨달았다고 합니다. 진정한 자유는 도덕 법칙에 근거한 윤리적 삶을 살 때만 온전히 실현될 수 있으며, 이를 통해 인간은 바람직하고 이성적인 존재로 성장할 것임을 정리하고 있지요.

아마 탐구보고서를 눈으로 보는 것만으로는 제대로 감이 잡히진 않을 것입니다. 이럴 땐 잘하든 못하든 내 손으로 직접 적어보는 것이 가장 좋은 방법이지요. 그러니 《정의란 무엇인가》를 직접 읽어보고 사례의 학생처럼 탐구보고서를 작성해보는 것을 추천합니다. 글을 엄청나게 잘 쓰려고 하기보다는, 말 그대로 자율 탐구보고서라는 걸 흉내라도 내보는 걸 목표로 하면 됩니다.

그냥 하려면 막막할 수 있으니 탐구보고서 작성 과정을 7가지 항목으로 정리해보겠습니다. 항목은 ①교과서 내용, ②책 내용, ③주제 질문, ④자료 조사와 내용 요약, ⑤발견할 수 있는 문제점과 해결책, ⑥결론, ⑦탐구 과정에서 느낀 점입니다. 책으로 미리 연습해볼 때는 ①교과 연계 단계를 빼거나, 너무 어렵다고 느껴지는 부분을 빼고 3~4가지 항목만 써봐도 상관없습니다.

탐구보고서는 책에서 흥미로운 지식에 대해 더 곰곰이 생각해보고, 의문을 갖거나 더 깊이 탐구해본 과정을 기록하는 글입니다. 이 점만 잘 이해하면 훌륭한 탐구보고서를 작성할 수 있을 것입니다.

1) 교과 공부를 하다가 더 공부하거나, 또는 생각해보고 싶은 부분을 발견한다.

[수학] 확률과 통계 – Ⅱ. 통계 – 1. 자료의 정리와 해석

통계는 많은 자료를 조사해서 숨겨진 규칙이나 경향을 찾는 학문이지요. 예를 들어, '우리 반 학생들이 좋아하는 음식'을 통계 내본다면 피자를 좋아하는 학생이 가장 많다는 걸 알 수 있을 것입니다. 통계는 이렇게 다수의 생각, 희망을 알려줍니다. 이런 다수의 의견을 중시하는 현대 사회에서는 중요한 의사 결정을 할 때 통계가 중요한 자료로 사용되고 있습니다.

2) 교과 내용과 연결될 수 있는 책과 지식을 찾아본다.

2장. 최대 행복 원칙: 공리주의

《정의란 무엇인가》는 올바른 판단에 대한 다양한 기준을 제시합니다. 이 중 공리주의는 '최대 다수의 최대 행복'을 기준으로 판단해야 한다고 주장하는 사상입니다. 어떤 행동이나 결정이 가장 많은 사람에게 가장 큰 행복(만족)을 가져다주면 도덕적으로 옳다고 보는 것이지요. 그렇다면 다수의 행복을 위해서라면 소수가 희생하는 것이 정당하다는 결론이 성립합니다. 이런 공리주의 선택은 과연 옳은 걸까요?

3) 더 공부하거나, 또는 생각해보고 싶은 주제를 적어본다.

통계는 '최대 다수의 최대 행복'을 찾는 근거로 사용되며 크고 작은 의사 결정에 근거로 사용됩니다. 그런데 이때 통계를 사용하는 건 언제나 신뢰할 수 있는 것일까요? 통계가 잘못된 결론을 뒷받침하는 경우는 없는 건지 생각해보고 싶습니다.

4) 이 주제에 대한 추가 자료를 찾아보거나 또는 사례를 찾아본다.

생활 속 사례: A고등학교 교장선생님은 학교 급식 만족도 조사를 해보라는 지시를 하셨습니다. 시간이 너무 촉박하다고 느낀 리서치 담당자는 마침 모여 있던 '야채만 사랑하는 모임(야만사)'이라는 자율동아리 학생들에게 설문을 받아서 통계 자료를 만들었지요. 이 통계를 본 교장 선생님은 앞으로 전교생 급식에서 제육, 불고기, 햄, 소시지, 치킨, 돈가스와 같은 고기 종류 메뉴를 모두 제외하겠다고 발표했습니다.

역사 속 사례: 19세기 영국의 식민지였던 인도에는 대기근이 발생했습니다. 이때 영국 정부는 인도 전체의 곡물 공급량에 대한 통계 자료를 통해 대기근으로 죽어가는 일부 지역의 소수 주민을 구하지 않고 방치하는 것을 정당화했습니다.

– 중략 –

5) 자료 또는 사례 분석을 통해 문제점을 발견해본다.

> 두 사례는 모두 통계를 통해 '최대 다수의 최대 행복'이라는 공리
> 주의 결론을 이끌어냈습니다. 하지만 둘 다 통계를 악용해서 잘
> 못된 의사 결정을 내렸습니다. 학교 급식의 경우 전교생을 대표
> 할 수 없는 집단인 '야만사' 동아리부원들의 희망을 마치 전교생
> 의 희망인 것처럼 왜곡했습니다. 이건 표본 편향의 문제입니다.
> 인도 대기근의 경우에는 극심한 식량 부족을 무시하고 인도 전체
> 의 평균을 제시함으로써 마치 기근이 없는 것처럼 정보를 왜곡했
> 습니다. 이건 평균의 함정 문제이지요.

6) 결론을 정리해본다.

> 통계는 현대 사회에서 '최대 다수의 최대 이익'을 위한 합리적 근
> 거로 사용되는 중요한 도구입니다. 그러나 통계 자체는 객관적인
> 진실이 아니라는 점에 주의해야 합니다. 통계는 어떻게 해석했냐
> 에 따라 전혀 다른 상반된 메시지를 전달할 수도 있습니다. 이런
> 점을 주의하지 않고 통계를 무비판적으로 수용했을 때 심각한 윤
> 리적 문제와 잘못된 결과를 경험하게 될 수 있습니다.

7) 이 탐구를 해보면서 느낀 점을 정리해본다.

《정의란 무엇인가》를 읽고 공리주의가 다수의 행복을 위해 소수의 희생을 정당화하는 윤리적 딜레마 문제를 만들 수 있다는 점에 대해 알게 되었습니다. 그런데 '확률과 통계' 수업 시간에 배운 통계의 오류나 오용의 위험성이 공리주의의 딜레마와 만났을 때 세상을 더 불행하게 만드는 도구가 될 수 있다는 점을 발견했습니다.

"숫자는 거짓말을 하지 않지만, 거짓말쟁이는 숫자를 이용한다"라는 격언이 있습니다. 민주주의에서 다수를 위한 의사 결정을 할 때는 통계를 설계하고 해석하는 과정에 대해 감시하고 비판하는 태도가 필요하다는 것을 깨달았습니다.

본격적인 진로 탐색을 위한
추천 도서

탐구보고서를 작성해볼 책을 고르는 게 어렵다면 평소 좋아하는 과목을 정하고, 다음의 추천 도서를 읽고 교과서에서 관련 지식을 찾아보는 걸 추천합니다.

- 국어 과목: 《고요한 우연》
- 수학 과목: 《수학은 어렵지만 확률 통계는 알고 싶어》
- 과학 과목: 《청소년을 위한 처음 물리학》

- 사회 과목: 《식탁 위의 세계사》

- 진로, 인성 과목: 《과학자의 서재》

아직 어떤 계열에 관심이 있는지가 명확하지 않은 경우라면, 대학 계열과 관련 있는 책을 한 권씩 읽어보고 이중 가장 좋았던 책을 통해 계열 적합성에 대해 생각해보세요. 계열별로 다음과 같은 책들을 추천합니다.

- 자연계열: 《하리하라의 과학블로그2》

- 공학계열: 《생각이 크는 인문학16: 우주 개발》

- 인문계열: 《곰브리치 세계사》

- 사회과학계열: 《청소년을 위한 경제의 역사》

- 의약학계열: 《10대에게 권하는 의학》

- 교육계열: 《순례 주택》

전공 연계
심화 독서

2단계 독서가 읽은 책의 내용을 교과 지식과 연계하고 일상생활에 적용해보는 과정이었다면, 3단계 독서는 이 내용을 한 단계 더 확장해서 내 진로의 관점에서 세상의 모습을 통찰해보는 일이라고 할 수 있습니다. 쉽게 2단계는 탐구보고서를 위한 독서였다면, 3단계는 심화 탐구보고서를 위한 독서라고도 생각해볼 수 있습니다. 여기에서는 융합적 사고와 함께 자신의 진로 목표가 어떻게 하면 사회에 기여할 수 있는지가 드러나는 것이 좋습니다.

　　사실 고등학교 2학년까지 전공을 구체화할 필요는 없습니다. 내가 지원하고자 하는 계열 정도만 명확해지면 되고, 이후 입시를 목전에 둔 고3 때 구체적인 전공에 대한 계획을 드러내는 것이 좋습니다. 설령 전공을 확실시했다고 하더라도, 중간에 어떤 변수가 생길지 모르는 일이니 오히려 고2까지는 전공을 드러내지 않는 것이 입시에는 더 유리한 전략입니다.

　　전공을 확정하는 것보다 더 중요한 건 그 전공의 목적을 정하는 일입니다. 대학이 뽑고 싶은 학생은 세상을 구할 인재입니다. 그러니 내가 이 전공으로 입학을 꿈꾸는 이유가 세상을 구할 선한 목적을 가지는 것이 더 좋을 것입니다.

　　그렇다고 만화에 나올 법한 슈퍼 히어로가 되라는 것은 아닙니다. 그 정도 스케일이면 대학을 갈 게 아니라 마블에 입사를 해야겠지요. 대학이 원하는 건 내 전공에서 연구나 실천을 통해 세상의 아주 작은 일부분을 구할 전문가로서의 히어로입니다. 예를 들어 의대를 희망한다면 '모든 부모님을 갱년기에서 해방시킬 수 있는 신경정신과 의사가 되고 싶다'라든가, 토목과에 가는 걸 희망한다면 '대한민국 480개 낙도 섬마을에 도시와 같은 혜택을 가져다줄 해상교를 설계하는 토목 기술자가 되고 싶다'와 같이 말이지요.

　　그럼 한번 히어로 되기 연습을 해볼까요? 내가 공부를 하는 최종의 목표희망 계열과 궁극적으로 이루고 싶은 것를 꿈 문장으로 만들어보세요. 이건 어디까지나 연습이니까 3개를 만들어봅시다.

- 나는 ___________을(행위) 하는 ___________가(직업) 되고 싶다.
- 나는 ___________을(행위) 하는 ___________가(직업) 되고 싶다.
- 나는 ___________을(행위) 하는 ___________가(직업) 되고 싶다.

꿈을 구체화시키기 위한
통찰 훈련

꿈 문장 만들기가 어땠나요? 아마 쉽지 않았을 것입니다. 이걸 직접 해보면 '이것도 아는 게 많아야겠구나' 하는 생각이 들 것입니다. 맞습니다. 꿈 문장을 잘 만들기 위해서는 세상을 알아야 합니다. 이걸 '통찰(洞察)'이라고 부르는데 내가 속한 세상이 어떻게 돌아가고 있고, 어떤 문제에 직면했는지, 그걸 해결할 수 있는 방법은 무엇일지, 그리고 미래는 어떤 모습일지와 같은 문제에 대해 어느 정도 답을 찾는 걸 말하지요.

통찰한다는 건 대단히 어려운 일이기 때문에 모든 분야를 통찰할 순 없습니다. 대통령 정도라면 모든 분야를 통찰해야겠지만 그건 우리 같은 일반인의 몫은 아닙니다. 평범하거나 좀 우수한 학생에게는 내 진로 계열에서 주요 이슈가 무엇인지 알고 이를 통찰해보는 것만으로도 충분합니다. 대입의 과정에서 꼭 필요한 일이기도 하고요.

이런 통찰이 담긴 보고서에는 '심화'라는 단어가 붙습니다. 고등학교 선생님과 대학은 모두 '심화'를 무척 좋아합니다. 때문에 평범한 보고서도 '심화'로 만들 수 있다면 다른 학생보다 높은 점수를 받는 것 역시 당연한 일이겠지요. 다시 한 번 정리해보자면 보고서와 심화 보고서, 탐구보고서와 심화 탐구보고서의 차이는 이 통찰이 있고 없고의 여부에 달려 있는 것입니다.

그럼 통찰력은 어떻게 키울 수 있을까요? 통찰력을 키우기 위해서는 거시적 안목 훈련, 융합적 사고 훈련, 현실 직시 및 미래 예측 훈련, 이 3가지 훈련이 필요합니다. 만능 책 3단계 도서였던《사피엔스》를 통해 통찰의 과정을 더 구체적으로 살펴보도록 하겠습니다. 이 내용은 219쪽 이후를 참고해주세요.

문이과 성향에 맞는
추천 도서

관심사를 교과 지식과 연계해서 심화해나갈 때 자신이 문과 적성인지, 이과 적성인지를 구분해서 활용 범주가 넓은 책을 위주로 읽으면 좋습니다. 예를 들어 이과 학생의 경우 다음과 같은 책을 선택해볼 수 있습니다.

○ **이과 적성 추천 도서**

《탐정이 된 수학자들》

《과학 수다》

《청소년을 위한 코스모스》

《물고기는 존재하지 않는다》

《정재승의 과학콘서트》

《그림으로 보는 시간의 역사》

만약 나의 책 읽기 수준이 이보다 높다면 한 단계 어려운 책에 도전해보는 것도 좋습니다.

○ **이과 적성 상급자 추천 도서**

《이기적 유전자》

《침묵의 봄》

《코스모스》

《생명이란 무엇인가》

《파인만의 여섯 가지 물리 이야기》

《최무영 교수의 물리학 강의》

이런 책은 독서력이 아무리 높다고 해도 단 며칠 만에 혼자 읽어낼 수준은 아니고, 한 학기에 한 권 완독 같은 목표를 정하고 천천히 읽어나가는 걸 추천합니다. 대신 어렵게 얻은 책이니만큼 고등 생기부의 빛나는 한 꼭지으로 활약할 수 있는 천군만마 같은 책입니다. 쉬운 책을 여러 권 읽는 것도 좋지만, 오랜 시간 공들여 이런 도전적인 책 한두 권만 읽는 것도 좋은 방법입니다. 단 어떤 전략을 취할지는 나의 독서력 수준을 고려해서 결정해야 합니다.

　마찬가지로 문과 성향의 학생이라면 다음과 같은 책을 읽어보면서 관심 분야를 더 깊이 탐구해볼 수 있습니다.

○　**문과 적성 추천 도서**
　《청소년을 위한 사회학 에세이》
　《10대를 위한 논어 수업》
　《청소년을 위한 행동 경제학 에세이》
　《통계로 본 한국 근현대사》
　《십 대를 위한 첫 심리학 수업》

　만약 더 어려운 책에 도전해보고 싶다면, 다음과 같이 진로가 바뀌어도 활용도가 높은 바이블 같은 책을 읽어보기 바랍니다.

○　**문과 적성 상급자 추천 도서**
　《나의 문화유산 답사기》
　《사피엔스》
　《경제학 콘서트》
　《생각의 지도》
　《넛지》
　《총 균 쇠》

학년 상관없이 자기 주도 학습 역량을 어필할 수 있는 책들을 꾸준히 읽어보는 것도 무척 좋습니다. 이런 책들은 실제 학습에도 많은 도움을 주거든요. 예를 들면 다음과 같은 책들입니다.

- **자기 주도 학습 역량을 어필할 수 있는 책**

  《메타인지 학습법》

  《완벽한 공부법》

  《독학은 어떻게 삶의 무기가 되는가》

  《질문이 답이다》

  《나만의 북극성을 찾아라》

  《1만 시간의 재발견》

하나의 사건이
어떤 문제로 확장될 수 있는지 통찰하기

대한민국, 인구 절벽의 그림자
0.6명대 출산율, 사회 시스템 전반에 경고등

○○일보 ○○년 ○○월 ○○일

한국 사회가 인구 절벽이라는 전례 없는 도전에 직면했다. 통계청에 따르면, 2023년 대한민국의 합계 출산율은 0.72명으로 역대 최저를 기록했으며, 최근 0.75명으로 소폭 상승했지만 여전히 걱정되는 수준이다. 이는 한 세대가 다음 세대를 완전히 대체하는 데 필요한 인구 규모에 한참 미치지 못하는 수치다.

이러한 인구 감소는 단지 미래의 문제가 아니다. 생산 가능 인구의 감소는 이미 노동 시장의 활력을 떨어뜨리고 있으며, 향후 세수 기반을 축소시켜 복지와 연금 시스템에 심각한 재정 부담을 안겨줄 것이라는 분석이 지배적이다. 또한 학생 수 급감으로 인한 학교 폐교는 지방 소멸을 가속화하는 주요 원인으로 지목된다.

일각에서는 이러한 현상이 경제적 불안정이나 양육 부담에서 비롯된 것이라는 분석과 함께, 개인의 삶과 행복을 중시하는 가치관의 변화가 근본 원인이라는 목소리도 커지고 있다. 결혼과 출산을 필수로 여기던

과거의 사회적 분위기에서 벗어나, 자기 계발과 여가에 더 집중하는 삶의 방식이 확산되고 있다는 것이다. 전문가들은 이러한 사회적 패러다임의 전환이 지속될 경우, 단순한 인구 감소를 넘어 사회 전반의 근본적인 구조 변화를 야기할 것으로 보고 있다.

저출산 문제는 단순히 아이를 적게 낳는 개인의 문제가 아닙니다. 거시적인 관점에서 봤을 때 이 문제는 한 사회 전체를 뒤흔들 수 있는 거대한 흐름이지요. 이에 대해 통찰하기 위해서는 우선 더 많은 자료를 찾아보고 그 자료에 담긴 메시지를 분석해봐야 합니다.

1. OECD 국가들과 비교해봤을 때 한국의 합계 출산율은 어느 정도인지 설명해보세요.

2. 대한민국의 출산율이 급격히 떨어지기 시작한 건 언제부터이고, 그 무렵 우리나라의 큰 이슈가 있었는지 조사해보세요.

3. 출산율이 떨어졌을 때 생길 수 있는 사회적 문제를 경제학(노동력 감소, 소비 위축), 사회학(가치관 변화, 젠더 문제), 정치학(연금 고갈, 세수 부족) 세 분야로 나누어 생각해보세요.

4. 출산율 저하로 인해 생길 수 있는 문제를 나열하고 이중 과학 기술로 해결할 수 있는 문제와 해결 불가능한 문제를 각각 구분해보세요.

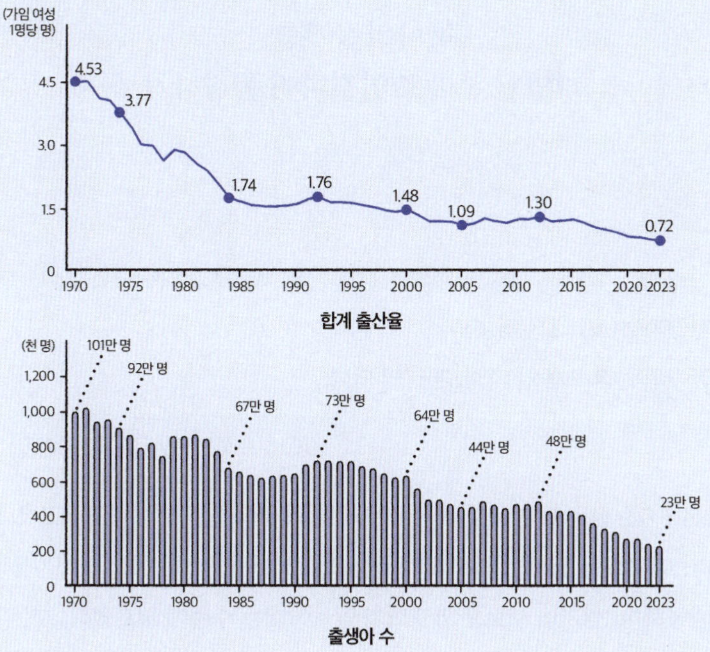

5. OECD 국가 중 합계 출산율이 압도적으로 높은 이스라엘의 경제, 사회, 정치적 상황에 대해 조사해보고, 이중 출산율에 영향을 주었을 거라고 생각되는 건 무엇인지 생각해보세요.

6. 현재 우리나라의 사회문화 및 경제적 상황을 고려했을 때 출산율을 해결할 수 있는 현실적인 대안을 생각해보세요.

7. 《사피엔스》에서는 저출산 문제에 대해 어떤 통찰을 제시하는지 요약해보고, 이에 대한 자신의 찬반 의견을 덧붙여보세요.

하나의 문제를
다양한 분야로 연결하여 통찰하기

인공지능(AI), 일상 깊숙이
인간의 삶과 노동의 미래, 재정의 되나

○○일보 ○○년 ○○월 ○○일

챗GPT를 필두로 한 생성형 AI가 우리 삶의 깊숙한 곳까지 파고들고 있다. 이 기술은 단순한 검색 도구를 넘어, 보고서를 작성하고, 이미지를 생성하며, 심지어 새로운 코드까지 만들어내는 수준에 이르렀다. AI는 더 이상 먼 미래의 기술이 아니라, 이미 우리의 삶과 노동의 방식을 근본적으로 바꾸고 있는 현실이 되었다.

이러한 변화는 각 분야에 거대한 질문을 던지고 있다. 경제 전문가들은 AI가 사무직, 전문직 등 고숙련 직종의 상당 부분을 대체할 것이라고 전망한다. 한편, 인공지능을 활용해 새로운 가치를 창출하는 직업 또한 빠르게 등장하고 있어, 미래 노동 시장은 예측 불가능한 변동을 겪을 것으로 보인다.

교육 현장 역시 AI로 인해 새로운 도전에 직면했다. 학생들이 AI를 활용해 과제를 수행하는 과정에서 창의력과 문제 해결 능력을 어떻게 키울 수 있을지에 대한 논의가 활발히 진행 중이다. 한편, AI가 인간의 윤리적 판단에 관여하는 사례가 늘어나면서, AI 책임 소재, 데이터 편향성, 인공지능 윤리 등 기술의 발전 속도에 미치지 못하는 윤리적, 법적 과제 또한 시급한 문제로 대두되고 있다.

1. 마인드맵을 활용해서 AI로 인해 생길 수 있는 문제를 경제, 윤리, 문화, 교육, 법, 환경, 외교, 보건의료, 금융 등 다양한 분야로 확장해서 분석해보세요.

2. 생성형 AI의 등장이 우리 사회 거의 모든 분야에 영향을 미치고 있습니다. 아래 질문 중 나의 진로 분야와 연관이 조금이라도 있다고 생각되는 일을 모두 골라 질문에 대해 생각해보세요.

☐ **경제**: 현재 AI는 어떤 직업을 대체하고 어떤 직업을 새로 만들고 있는가?

☐ **노동**: AI로 인해 발생하는 실업 문제는 사회에 어떤 영향을 미치게 될까?

☐ **경영**: 거대 기술 기업들이 AI기술을 독점하고, 데이터와 플랫폼을 장악할 가능성은 없다고 보는가?

☐ **윤리**: AI 자율주행차가 사고를 냈을 때 운전자와 자율주행차를 만든 기업 중 누구에게 책임을 물어야 할까?

☐ **문화**: AI가 만든 예술 작품, 음악, 글 등이 인간의 창작물과 동일한 가치가 있다고 봐야 할까?

☐ **법**: AI가 대량의 데이터를 분석하여 개인을 감시하게 될 위험에 대비하기 위해 법은 어떤 대안을 준비해야 하는가?

□ **교육**: AI 시대에 필요한 역량은 무엇이고, 교육은 어떻게 바뀌어야 할까?

□ **기술**: 가짜 뉴스, 보이스 피싱 등 AI 기술을 악용한 범죄를 기술을 통해 해결할 수 있는가?

□ **정치**: 딥페이크, 여론 조작, 가짜 뉴스 등이 선거 결과에 개입할 수 있다면 민주주의는 지속될 수 있다고 보는가?

□ **외교**: AI가 탑재된 자율 살상 무기의 개발이 미래에 전쟁의 위협을 확대시키지는 않을까?

□ **의료**: AI가 엑스레이, CT, 피검사 같은 의료 검사 자료를 정밀 분석해서 진단하거나, 처방하는 것은 옳은 일인가?

□ **환경**: AI 모델을 학습시키는 데 필요한 막대한 전력 소비가 탄소 배출량 증가라는 환경 문제로 이어지고 있다. 그렇다면 AI 사용을 제한해야 할까?

□ **금융**: AI 기반 맞춤형 자산 관리 서비스가 부유층에게 더 유리하게 작용하여 경제 불평등을 심화시키지 않을까?

□ **윤리**: AI가 인간의 지적, 감성적 능력을 완벽하게 모방하고 학습한다면 AI와 인간의 경계가 모호해지고 인간 고유의 가치에 대한 근본적인 문제 제기가 생기지 않을까?

3. 《사피엔스》에 등장하는 데이터교, 인간의 무용성, 알고리즘의 권력, 3가지 개념 중 하나를 선택한 후 AI 등장으로 인해 내 진로 분야에 일어나게 될 문제와 연결해서 통찰해보세요.

□ **데이터교**: 《사피엔스》에는 미래 시대의 새로운 종교로 데이터교가 등장할 것을 언급했습니다. 자세한 내용은 인간의 경험과 지식보다 인터넷으로 수

집된 빅데이터와 알고리즘의 중요성이 커지게 되고, 모든 것을 이 정보를 통해 해석하고 결정하려고 하는 사고방식이 등장할 것이라는 설명입니다.

☐ **인간의 무용성:** 기술 발전이 인간의 역할을 대체하게 될 미래 사회에는 많은 사람이 경제적 무용성쓸모 없음을 겪게 될 수 있습니다. 2025년 마이크로소프트는 8000명의 직원을, 아마존은 1만 4000명을 정리해고 했습니다. 이제 세상은 인공지능을 통제할 소수의 엘리트만을 필요로 하는 방향으로 변해가고 있습니다.

☐ **알고리즘의 권력:** 인간은 스스로 선택하는 힘인 '자유 의지'를 가진 존재입니다. 하지만 그와 동시에 생물학적 알고리즘(생존을 향한 본능)에 의해 움직이는 존재이기도 하지요. 하라리는 미래 인간은 AI와 같은 외부 알고리즘이 결정한 바에 따라 살아가게 될 수 있다고 했습니다. 그렇게 되면 인간의 자유와 주체성은 심각한 위협을 받을 수 있습니다.

하나의 문제가 현재와 미래에
어떤 영향을 끼치는지 통찰하기

기후 위기, '냉장고 속'으로 들어온 현실

산불, 폭염, 그리고 가뭄… 일상이 된 이상 기후

○○일보 ○○년 ○○월 ○○일

올해 대한민국은 유례없는 이상 기후로 인해 고통받고 있다. 봄철 경상북도 일대를 휩쓴 대형 산불을 시작으로, 여름철에는 국지성 집중호우로 인한 인명 피해가 잇따랐다. 여름에는 기록적인 폭염이 전국을 강타했고 강릉 지역은 심각한 가뭄으로 인해 재난 지역으로 선포되기도 했다.

이상 기후 현상은 단순히 날씨 문제에 그치지 않는다. 폭염은 전력 사용량을 급증시켜 전력난 우려를 낳았고, 가뭄과 홍수는 농산물 생산에 직접적인 타격을 줘서 물가 상승을 부추겼다. 여름철 주요 채소와 과일 가격이 폭등하는 등 식탁 물가 불안정은 이제 일상이 됐고, 이는 곧 사회 전반의 불안으로 이어질 수 있다. 이제 기후 위기는 각 가정의 '냉장고 속'까지 도착한 것이다. '먼 미래의 일'로 치부되던 기후 변화는 우리 삶 깊숙이 자리 잡고 있는 중이다.

전문가들은 이런 현상이 앞으로 더욱 빈번해지고 강해질 것이라고 경고한다. 기후 변화는 단순한 자연 현상을 넘어, 경제, 사회 전반에 걸친 복합적인 위기다. 식량 공급망의 불안정은 사회적 혼란을 야기할 수 있고, 기후 난민의 증가와 전염병 확산은 인류의 생존을 위협하는 새로운 도전이 될 것이다. 우리는 더 이상 현상을 방관할 수 없는 시점에 도달했으며, 거대한 위기 앞에서 행동을 요구받고 있다.

1. 지구 온난화로 인해 최근 일어나고 있는 이상 기후 현상에 대해 조사해보세요.

2. 이 일의 원인은 분명 환경 오염입니다. 환경 오염을 주로 만드는 주체 혹은 국가가 누구인지와 가장 큰 피해를 입고 있는 건 누구인지 각각 조사해보세요.

3. 아래는 각 계열별 기후 위기에 대한 인식과 접근 방식에 대해 정리한 자료입니다. 이를 통해 나의 관심 계열에서는 기후 위기를 어떻게 인식하고 접근하고자 하는지 이해해보세요.

자연과학 및 공학 계열

- **기후 위기 인식**: 자연과학 및 공학 계열은 기후 위기를 과학적 현상이자 기술적 문제로 인식합니다. 이들은 데이터를 기반으로 기후 변화의 원인과 영향을 분석하고, 이를 해결하기 위한 실질적인 기술을 개발하는 데 집중합니다.
- **접근 방식**: 기후 변화 예측 모델링, 탄소 포집 및 활용 기술(CCUS), 신재생

에너지(태양광, 풍력, 수소 에너지 등) 효율 극대화, 에너지 저장 시스템(ESS) 개발, 친환경 소재 및 건축 기술 연구.

사회과학 계열

- **기후 위기 인식:** 사회과학 계열은 기후 위기를 제도, 정책, 그리고 사회적 불평등의 문제로 바라봅니다. 이들은 기후 변화가 사회 구조와 인간 행동에 미치는 영향을 분석하고, 이를 해결하기 위한 제도적, 정책적 방안을 모색합니다.
- **접근 방식:** 탄소세나 탄소 배출권 거래제와 같은 시장 기반 정책 연구, 기후 난민 문제 해결을 위한 국제 협력 및 거버넌스 구축, 기후 정의 관점에서 환경적 불평등 분석, 기후 변화 관련 사회 운동과 시민 행동 연구.

인문학 계열

- **기후 위기 인식:** 인문학 계열은 기후 위기를 인류의 가치관과 윤리의 문제로 접근합니다. 이들은 기후 변화를 단순한 환경 문제를 넘어 인간과 자연의 관계에 대한 근본적인 성찰의 계기로 삼고, 인류의 책임과 역할을 탐구합니다.
- **접근 방식:** 생태 윤리와 인간의 책임 연구, 기후 위기를 다루는 새로운 서사와 상상력(예: 기후 소설, SF) 탐구, 문명 발전 과정에서 인간이 자연에 대해 가진 역사적 인식 변화 분석, 생태 중심주의와 인간 중심주의의 철학적 논쟁.

경영/경제 계열

- **기후 위기 인식:** 경영 및 경제 계열은 기후 위기를 새로운 경제적 위험이자 거대한 시장 기회로 인식합니다. 이들은 환경 문제를 기업 경영의 핵심 과제로 받아들이고, 지속 가능한 성장을 위한 경제적 해법을 찾습니다.

- **접근 방식:** 기업의 ESG 경영(환경, 사회, 지배구조) 전략 수립, 탄소 시장 및 녹색 금융 분석, 탄소 국경세 등 국제 무역 규제 대응 방안 연구, 친환경 비즈니스 모델(예: 순환 경제, 공유 경제) 개발.

의학 및 보건과학 계열

- **기후 위기 인식:** 의학 및 보건과학 계열은 기후 위기를 인류의 건강과 생존에 직결된 문제로 봅니다. 이들은 기후 변화로 인해 발생하는 새로운 질병과 건강 문제를 예측하고 예방하는 데 초점을 맞춥니다.
- **접근 방식:** 미세먼지 및 폭염으로 인한 호흡기 질환 연구, 기후 변화에 따른 감염병(말라리아, 뎅기열 등) 확산 경로 분석, 기후 재난 상황에서의 공중 보건 시스템 구축, 건강 불평등 해소를 위한 보건 정책 제언.

교육계열

- **기후 위기 인식:** 교육계열은 기후 위기를 미래 세대가 해결해야 할 과제이자, 교육을 통해 해결책을 찾을 수 있는 문제로 인식합니다. 이들은 기후 위기 문제를 단순히 과학적 지식으로 전달하는 것을 넘어, 학생들이 책임감을 갖춘 시민으로 성장하고 실제 행동을 이끌어낼 수 있도록 돕는 데 초점을 맞춥니다.
- **접근 방식:** 환경 교육 및 지속 가능성 교육 커리큘럼 개발, 연령별 맞춤형 기후 위기 교육 콘텐츠 제작, 교사 양성 과정에 기후 위기 관련 내용 포함, 비판적 사고력과 시민성 함양을 통해 학생들이 복잡한 기후 위기 문제의 사회적, 경제적 맥락을 이해하고 행동 변화를 이끌어낼 수 있도록 돕는 교육법 연구.

4. 기후 위기 문제에 대한 《사피엔스》의 통찰을 나의 전공 계열에 적용해서
    앞으로 기후 위기 문제를 해결하기 위한 전문가가 된 미래에 내가 어떤
    일을 할 수 있을지 구체적으로 생각해보세요.

예시1 인간은 '인지 혁명' 이후 생태계 파괴의 주범이 되었다.

약 4만 5000년 전, 인류가 호주 대륙에 도착한 직후 코뿔소만 한 웜뱃 등 거대한 동물들의 90%가 사라졌는데, 학자들은 이를 기후 변화 탓으로 돌리는 주장을 합니다. 하지만 하라리는 이에 반박합니다. 그는 인간의 인지 혁명^{사고력 향상}으로 인해 만들어진 강력한 협력 능력과 사냥 기술이 대형 동물들을 멸종시켰다고 지적합니다.

또한 이 패턴은 인류가 새로운 대륙에 정착할 때마다 반복되었다고 설명하며 인간 자체가 환경 파괴의 주된 원인임을 보여줍니다.

예시2 '과학 혁명'은 자본주의와 결합해 지구의 한계를 무시했다.

하라리는 인간이 만들어낸 가장 성공적인 '이야기' 중 하나가 자본주의라고 했습니다. 이 이야기는 미래에 대한 신뢰, 즉 신용을 바탕으로 합니다. 미래에 더 큰 부를 창출할 것이라는 믿음이 있기에 사람들은 현재의 자원을 빌려 투자할 수 있고 이는 다시 경제 성장을 이끌어낸다는 순환 구조입니다. 은행의 신용 창조는 이 자본주의라는 이야기를 현실로 만드는 핵심적인 기술입니다. 은행은 실제 가지고 있지 않은, 누군가 자기 통장에 입금한 돈을 빌려줌으로써 경제 활동을 촉진합니다. 이를 경제학 용어로 '신용 창조'라고 부르는데, 이런 행위가 미래에 대한 낙관적인 전망을 강화합니다.

그러나 하라리는 자본주의의 무한 성장에 대한 믿음은 언젠가 유한한 지구의 자원이라는 현실과 충돌하게 될 것이라고 경고합니다. 은행은 계속해서 신용을

창조할 수 있겠지만 지구의 물, 에너지, 광물은 한정되어 있습니다. 결국 자본주의가 만들어낸 '허구'가 자연이라는 '현실'의 한계를 간과함으로써 심각한 문제를 초래하게 될 것이라는 미래에 대한 통찰을 하라리는 내놨습니다. 그는 우리가 직면한 문제를 해결하기 위해서는 기술적 해결책뿐만 아니라, 인간이 세상을 바라보는 근본적인 방식, 즉 우리의 '이야기'와 '믿음'을 바꿔야 한다는 메시지를 던집니다.

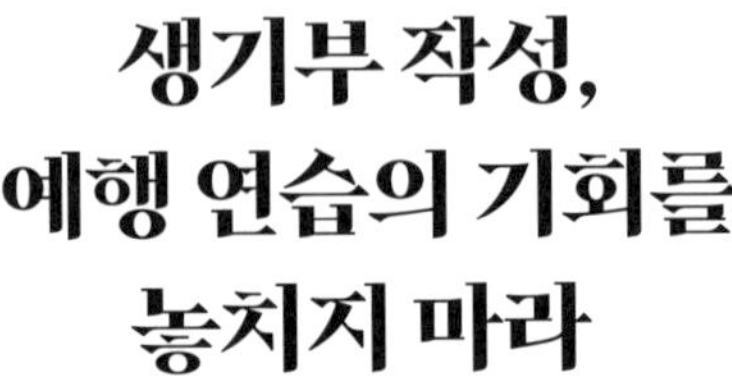

생기부 작성, 예행 연습의 기회를 놓치지 마라

지금까지 살펴본 바와 같이 2028 이후 바뀐 입시 체제에서 책 읽기는 그야말로 대입의 향방을 정할 결정적인 한 방입니다. 한 권의 책에 푹 빠져서 온전히 읽어낼 수 있는지, 그러고 난 후 자유 주제를 정해서 보고서 한 페이지를 쭉 써내려갈 수 있는지 여부는 이제 입시 성패를 좌우할 만큼 중요한 능력이 되었습니다.

하지만 이런 사실이 충분히 납득 간다고 해도 고등학교에 진학하면 지금까지와는 비교할 수 없게 바빠집니다. 수능과 내신을 모두 챙겨야 하는 데다 수행평가도 정신없이 몰아칩니다. 여기에 동아리, 봉사 활동까지 더해지면 책을 읽을 시간을 따로 내기란 쉽지 않은 일이지요. 이런 이유로 대부분의 학생들은 초등학교와 중학교 때까지 많은 책을 읽으려고 노력합니다.

초등학교 때는 독서 습관을 만들고 좀 더 깊이 있는 책을 읽어내는 역량을 키워가는 과정이라면, 중학교 때는 앞서 설명한 것과 같은 생기부를 위한 독서에 좀 더 중점을 두고 읽는 것이 좋습니다. 그런데 이왕이면 생기부를 위한 독서만 미리 해둘 것이 아니라 생기부 자체를 미리 만들어보면 어떨까요? 이런 일이 충분히 가능한 이유는 중학교에서 작성하는 생기부와 고등학교 생기부가 내용도, 기재 방법도 거의 일치하기 때문입니다. 여기에 중학교와 고등학교는 시험과 수행평가 방식까지도 유사합니다.

한마디로 중학교는 쉬운 버전의 고등학교라고 할 수 있지요. 더구나 대학은 '나이스'를 통해 학생의 고등학교 생기부 기록을 보는데, 이때 중학교 기록은 단 한 글자도 제공되지 않습니다. 그러니 설령 중학교 생기부와 고등학교 생기부가 완전히 똑같다고 해도 상관없는 일입니다. 이 사실을 아는 건 세상에 나 자신 한 명밖에 없거든요.

하지만 대다수 고등학생들이 자신이 그런 중학교 3년을 이미 보내봤다는 사실을 까맣게 모릅니다. 왜냐하면 중학교 때는 생기부에 관심이 없기 때문에 그 귀한 리허설의 시간을 모르고 지나쳐버렸던 것이지요. 그러니 현재 중학생이라면 지금이 복잡한 생기부 작성을 해볼 수 있는 특별한 시간이라는 점을 명심해야 합니다.

중학교 때 생기부 작성을 미리 해볼 수 있는 최고의 기회는 1학년입니다. 이때 학교에서는 모든 학생의 세특을 작성해주거든요. 그러다 2학년부터는 일부 학생만 세특을 기재합니다. 일반적으로는 성적 상위 15%에 해당하는 특목고 진학 가능성이 있는 학생이 그 대상이지요. 선생님이 직접 특목고 갈 거냐고 물어보는 경우도 있고요. 그러니 두 번째 기회는 1학년 성적 관리를 잘해서 2~3학년 때 꾸준히 세특 작성을 받아보는 것입니다.

그런데 중학생이 되자마자 바로 입시에 대한 정보를 수집하고 생기부 관리까지 해볼 생각을 하는 학생이 몇이나 될까요? 그러니 이 사실을 알게 되었을 땐 이미 중1이 지나가버린 경우가 대다수일 겁니다. 그럼 더 이상 중학교 생기부 관리는 할 수 없는 걸까요?

당연히 그렇지 않습니다. 원칙적으로 세특은 과목 선생님의 주관적인 의견으로만 기록해야 합니다. 하지만 현실적으로는 중학교에서만 이 원칙이 잘 지켜지고 있지요. 입시가 예민한 고등학교에서는 학생의 의견을 반영해서 세특 작성을 해주시는 경우가 더 많습니다. 그렇기 때문에 선생님이 세특에 넣고 싶은 내용을 제출하라고 할 때에 대비해서, 어떻게 기록하는 것이 좋은지 미리 알고 있어야 하는 것이지요.

그러니 중학교 때 선생님이 세특을 작성해주지 않더라도, 내 수행평가와 활동으로 나만의 세특을 작성해보는 연습을 해볼 수 있습니다. 어떻게 생각하면 이 방법이 오히려 실제 고등학교 세특과 더 유사한 생기부 관리 연습이 될 수 있습니다.

내 경쟁자보다
딱 한 발짝만 앞서면 된다

여기에 한 가지 더 생각해볼 부분이 있지요. 생기부에서 미리 관리해봐야 할 항목은 세특이 전부가 아닙니다. 생기부에서 제일 중요한 부분은 성적 관리입니다. 그리고 좋은 성적을 받기 위해서는 수행평가를 잘해야 합니다. 그러니 매번 수행평가를 할 때마다 그냥 귀찮다며 대충 하려고 하기보다는 최선을 다해 심화하고 확장해보고자 하는 노력이 필요한 것이지요. 단 한 권의 책을 읽더라도 제대로 깊이 있게 읽으려고 노력해야 하고요. 또 그냥 읽기만 할 게 아니라 읽은 책 내용을 최대한 수행평가에 반영하도록 시도하는 겁니다.

수행평가를 할 때 읽은 책 내용을 활용하는 게 부담스러울 수 있습니다. 부자연스러울 것 같아서 '이렇게 적용해도 되는가?'라는 걱정이 될 수 있거든요. 그렇지만 이것도 연습이니 다 괜찮습니다. 내가 가진 지식을 활용해서 수행평가를 완성하는 것 역시, 한 번도 안 해봤는데 고등학생이 되었다고 해서 갑자기 뚝딱 되는 건 아닙니다. 수많은 실패와 시행착오를 거쳤을 때 비로소 제대로 하는 법을 깨우치게 되는 것이지요.

탐구보고서도 마찬가지입니다. 한 번도 안 써본 탐구보고서가 고등학교에 갔다고 갑자기 척척 써지진 않을 겁니다. '지금 하기엔 너무 어려우니까 나중에 해보자'라는 핑계로 미루게 될 수도 있습니다. 하지만 지금 못하는 건 나중엔 더 못 하게 될 거라는 사실을 받아들여야만 합니다. 그러니 이왕이면 실패해도 아무 상관 없는 중학교 때 연습해보는 게 좋겠지요.

학교에서 수업을 하다가 흥미가 생기는 내용을 발견하면 관련된 책과 자료를 찾아서 읽어보는 겁니다. 그리고 그 내용을 글로 정리해보는 것이지요. 이게 바로 탐구보고서입니다. 그다음에는 내가 쓴 탐구보고서를 가지고 스스로 세특을 작성해보는 것입니다.

한 학기에 딱 1개씩만 심화 탐구에 도전하는 걸 목표로 해보세요. 훗날 고등학생이 되었을 때 엄청난 경쟁력이 되어 있을 겁니다. 대입에서는 아인슈타인이나, 뉴턴을 이길 필요가 없습니다. 딱 나랑 같은 학교 같은 과를 지원한 그 학생보다 아주 조금이라도 더 잘하면 되는 것이지요.

탐구는 읽기로, 보고서는 쓰기로

'셀프 세특'에 생기부 기본 원칙을 반영해보는 연습도 해보는 걸 추천합니다. 이건 2장에서 살펴본 내용인데, 생기부 기본 원칙은 1학년 진로 적성 탐색, 2학년 관심 분야의 심화, 3학년 전공 적합성 및 역량 완성이라는 학년별 진로 스토리를 지속성, 연계성, 성장성이 드러나도록 작성하는 것입니다. 고등학교 실전 생기부에서는 이런 부분을 3년 동안 단계적으로 보여줘야 합니다. 그렇기 때문에 생기부 전체를 볼 줄 아는 눈이 없다면 실수하기 쉬운 부분이지요.

그러니 1학년에는 진로 적성을 탐색하고 있다는 게 느껴지는 멘트를 넣어보세요. 2학년에는 관심 분야가 생겼다는 메시지를 담아보고요. 이때 주의해야 할 점은 메시지를 '관심 분야가 생겼다'라고 말로만 담는 게 아니라, 탐구보고서나 토론 같은 눈에 보이는 뚜렷한 학습 결과물로 보여주어야만 하는 것입니다.

3학년 때는 그 관심 분야를 심화시킨다는 내용을 넣어보세요. 이것도 마찬가지로 심화된 탐구를 해봐야겠지요? 다시 한 번 말하지만 탐구는 읽기로 하고, 보고서는 쓰기로 하는 겁니다. 생기부는 읽고 쓰기로 만든다는 점을 명심하세요. 그리고 이때는 1~2학년 때 한 탐구 내용을 3학년 학습에 어떻게든 연결해보는 것도 연습해보세요. 같은 방법으로 창체(자율활동, 동아리활동, 봉사활동, 진로활동)도 마치 선생님이 적는 기록처럼 스스로 작성해보는 겁니다.

이런 노력을 통해 고등학교 학교생활에 대한 전략을 구상해볼 수 있을 겁니다. 막연히 열심히 해보겠다고 하는 것보다는 이렇게 뭐라도 해보는 게 훨씬 도움이 됩니다. 진짜 입시는 아직 시작도 안 했으니 중학생인데 늦었다고 생각하는 건 어불성설입니다. 지금 시작하면 전국에서 제일 빠른 것일 수도 있습니다.

물론 현재 고등학생이라면 연습을 해볼 순 없겠지요. 실제 생기부를 작성해야 하는, 매일매일이 실전이니까요. 하지만 내 경쟁자보다 아주 조금이라도 더 잘하면 되는 게 입시입니다. 사실 중학교 때 이 연습을 해본 경쟁자가 몇이나 있겠습니까? 고3이 되어도 매력적인 생기부에 대해 모르는 경우가 허다합니다.

그러니 지금부터라도 시작해보세요. 매력적인 생기부 만드는 법에 대해 공부하고 차근차근 실천해나간다면 지금 대한민국 어딘가에 있는 고등학교를 해맑게 다니고 있을 내 경쟁자보다는 더 좋은 생기부를 만들 수 있을 거라고 확신합니다.

입시 스토리로 알아보는 계열별 실전 전략

지금까지 기본 개념부터 생기부 작성법, 독서 전략까지 입시 준비의 큰 그림을 살펴봤습니다. 이제 이론을 넘어 실전으로 들어갈 차례입니다.

4장은 고려대 경영학과와 연세대 IT융합공학전공 합격생의 실제 입시 스토리를 고교학점제에 맞춰 각색한 이야기입니다. 문과와 이과로 나뉜 두 사례에는 수강 과목 선택부터 성적 관리, 창체 활동, 세특 기록에 이르기까지 합격 생기부가 어떻게 완성되는지 구체적으로 그려져 있답니다. 선배들의 이야기를 읽어보면서 앞으로 펼쳐질 고교 생활과 입시 전략을 간접 체험해보는 건 좋은 경험이 될 수 있을 거예요.

이번 장을 읽어보면서 특히 주목해서 볼 점은 진로가 입시에서 어떤 역할을 하는지 찾아보는 것과, 세특이 중요한 이유를 이해하는 것이에요. 잘 쓴 세특과 잘못 쓴 세특을 비교해보면서, 같은 활동도 어떻게 기록하느냐에 따라 전혀 다른 평가를 받을 수 있다는 점을 확인할 수 있을 겁니다.

이때 아직 중학생이나 고등 1학년이라면 생기부 기재 사항에 나온 설명이 너무 어렵게 느껴질 수 있을 거예요. 아직 배우지 않았을 뿐만 아니라 전공 분야의 심화 지식이기 때문이지요. 그러니 이 부분은 '대충 이런 느낌의 전공 관련 전문적인 지식이 적혀야 하는 거구나' 정도로만 이해하고 넘어가면 됩니다. 중요한 건 큰 그림을 보는 것이니까요.

간접 체험도 독서력이 탄탄한 사람만이 얻을 수 있는 보너스 같은 일이랍니다. 이 장을 통해 앞으로 여러분의 고교 3년 학교생활을 어떻게 설계하고 기록해야 할지, 실질적인 감을 잡아가시기 바랍니다. 그럼 독서를 여러분의 입시에 중요한 무기로 활용할 수 있을 거예요.

고려대 경영학과

나는 경남 창원에 있는 ○○고등학교를 졸업하고 현재 고려대 경영학과 2학년에 재학 중이야. 대입을 준비하며 밤낮없이 공부하던 때가 엊그제 같은데 벌써 1년이 지났다니. 시간이 참 빠르지 뭐야. 고등학교 때를 돌아보면 그야말로 정신없는 3년을 보냈던 것 같아. 중간, 기말고사와 수행평가, 모의고사와 같은 평가도 너무 많고, 동아리, 진로, 창체 등 챙겨야 할 것도 셀 수 없을 정도로 많거든. 그렇다고 미리 겁먹거나 걱정할 필요는 없어.

나에게 주어진 하나하나에 진심을 담아 최선을 다하다 보면 어느새 고교 3년이 훌쩍 지나가 있을 거야. 최상의 선택을 하는 것도 중요하지만 그것보다 더 중요한 건 매 순간 최선을 다하는 모습인 것 같아. 그럼 선택이 좀 잘못되었더라도 열심히 임하는 모습으로 만회할 수 있거든. 지금 열심히 공부해서 너희들도 꼭 꿈을 이루게 되길 응원할게.

경쟁력 있는 생기부의 비밀

생기부를 보여주기 전에 한 가지 알아둬야 할 게 있어. 내가 학교를 다닐 때에는 고교학점제가 부분적으로 시행되었고 내신도 9등급이었어. 그래서 내용 중 일부는 너희들이 알기 쉽게 고교학점제와 내신 5등급제 대입에 맞춰 수정했어. 생기부의 기재 사항을 전부 보여주기에는 내용이 너무 많아서 대략 도움이 될 만한 부분을 추려봤어.

내 최종 내신은 1.52등급이었고, 전체 이수 학점은 176학점이었어. 여기에 창체 18학점을 더해서 총 194학점으로 졸업 요건을 충족했지.

내 생기부를 대략 설명하자면 첫 번째로 볼 부분은 '수강 과목'이야. 이걸 보면 학년별 과목 선택을 어떤 식으로 하는지 감을 잡아볼 수 있을 거야. 두 번째인 성적표는 내용이 너무 많아서 1학년 1학기 성적표만 보여줄게. 세 번째는 창체 인데 이건 활동 내용을 아주 간단히 추려서 설명했어. 네 번째는 생기부 정성평가선생님들의 기록 항목인데, 모든 기록을 다 보여주기엔 내용이 너무 많기 때문에 한 학년에 세특 2개, 창체 중 1개 이렇게 3개를 뽑아봤어. 생기부의 모든 내용을 다 보진 않아도 이 정도면 대략 고교 3년 동안 생기부가 어떻게 만들어지는지 큰 흐름을 파악할 수 있을 거라고 생각해.

다섯 번째로는 생기부 기재 사항의 매력도를 어떻게 판단해야 하는지에 대한 설명도 덧붙여봤어. 대학은 학생들 생기부 기재 사항에 보통 A~D까지 등급을 매기거든. 내 기재 사항을 보면 어떻게 해야 A를 받는지 알 수 있을 거야. 하지만 그럼 D를 맞은 기재 사항은 어떤 건지도 궁금할 것 같아. 그래서 여섯 번째로 세특 1개씩 D를 받는 세특으로 바꿔봤어. 같은 활동을 해도 어떻게 기입하느냐에 따라 A가 될지, D가 될지가 달라지기 때문에 이건 무척 중요한 노하우거든.

내 생기부가 반드시 정답이라곤 할 수 없어. 그렇지만 고교 3년의 학교생활을 어떻게 보내야 하는지 대략적인 그림을 그려볼 순 있을 거야. 고등학교에서는 네가 스스로 판단하고 선택해야 할 게 참 많아. 과목도 정해야 하고, 자동봉진도 모두 선택해야 하는 일들이야. 어떤 선택을 했냐에 따라 너의 생기부 가치가 달라지니 지혜로운 선택도 필수야.

내 경우에는 1학년 통합사회1 수행평가를 준비하면서 '10대들의 소비 트렌드 분석을 통한 미래 비즈니스 모델 예측'을 주제로 심층 탐구를 해보게 됐는데, 이 연구가 너무 흥미로웠어. 그래서 관련된 책을 읽어보면서 심화 학습을 해보게 되었고 고교 2학년에는 경영학과를 지원하기로 마음먹었어. 다른 친구들에 비해 진로가 빨리 정해졌기 때문에 과목 선택과 자동봉진 선택이 수월했어. 입시에서 진로를 아는 건 목적지가 어딘지 아는 것과 같거든. 아직 진로에 대해 진지하게 고민해보지 않았다면 그걸 우선적으로 해보는 걸 추천할게.

수강 과목

제일 먼저 볼 건 수강 과목이야. 과목 선택은 스스로 진로를 그려나가는 첫걸음이라고 할 수 있어. 고교 3년 동안 듣는 모든 수강 과목은 대입을 완성해나갈 중요한 퍼즐 조각들이거든. 나는 경영학과를 선택했지만 내 과목 선택은 문과 지망생에게 폭넓게 활용될 수 있을 거라고 생각해. 중요한 건 '어떤 과목을 듣느냐'보다는 '왜 그 과목을 선택했고, 어떻게 활용했는가'야.

1학년 1학기		1학년 2학기	
공통국어1(4)	통합사회1(3)	공통국어2(4)	통합사회2(3)
공통수학1(4)	통합과학1(3)	공통수학2(4)	통합과학2(3)
공통영어1(4)	과학탐구실험(2)	공통영어2(4)	기술·가정2(2)
한국사1(3)	기술·가정1(2)	한국사2(3)	체육(2)
	체육(2)		미술(2)
	음악(2)		

이건 1학년 때 수강 과목이야. 괄호의 숫자는 학점을 말해. 3년 동안 모두 192학점을 만들어야 하는데 그중 18학점은 창체야. 그러니 과목으로 만들어야 하는 학점은 174학점인 거지. 매 학기 학점을 잘 나눠서 수강 신청을 해야 해. 실수해서 학점이 빵꾸나면 3학년을 혹독하게 보내야 하거든.

그렇다고 처음부터 긴장할 필요는 없어. 의외로 1학년 과목은 선택할 게 거의 없거든. 대부분이 공통과목이라고 보면 될 거야. 그렇기 때문에 1학년 때는 진로가 뚜렷할 필요도 없어. 그냥 국어, 수학, 영어, 한국사 같은 기본 과목과 통합사회나 통합과학처럼 여러 분야를 아우르는 과목을 듣고 다양한 지식에 호기심을 갖는 시기라고 생각하면 될 거야.

2학년 1학기		2학년 2학기	
문학(4)	세계사(3)	확률과 통계(3)	미적분 II (4)
대수(4)	생활과 윤리(3)	경제(3)	정치와 법(3)
미적분 I (4)	운동과 건강(2)	독서와 작문(4)	화법과 언어(2)
영어1(4)	정보(2)	영어2(4)	영어 회화(2)
	논리학(3)		체육(2)

2학년부터는 과목 선택의 폭이 넓어지는데, 난 이때 논리학이라는 특이한 과목을 들었어. 이건 법학, 철학, 경영, 행정 등 어느 문과 전공을 가든 도움이 되는 과목이라고 해서 들었는데 엄청 어려워서 애를 먹었지. 너희들은 소문만 믿지 말고 과목 설명을 꼼꼼히 보도록 해. 동아리 선배들에게 미리 물어봐도 되고. 어쨌든 고생한 만큼 소득은 있었어. 논리적 사고와 글쓰기는 문과생의 기본 무기이기 때문에 대입에 보너스로 활용되었을 거라고 생각해.

추가로 수학 과목을 포기하지 말라는 조언도 하고 싶어. 같이 문과를 생각하던 내 친구들은 수학을 버리는 경우가 많았지. 그런데 나는 대수, 미적분 I , II , 확률과 통계까지 다 들었거든. 고3 때 대학을 지원하려고 보니 경제학, 심리학, 사회학 등 많은 문과 쪽 전공에서 통계와 데이터를 다루기 때문에 수학을 중요하게 생각하더라고. 그러니 수학은 꾸준히 듣는 게 좋아.

3학년 1학기		3학년 2학기	
경제 수학(3)	현대 사회와 윤리(3)	심화 국어(4)	세계 지리(3)
동아시아사(3)	음악 감상과 비평(2)	인공지능 수학(3)	체육(2)
사회·문화(3)	심화 영어(4)	사회 문제 탐구(3)	논술(3)
여행 지리(3)	언어와 매체(4)	영어권 문화(4)	국제 정치(3)
데이터 과학(3)	실용 경제(3)	윤리와 사상(3)	주제 탐구 활동(3)
	체육(2)		

3학년 수강 과목의 핵심 키워드는 '융합'이라고 할 수 있어. 내 경우에는 인공지능 수학을 들었는데 다소 도전적인 선택이었지. 과연 이과 애들이 듣는 과목에서 내신을 딸 수 있을까 하는 걱정도 했고 친구들도 "괜히 자살골 넣지 말고 그냥 무난하게 해"라고 했었어. 하지만 결국 이것도 잘한 선택이라고 생각해. 이제 어떤 분야든 AI를 피할 수 없잖아? 법학도 리걸테크, 교육학도 에듀테크, 신문방송학도 미디어테크 이런 식으로 온 세상이 '테크'인 시대야. 그러니 문과생의 이 무모하고 용맹한 도전이, 설령 내신이 좀 안 나온다고 해도 대학에게는 무척 좋은 스토리로 어필되었을 거라고 생각해.

그 외 과목으로 국제 정치, 동아시아사, 여행 지리 같은 과목도 중요해. 꼭 국제 관련 학과가 아니더라도 글로벌 시각을 얻기 위한 노력도 좋은 인상을 주거든. 그리고 사회 문제 탐구도 꼭 듣는 걸 추천할게. 이 과목은 수업 시간에 다룬 주제를 어떤 전공에서든 다 활용할 수 있기 때문에 만능 과목이라고 할 수 있어. 주제 탐구 활동의 경우는 고등 3년의 결정판이라고 할 수 있어. 이 과목을 들으면서 내가 그 동안 쌓아온 지식을 종합해서 마치 하나의 연구를 완성한 것처럼 만들 수 있거든. 또 이건 대학 면접에서도 어필 포인트가 될 수 있어.

성적표

성적표는 1년 동안 학교 시험이 어떻게 진행됐는지를 한눈에 보여주는 가장 중요한 내용이야. 한눈에 이해되진 않겠지만 천천히 이해해보도록 노력해봐. 그런데 너무 길긴 길어. 그래서 일부 내용만 보여주는 걸로 할게.

다음의 성적표는 대학에 제공되는 정보를 기준으로 보여주는 거야. 거기에 수행평가로 뭘 했는지를 추가로 메모했지. 참고가 될 것 같아서 기억나는 대로 적어봤어. 그런데 진짜 생기부에는 이렇게까지 상세하게 기록되지 않아. 그건 세특을 통해서 전달하는 거거든. 그러니 이 점은 꼭 감안해서 보도록 해. 그리고 성적표 보는 법을 잊었다면 1장의 성적표에 대한 설명을 다시 읽어보는 걸 추천할게.

+ 1학년 1학기 성적표

과목	구분	고사/영역명(반영비율)	만점	받은점수	원점수	성취도	석차등급	과목평균
공통 국어 1 (4)	지필	1차 지필평가(35%)	100	96	94	A	1등급	72.3
	지필	2차 지필평가(30%)	100	95				
	수행	보고서 작성(25%)	100	92				
		《훈민정음 언해본》을 읽고, 창제 원리와 정신 보고서 쓰기						
	수행	발표(15%)	100	90				
		공익광고 제작을 위한 설득 전략 분석 및 발표						
	수행	글쓰기(10%)	100	91				
		학교생활의 문제점과 개선 방안에 대한 건의문 작성하기						
공통 수학 1 (4)	지필	1차 지필평가(25%)	100	94	91	A	1등급	69.8
	지필	2차 지필평가(35%)	100	92				
	수행	보고서 작성(30%)	100	88				
		선형 방정식의 실생활 응용 사례 보고서						
	수행	포트폴리오(10%)	100	94				
		개인 금융 관리 모델을 주제로 한 탐구보고서 쓰기						
공통 영어 1 (4)	지필	1차 지필평가(25%)	100	92	89	A	2등급	71.5
	지필	2차 지필평가(25%)	100	88				
	수행	발표(20%)	100	90				
		감명 깊게 읽은 영문 기사/칼럼 요약 및 의견 발표						
	수행	작문(20%)	100	90				
		동네를 방문하는 외국인 친구에게 보내는 영문 이메일 작성						
	수행	듣기(10%)	100	93				
		짧은 영어 뉴스 듣고 핵심 내용 파악하기						
한국사 1 (3)	지필	1차 지필평가(25%)	100	98	96	A	1등급	74.2
	지필	2차 지필평가(30%)	100	97				
	수행	역사탐구 보고서(45%)	100	94				
		조선시대 주요 문화유산(한글, 과학기술 등) 탐구보고서						

과목	유형	평가 항목	만점	점수				
통합 사회 1 (3)	수행	발표(15%)	100	92	95	A	1등급	73.1
		일제강점기 독립운동가 1인을 선정하여 생애 및 활동 조사 발표						
	지필	1차 지필평가(25%)	100	97				
	지필	2차 지필평가(25%)	100	96				
	수행	사회이슈 탐구보고서(30%)	100	93				
		글로벌 시대의 청소년 소비문화 분석 보고서						
	수행	토론(20%)	100	91				
		탐구 결과 발표 및 '바람직한 소비' 토론						
통합 과학 1 (3)	지필	1차 지필평가(25%)	100	90	88	A	2등급	70.4
	지필	2차 지필평가(25%)	100	89				
	수행	탐구보고서(35%)	100	85				
		생태계의 평형과 생물 다양성 보존 방안 탐구보고서						
	수행	발표(15%)	100	87				
		판 구조론의 증거 자료조사 및 마인드맵 제작 발표						
과학 탐구 실험 (2)	수행	실험보고서(50%)	100	95	92	A	–	75.8
		산성비가 식물 성장에 미치는 영향 탐구 실험 설계 및 수행						
	수행	프로젝트(30%)	100	91				
		실험 데이터 그래프 변환 및 오차 원인 분석 평가						
	수행	보고서(30%)	100	90				
		최종 실험 결과 발표 및 동료 상호 평가						
기술 · 가정 1 (2)	지필	1차 지필(40%)	100	90	92	A	–	78.5
		산성비가 식물 성장에 미치는 영향 탐구 실험 설계 및 수행						
	수행	제품 디자인(30%)	100	92				
		지속 가능한 생활을 위한 업사이클링 제품 디자인						
	수행	포트폴리오(30%)	100	95				
		청소년기 균형 식단 포트폴리오						
체육(2)		–			–	A	–	–
미술(2)		–			–	A	–	–

창의적 체험활동

창의적 체험활동은 이름이 너무 길지? 보통 줄여서 '창체'라고 불러. 자율활동, 동아리활동, 봉사활동, 진로활동 이렇게 4가지 활동이 있는데 이걸 또 줄여서 '자동봉진'이라고 부르고. 내 자동봉진을 학년별로 살펴보면서 창체를 어떻게 만들어가야 하는지 설명해줄게.

우선 4개의 자동봉진을 선택할 땐 주의할 점이 있어. 자율활동의 경우 대부분 학교에서 정해주는 거라고 보면 돼. 그렇기 때문에 뭘 하느냐보다는 어떤 역할을 맡았는지가 중요해. 내 경우에는 뭘 하게 되더라도 항상 '데이터 분석' 역할을 자원했어. 캠페인 효과 측정, 설문조사 분석 같은 걸 했지. 이렇게 일관된 역할을 맡으면 나중에 진로 스토리가 자연스럽게 연결돼.

동아리활동의 경우는 솔직히 말하면 선택의 폭이 정말 좁아. 학교에서 개설하는 동아리나 프로그램이 한정적이고 인기 있는 활동은 경쟁도 무척 치열하거든. 인기 동아리에 떨어졌다고 해서 좌절할 필요는 없어. 나도 1학년 땐 겸사겸사 공부도 될 것 같고 해서 경제신문 동아리를 하고 싶었어. 하지만 지원자가 너무 많아서 광탈했지. 그래서 창업 동아리로 간 거야. 근데 돌이켜보니 이 선택이 더 좋았던 것 같아. 실제로 뭔가를 기획하고 실행해보는 건 번거롭긴 했지만 이 경험이 대입에서는 더 값지게 평가받았거든. 비인기 동아리에서 임원을 하는 것도 나쁘지 않은 전략이고. 중요한 건 동아리 이름이 아니라 네가 거기서 뭘 했느냐라는 걸 늘 명심해.

봉사활동의 경우는 꾸준함이 생명이야. 화려한 봉사보다는 3년간 같은 곳에서 한 활동이 더 크게 인정받을 수 있어. 내 경우에는 지역 아동센터 학습 멘토링만 3년 동안 했어. 그런데 면접에서 이 활동을 왜 3년이나 했냐는 질문을 하더라고. "아이들이 성장하는 걸 지켜보고 싶었습니다"라고 대답했는데, 내가 한 말이지만 가슴을 울리는 좋은 대답이었던 것 같아.

진로활동의 경우에는 꼭 네가 지망하는 전공과 직접적으로 연결되는 활동이어야 한다는 걸 잊지 마. 만약 학교 진로 프로그램이 부족하면 스스로 찾아서 하는 것도 좋아. 수단 방법을 가리지 말고 전공과 연관성을 만들어내야 한단 말이지. 내 경우에는 '선배와의 대화'를 직접 기획해서 사회적 기업 대표를 초청했거든. 이런 주도성은 대입에 큰 플러스 요인이 돼.

그럼 실제 자동봉진을 학년별로 어떻게 했는지 설명해줄게.

관심사를 찾고
기초를 쌓은 시간

자율활동: 1학년 때 학교에서 학교 폭력 예방 캠페인을 했어. 이때 나는 캠페인 전후 학생들의 인식 변화를 알아보기 위한 설문조사 문항 제작 및 결과 데이터 정리 역할을 맡았지. 앞장서서 나서기보단 맡은 역할을 꼼꼼하게 수행하는 모습을 보여주는 걸 전략으로 삼았거든.

동아리활동: 창업 동아리는 막 새로 생긴 동아리였는데 뭘 해야 할지 아무도 모르는 신생아 같은 동아리였어. 나는 이 동아리에서 기획팀을 맡았는데 우리 팀이 같이 '교내 매점 만족도 개선 프로젝트'를 만들었어. 그리고 이후 통합사회 수업 시간에 이 내용으로 심층탐구 활동 보고서를 썼지. 1학년 세특의 가장 빛나는 내용이 여기서 나온 거야. 구글 폼으로 '온라인 설문조사'를 하고 설문 결과로 '학생들이 선호하는 신메뉴 Top 5 및 최적 가격'을 제안하는 보고서도 작성해서 학생회에 제출했어. 뭐 그 내용이 진짜 매점 메뉴에 반영된 건 아니지만 무척 보람 있는 일이었지. 그리고 학교 축제 때 '친환경 제품 판매'

프로젝트를 추진했는데 NGO에 관심이 많은 담임 선생님에게 칭찬을 받았어.

봉사활동: 봉사활동은 학교 연계로 지역 아동센터에서 주 1회 초등학생 국어·수학 과목 학습 멘토링을 했어. 이건 친한 친구가 간다고 해서 따라간 건데 의외로 가르치는 게 재밌더라고.

진로활동: 1학년 진로활동 때 '대학 전공 박람회'라는 데를 가봤어. 이때 여러 학과를 탐색했는데 그중 경영학과 부스에서 했던 '빅데이터를 활용한 마케팅' 특강이 무척 인상적이었지. 이때가 동아리활동에 미쳐 있을 때라 더 그랬던 것 같아. 이후 진로 시간에 '숫자로 세상을 읽는 사람들: 데이터 분석가와 마케터'라는 주제로 탐구보고서를 작성해 발표하기도 했어.

2학년

경제를 깊이 파고들며
사회적 책임에 대해 고민하다

자율활동: 2학년 때는 학급 특색 활동으로 기후 변화와 기업의 사회적 책임(CSR)에 대한 탐구를 진행했어. 나는 역할을 분담할 때 제일 먼저 자료 조사 담당에 손을 들었지. 나 말고 다른 애들은 꺼리

는 역할이었기 때문에 '특이한 녀석'이라는 소리를 듣기도 했어. 다들 방심하느라 내 생기부 전략을 간파하지 못했던 거지. 하수들 같으니라고. 아무튼 난 여기서 '부정적 외부 효과'와 '공유지의 비극' 등 경제 수업에서 배운 내용을 쉽게 설명한 자료를 만들어서 선생님의 칭찬을 받았어.

동아리활동: 1학년 때는 창업 동아리였고, 2학년 때는 시사경제 토론 동아리로 옮겼어. 그리고 이 두 동아리를 '비즈니스'라는 큰 틀에서 연결시켰지. 이때는 동아리 '리서치 팀장'을 맡아 토론의 논리적 근거를 뒷받침하는 역할을 했어. 이때 조사한 내용은 이후 수업 시간에 알뜰살뜰 써먹을 수 있었어. 특히 경제 수업 시간 '인플레이션' 토론 때 큰 도움이 되었지.

봉사활동: 봉사는 그냥 1학년 때부터 해온 지역 아동센터 학습 멘토링을 계속 이어갔어. 이 활동이 익숙하기도 했고 애들이랑 정도 들었거든. 그리고 2학년 때는 학교에서 하는 '교내 멘토링 프로그램'에도 참여했어. 여기서 후배들에게 경제 과목을 가르쳐줬지. 그런데 가르쳐준 것보다 배운 게 더 많았던 것 같아.

진로활동: 진로 시간에 '나의 진로 로드맵' 그리기를 했는데, 여기서 '사회적 가치를 창출하는 비즈니스 전문가'를 장기 목표로 설정했어. 남들보다 좀 일찍 진로를 확정한 거지. 그래서 대입에 활용할

진로활동 기록 만들기를 남들보다 착실히 해나갈 수 있었던 것 같아. 진로활동 중에 제일 공들인 건 교내 '선배와의 대화' 행사를 직접 기획한 거야. 옆 동네 살던 사촌형이 사회적 기업을 운영하는데, 졸업생으로 초청해서 인터뷰를 진행하고 강연 내용을 요약해서 학교 신문에 나오도록 전달했어.

강점을 중심으로
나만의 생기부를 완성하다

자율활동: 우리 학교에는 3학년을 대상으로 한 '나의 성장 포트폴리오 작성'이라는 프로그램이 있었어. 이 시간에 내 진로 성장 과정과 스토리를 정리해볼 수 있었어. 1학년 때의 막연한 호기심(소비 트렌드)이 2학년 때의 학문적 탐구(경제 이론)를 거쳐 3학년의 구체적인 진로 희망(경영학)으로 어떻게 이어졌는지 차분하게 글로 정리해본 건 정말 큰 도움이 된 일이야. 어떤 부분을 보강해야 하는지, 빠진 부분은 없는지, 내 생기부의 강점은 뭔지를 꼼꼼히 점검해볼 수 있는 시간이었거든.

동아리활동: 3학년 때도 시사경제 토론 동아리를 계속했어. 하지만 수능 준비가 바빠서 활동을 많이 할 순 없었어. 대신 생기부 동아

리 활동 내용에 적힐 굵직한 일 하나를 집중해서 만들었지. 우린 2학년 때 사회적 기업에 대한 학생들의 관심을 이끌어냈던 일을 기반으로 교내 축제 기간에 '사회적 기업 비즈니스 모델 경진대회'를 개최했어. 이때 환경 동아리와 협업을 했는데 얘네가 SNS에서 꽤 영향력 있는 동아리였거든. 덕분에 성공적인 참여율을 이끌어낼 수 있었어.

봉사활동: 3학년 때도 봉사는 지역 아동센터 학습 멘토링을 했어. 3년간 꾸준히 해온 성실함이 어필될 거라고 생각했거든. 재밌기도 했고. 대학을 서울로 가면 아이들과 헤어져야 하는 게 무척 슬프게 느껴지기까지 했어.

진로활동: 3학년 진로활동에서 가장 공들인 건 3년간의 탐구 활동을 총정리하는 '소비자 행동 데이터 분석을 통한 미래 마케팅 전략 제안'이라는 이름의 심화 자율탐구보고서 작성이었어. 이름이 엄청 길지? 또 교육청에서 진행한 경영학과 교수님과의 온라인 멘토링 프로그램이 있었는데 이 활동이 무척 도움이 되었어. 난 궁금한 게 무척 많았거든. 멘토링 날 '인공지능(AI)이 소비 예측 모델에 미치는 영향'에 대해 심도 있는 질문을 했는데 교수님도 훌륭한 학생이라며 칭찬하셨어. 자신감이 차올랐지.

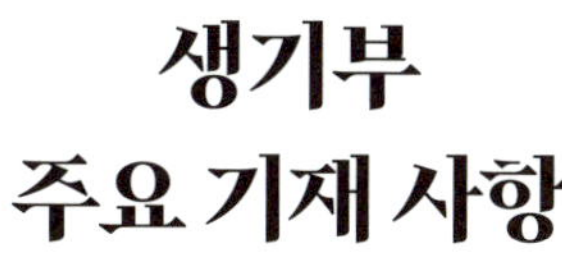

생기부
주요 기재 사항

세특이 생기부에서 차지하는 비중이 얼마나 큰지 알지? 솔직히 말하면 고등학교 3년 동안 세특을 위한 활동을 준비하는 게 제일 힘들었어. 수행평가에서 A를 받는 건 그냥 열심히 하면 되는 일인데, 세특은 내 활동이 제대로 기록으로 남아야 의미가 있거든.

그것도 아주 구체적으로 뭘 어떻게 공부했는지와 내 역할이 뭐였는지, 어떤 말을 했는지가 상세히 기록되어야 해. 그래서 세특 내용은 해당 전공 지원자와 대학 전공자가 아닌 사람에게는 어렵게 느껴질 수 있어. 하지만 세세한 내용을 이해하려고 하기보다는 '이런 내용이 기록되는구나' 정도로만 보면 될 거야. 자 그럼 이제부터 학년별 세특을 살펴보도록 할게.

흥미를 발견하고
데이터 분석력을 키우다

과목	세부능력 및 특기사항
통합 사회	(통합사회1) 현대 사회의 경제 현상에 대한 깊은 호기심으로 '10대 소비 트렌드 분석을 통한 미래 비즈니스 모델 예측' 탐구를 주도함. 교과서의 수요와 공급 법칙을 토대로 특정 소비 계층의 구매 패턴을 분석하기 위해 온라인 설문조사를 직접 기획하고 실행함. 수집한 데이터를 엑셀로 정량 분석하여, '가성비'와 '가심비'라는 이중적 소비 양상이 미칠 영향을 예측하는 보고서 초안을 작성함. 사회적 현상과 경제적 행동 사이의 인과관계를 논리적으로 파악하는 뛰어난 역량을 보였음. (통합사회2) 1학기 보고서 초안을 심화하여, 트렌드 분석에 사회적 통찰을 더함. 가성비 및 가심비 트렌드가 사회적 불평등과 지속 가능한 소비에 미치는 영향을 비판적으로 분석하고, 기업의 사회적 책임(CSR)을 반영한 윤리적 비즈니스 모델을 제안함. 최종 발표에서 경제 이론에 최신 트렌드를 융합한 분석을 명료하게 전달했으며, 논리적인 태도로 토론을 주도함. 경제학과 사회학의 접점을 찾으려는 자기 주도적 학습 태도가 매우 돋보임.
공통 수학	(공통수학1) '수와 연산' 단원 학습 후, 수리적 사고를 실생활 문제에 적용하는 데 탁월한 능력을 보임. 교과 내용을 바탕으로 '최소 비용으로 최대 효과를 내는 개인 금융 관리 모델'을 주제로 자율 탐구를 기획 및 실행함. 가상의 예산과 고정 비용 데이터를 설정하고, 최적의 저축률 계산을 위해 선형 방정식을 활용하는 초기 모델을 설계함. 이 모델을 통해 재무 목표 달성 시점을 예측하는 시뮬레이션을 진행함. 복잡한 재무 문제를 수리적으로 접근하여 논리적이고 실용적인 해결책을 도출하려는 문제 해결 능력이 우수함. (공통수학2) 개인 금융 관리 모델을 심화하는 탐구를 진행함. 초기 모델에 금융 변수(이자율, 물가 상승률 등)를 반영하여 정확도를 높이려는 시도를 통해 심화 학습 역량을 증명함. 특히 복리 계산에 지수 함수 개념을 적용하여 모델의 현실 적용 가능성을 높임. 수학적 지식이 복잡한 현상을 구조화하고 예측하는 데 핵심적인 도구임을 깨달았으며, 재무 관리 분야로 이어지는 학문적 탐구 자세가 뛰어남.

매사에 긍정적이고 활발한 태도로 학교생활에 임하며, 친구들과 교사에게 깊은 신뢰를 얻는 학생임. 특히 교내 창업 동아리에서 기획 팀원으로 활동하며 학년 초의 막연했던 아이디어를 구체적인 사업 계획으로 발전시키는 데 주도적인 역할을 수행함. '친환경 제품 판매' 프로젝트를 추진할 때, 시장 조사와 고객 분석을 통해 예상치 못한 문제점을 발견하고 해결책을 제시하는 등 뛰어난 문제 해결 능력을 보여줌. 발표 및 토론 과정에서는 팀원들의 의견을 경청하고 조율하며, 공동의 목표 달성을 위해 협력하는 탁월한 협업 역량을 지님. 본인의 관심 분야에 대한 깊은 탐구력과 함께, 공동체 속에서 긍정적인 영향을 미치는 모범적인 학생임. 1학년 통합사회와 공통수학 세특에서 드러났듯, 평소 경제 및 수학적 사고를 현실 문제에 적용하려는 태도가 매우 인상적임. 이러한 노력들이 훗날 학생의 진로 탐색에 큰 도움이 될 것으로 기대됨.

1학년 때는 흥미를 발견하고 기초 역량을 만들어가는 과정을 보여주면 돼. 나는 수학 수행평가로 '금융 관리 모델'을 만들었는데, 너무 어려워서 중간에 포기할까 고민했어. 근데 "유독 돈에 약한 거 아니냐"는 친구의 비아냥에 자존심이 상해서 악착같이 매달렸지. 금융 공학 자료도 찾아보고, 수학 선생님께 질문도 많이 했어. 이 수행을 남들보다 잘한 건 아닌데, 그에 비해 세특 기록은 훌륭했지.

한 가지 팁으로 수업 시간에 하는 발표는 세특의 핵심이라고 여기고 집중해야 해. 매 수행평가가 끝나고 난 다음에는 "이번 활동을 통해 깨달은 점"을 발표하는데, 단순히 결과만 보여주는 게 아니라 탐구 과정에서의 시행착오와 극복 과정을 구체적으로 설명해야 해. 이런 과정들이 자연스럽게 기록에 반영되거든.

위기의 세특
수정 기회를 활용하다

과목	세부능력 및 특기사항
경제	1학년 '통합사회'에서 가졌던 '소비 트렌드 분석'에 대한 관심을 심화하여, 거시경제학적 관점에서 '인플레이션이 사회 구성원에게 미치는 영향'에 대한 탐구 토론을 주도함. '인플레이션은 모든 계층에 동일한 불이익을 주는가?'라는 논제로 토론을 준비하며, 현대 경제학의 주요 이론들을 탐색하고 한국은행 경제통계시스템(ECOS)의 가계동향조사 데이터를 근거로 활용하여 논리적 근거를 마련함. 학생은 데이터를 바탕으로 저소득층의 소비 패턴 변화를 비교하며 반대 측 주장을 논리적으로 전개, 명목소득과 실질소득의 차이를 심도 있게 논하며 탁월한 통찰력을 보여줌. 토론 과정에서 단순히 이론을 암기하는 것을 넘어, 사회적 문제에 경제학적 지식과 수리적 데이터를 적용하여 해결책을 모색하는 비판적 사고력과 논리력을 동시에 증명함.
확률과 통계	기업의 의사결정 과정에서 데이터 분석의 중요성을 인식하고, 마케팅 분야에 통계적 사고를 적용하는 주도적인 탐구를 진행함. 교과서에 등장하는 '통계적 추정' 개념을 활용해 '온라인 쇼핑몰의 고객 만족도 조사' 프로젝트를 기획함. 고객 만족도를 측정하기 위한 설문 문항을 직접 설계하고, 모평균을 신뢰 수준 95%로 추정하는 과정을 주도함. 이 과정에서 표본오차를 줄이기 위한 방안(예: 표본 크기 늘리기, 층화 표집법 적용 등)을 고민하고, 분석 결과를 바탕으로 고객 만족도를 높일 수 있는 구체적인 서비스 개선점을 제시함. 수학적 지식을 현실의 비즈니스 문제 해결에 응용하는 뛰어난 능력을 보여주었으며, 이는 자료를 분석하고 해석하여 의미 있는 결과를 도출하는 경영학의 핵심 역량에 대한 깊은 이해를 드러냄.

'데이터를 통한 문제 진단 및 해결'이라는 본인만의 뚜렷한 목표 의식으로 학급 특색 활동을 주도함. '기후 변화와 기업의 사회적 책임(CSR)'을 주제로 한 학급 특색활동에서 다수의 학우가 기피하는 자료 분석 및 설문조사 파트를 자원하여, 환경문제를 경제학적 관점으로 접근하는 독창성을 보임. 탐구 과정에서 '부정적 외부 효과'와 '공유지의 비극' 이론을 적용, 환경 오염이 단순한 윤리적 문제를 넘어 시장 실패의 사례임을 명확히 분석함. 이를 바탕으로 CSR이 기업의 시혜적 활동이 아닌 필수적인 경제 활동임을 논리적으로 설명하는 발표 자료를 제작하여 학우들의 이해도를 높임. 경제 이론과 데이터 분석 역량을 융합하여 사회 현상을 깊이 있게 탐구하는 역량이 돋보임. 이 같은 지적인 탐구뿐 아니라, 캠페인 실천의 일환인 교실 재활용품 분리 및 환경 미화에도 묵묵히 솔선수범하는 모습을 보임. 지적 탐구와 성실한 실천력을 겸비한 인재로 큰 신뢰를 줌.

내 세특의 제일 큰 위기는 2학년 경제 세특이었어. 수업 시간에 인플레이션 토론을 했거든. 정말이지, 영혼을 갈아 넣어서 준비했는데, 작성된 세특 내용이 "경제 현상에 관심을 보이며 토론에 참여함" 정도? 내가 한 노력이 제대로 드러나지 않아서 진짜 속상했어.

이걸 해결한 방법은 '과정 기록'을 남기는 것이었어. 난 토론 준비 과정을 PPT로 정리하고, ECOS 데이터 분석 엑셀 파일도 만들고, 토론 스크립트까지 다 정리했어. 그리고 이 자료들을 포트폴리오로 만들어서 선생님께 제출했어. 그랬더니 구체적인 내용을 담아 수정해주시더라고. 세특이 만족스럽지 않아도 많은 선생님들이 수정 찬스를 주시니까 포기하지 말고 끝까지 어필해야 해. 단, 수정은 정정 기간에만 할 수 있다는 점을 명심해야 해.

전공과 연결되는
전문성을 드러내다

과목	세부능력 및 특기사항
사회 · 문화	'소셜 미디어 인플루언서의 경제적 영향력과 새로운 마케팅 트렌드'를 주제로 심화 자율 탐구보고서를 작성함. 기존 보고서가 인플루언서 마케팅의 표면적 현상에 초점을 맞췄다면, 이번 탐구에서는 특정 뷰티 인플루언서 50명의 팔로워 수, 게시물당 평균 '좋아요' 및 '댓글' 수를 엑셀 프로그램으로 수집하고, 그들의 콘텐츠 유형(제품 리뷰, 일상 공유 등)별 반응률을 통계적으로 분석함. 나아가 크리스 앤더슨의 저서《롱테일 경제학》을 탐독하고, '파레토 법칙'과 '롱테일 법칙'을 적용해 소수 인기 인플루언서의 압도적 영향력 뒤에 숨겨진 다수 마이크로 인플루언서들의 잠재적 가치를 재조명함. 이를 통해 대기업 중심의 대량 마케팅에서 개인화된 마케팅으로 전환되는 사회적 변화를 정확히 포착하고, 이를 비즈니스 기회로 연결하는 뛰어난 통찰력을 보여줌. 보고서 발표 시, '사회적 관계망이 어떻게 새로운 형태의 경제 생태계로 진화하는가'에 대한 깊이 있는 질문을 던지며, 향후 경영학 전공에 대한 확고한 탐구 의지를 드러냄.
경제 수학	경영학 전공에 대한 확고한 진로 의식을 바탕으로, 미적분 개념을 기업의 실질적인 문제 해결에 적용하여 뛰어난 응용력을 보여줌. '신규 상품 런칭 시 최적의 가격 책정과 생산량 도출'을 주제로 심화보고서를 작성함. 특정 가상 기업의 예상 비용 함수 $C(x)$와 판매 가격 함수 $P(x)$를 설정하고, 이를 바탕으로 총수입 함수 $R(x)$와 이윤 함수 $\pi(x)$를 도출하는 과정을 상세히 설명함. 나아가 경영 과학 분야의 서적을 참고하여 미분 개념을 활용해 한계비용과 한계수입을 계산하고, 한계이윤이 0이 되는 지점을 찾아 최대 이윤을 얻을 수 있는 생산량을 논리적으로 전개함. 이 과정에서 한계분석이 기업의 의사 결정에 얼마나 중요한지 깨달았다고 진술하며, 수학적 모델링을 통해 복잡한 경영 문제를 해결하는 데 탁월한 역량을 보여줌. 이는 대학에서 경영학을 전공할 수 있는 심화된 수리적 소양과 탐구 역량을 충분히 갖추었음을 입증함.

학생의 진로 희망인 경영 전문가를 향한 일관되고 구체적인 노력들이 돋보임. 1학년 때부터 시작된 경제 및 경영 분야에 대한 꾸준한 탐구는 3학년에 이르러 한층 심화됨. 특히, '소비자 행동 데이터 분석을 통한 미래 마케팅 전략 제안'이라는 주제로 심화 탐구보고서를 작성하며, 사회·문화, 경제, 통계 등 여러 교과의 지식을 융합하여 문제에 접근하는 능력을 보여줌. 이 과정에서 '미래 시장은 단순히 상품을 판매하는 것을 넘어, 사회적 가치를 창출하는 것에 달려 있다'는 자신만의 확고한 진로 가치관을 정립함.

또한 교육청에 가서 진행한 경영학과 교수님과의 온라인 멘토링 프로그램에서 인공지능과 빅데이터가 경영학에 미치는 영향에 대한 심도 있는 질문을 던지는 등 대학 수준의 학문에 적극적인 탐구 의지를 드러냄. 이러한 주도적인 탐색 활동은 자신의 진로에 대한 확신을 더욱 굳건하게 만들어줌. 교내 진로 특강 시간에 들은 창업가 특강 내용 중 '고객의 숨겨진 니즈를 파악하는 능력'에 대해 큰 감명을 받았으며, 이를 바탕으로 평소 주변 친구들의 불편함을 찾아내고 이를 해결하기 위한 아이디어 노트를 꾸준히 작성함. 앞으로의 학업 과정에서도 이러한 탐구심을 바탕으로 전문성을 키워나갈 것으로 기대됨.

3학년 사회·문화 세특은 내 모든 역대 세특 중에 최고의 걸작이라고 할 수 있어. 1~2학년의 모든 탐구를 종합해서 '인플루언서 마케팅의 경제적 영향력'을 분석했거든. 이때 이전 활동들을 다시 정리하고 연결고리를 만들었어. 그리고 수업 발표에서 '1학년 통합사회의 소비 트렌드 연구가 3학년에 이렇게 발전했습니다'라는 스토리로 완성했지. 살짝 '이거 하나면 게임 끝났다'라는 생각을 할 정도였지.

생기부 기록의
7가지 핵심 조건 분석

자, 이제 내 세특 내용이 왜 높은 점수를 받았는지를 분석해줄게. 우선 이해하기 쉽게 좋은 세특의 핵심 조건을 7가지로 요약해봤어. 이건 내가 만든 꿀팁이니까, 어디 퍼다 나르지 말고 너만 혼자 조용히 알도록 해. 좀 어려울 수 있지만 이 내용을 잘 이해하면 A+ 세특을 만들 수 있을 거야.

○ 성장 과정이 담긴 스토리텔링

단순히 어떤 활동을 했다고 나열하면 안 돼. 그럼 D를 받게 되는 거야. A를 받는 세특에는 특정 주제에 대한 궁금증에서 시작해 탐구 과정을 거쳐 깨달음과 성장에 이르는 이야기가 담겨 있어. 예를 들어,

+ **좋은 생기부 기록의 7가지 원칙**

성장 스토리	호기심에서 시작해 탐구와 깨달음으로 이어지는 성장 과정을 이야기처럼 담는다.
전공 연계	교과 내용을 심화 학습하고 희망 전공과 연결하여 깊이 있는 지식을 보여준다.
주도적 탐구	선생님 과제에 그치지 않고 스스로 탐구 주제를 정해 주도적으로 활동한다.
일관성	1, 2학년의 작은 관심사가 3학년까지 심화되고 확장되는 흐름을 보여준다.
구체적 성과	'열심히 함' 같은 추상적 표현 대신, 구체적인 행동과 독창적인 결과가 드러나도록 한다.
진정성	단순히 스펙을 위한 활동이 아닌, 진심 어린 노력과 내적 성찰 과정을 담는다.
공동체 역량	수업 태도, 협업 능력 등 교과 외적인 인성과 공동체 역량에 대한 긍정적인 평가를 포함한다.

수업 시간에 배운 개념에 의문을 품고, '이를 해결하기 위해 ○○를 탐구했으며, 그 결과 ○○라는 새로운 관점을 얻게 됨'과 같이 서술해야 하는 거지.

내 세특을 보면 1학년 세특에 '10대 소비 트렌드'라는 현상에 대한 호기심이 드러나 있어. 이 관심이 2학년에는 '인플레이션이 계층에 미치는 영향'이라는 거시경제학적 탐구로 심화되는 걸 알겠어? 여기에 3학년 때는 '인플루언서 마케팅'이라는 최신 비즈니스 모델 분석으로 연결돼. 이렇게 관심사가 전문적인 탐구로 발전해나가는 명확한 성장 과정이 보여야 하는 거야.

○ **교과 역량의 심화와 전공 역량으로의 확장**

지원 전공과 관련된 과목 세특을 작성할 때는 단지 수업을 열심히 들었다는 기록으로는 C도 받기 힘들어. 꼭 스스로 심화 학습한 흔적을 남겨야 하는 거야. 교과 내용을 다른 과목에서 배운 내용과 연결하거나, 관심 분야(전공)와 연결해 탐구하는 과정에서 얻은 깊이 있는 지식이 기록되어야 하거든. 이건 희망하는 전공에 대한 너의 진정성을 보여주는 방법이야.

내 세특에는 1학년 때 통합사회1 시간에 배운 '수요와 공급 법칙'을 실제 '온라인 설문조사'와 엑셀 분석에 적용한 내용이 나와. 3학년 사회·문화 시간에도 '파레토 법칙'과 '롱테일 법칙' 같은 전문 경영 이론을 크리스 앤더슨의 저서 《롱테일 경제학》을 통해 학습한 후 적용했고 말이야. 이런 내용이 교과 지식을 전공 역량으로 확장한 대표적인 사례라고 할 수 있어.

○ **주도적인 탐구 활동과 그 깊이**

선생님이 내준 과제를 성실히 하는 것에 그치는 것도 안 돼. 이건 수동적인 태도로 보이거든. 그래서 진짜 잘해봐야 B- 정도밖에 못 받아. A를 받으려면 네 스스로 탐구 주제를 정하고, 자발적으로 보고서를 작성하거나 발표하는 등 주도적으로 진행한 활동이 구체적으로 기록되어 있어야 해. 또한 이 활동 과정에서 교과서 지식 외에 논문, 전문 서적, 강연 등 다양한 자료를 활용했다는 내용이 적히면 더 좋아.

내 세특을 보면 탐구 활동에 대한 설명마다 '주도함' '주도적으로 진행함'이라는 표현이 나와. 그냥 '○○활동을 함'과 같이 표현되는 것보다 '○○활동을 주도함'이라고 표현되는 게 훨씬 플러스가 되지. 특히, 2학년 경제 세특의 '한국은행 경제통계시스템(ECOS)의 데이터를 근거로 활용했다'는 내용이나, 3학년 사회·문화 세특의 '특정 인플루언서 50명의 데이터를 수집하여 통계적으로 분석했다'는 내용처럼 교과서 외의 전문 자료를 활용하여 탐구의 깊이를 더한 사례를 보여주는 것도 무척 좋아.

○ **일관성과 연속성**

1~2학년 때 가졌던 작은 관심사가 3학년 때까지 꾸준히 이어져야 해. 그리고 심화되고 확장되는 모습도 드러나야 하지. 예를 들어, 1학년 때 ○○에 대한 관심으로 보고서를 썼고, 2학년 때 이 내용을 바탕으로 ○○에 대한 심화 탐구를 했으며, 3학년 때 동아리활동이나 교과 시간에 이를 실제 적용해보는 식으로 탐구의 흐름이 이어져야 하는 거야.

내 경우에는 1학년 때는 '소비 트렌드 분석' → 2학년 때는 '거시경제 분석' → 3학년 때는 '데이터 기반 마케팅 분석'으로 흐름이 이어지고 있지? 이건 '데이터를 통해 경제·경영 현상을 분석한다'는 하나의 주제가 일관되고 있는 걸로 볼 수 있어. 진로활동 기록에도 "1학년 때부터 시작된 경제 및 경영 분야에 대한 꾸준한 탐구는 3학년에 이르러 한층 심화됨"이라고 적혀 있는데 이런 식으로 연속성을 강조하는 거지.

○ 구체적인 활동 내용과 성과

주의해! '열심히 참여함' '뛰어난 능력을 보임'과 같은 추상적인 표현은 절대 금물이야! 이것도 D야, D! 대신, '○○라는 주제의 보고서에서 ○○한 독창적인 관점을 제시함' '토론 과정에서 ○○라는 논리적 근거를 들어 상대방을 설득함'과 같이 구체적인 행동과 객관적인 성과가 분명하게 드러나야 하는 거야.

내 세특을 보면 2학년 경제 시간에는 토론을 했는데 이때 "토론을 잘함"이라고 적혀 있었으면 D였을 거야. 하지만 그렇게 적혀 있지 않고 "반대 측 주장을 논리적으로 전개, 명목소득과 실질소득의 차이를 심도 있게 논하며 탁월한 통찰력을 보여줌"이라고 적혀 있지? 이런 식으로 구체적인 발언 내용과 근거가 적혀 있어야 좋은 점수를 받을 수 있어.

○ 활동의 진정성과 내적 성찰

단순히 스펙을 쌓기 위한 활동으로 보여선 안 돼. 너의 진정한 관심과 노력이 느껴지도록 만들어야 해. 그러려면 탐구 과정에서 겪은 어려움이나 새롭게 얻은 깨달음, 그리고 이 경험이 자신의 진로에 어떤 영향을 미쳤는지에 대한 내적 성찰이 담겨야 하는 거지. 그래야 평가하는 사람에게 깊은 인상을 줄 수 있어.

3학년 진로활동에는 그동안 탐구 과정에서 "'미래 시장은 단순히 상품을 판매하는 것을 넘어, 사회적 가치를 창출하는 것에 달려 있다'는 자신만의 확고한 진로 가치관을 정립함"이라고 적혀 있어. 이건 깊은 성찰을 보여주는 부분이야. 또 창업가 특강을 듣고 '고객의 숨겨진 니즈'에 감명받아 아이디어 노트를 꾸준히 작성했다는 내용도 경영학과 지원에 대한 나의 진정성 있는 노력을 보여주는 내용이지.

○ **공동체 역량과 수업 태도에 대한 선생님의 평가**

교과 지식뿐 아니라 수업 태도, 협업 능력, 리더십 등 너의 인간성과 공동체 역량에 대한 선생님의 긍정적인 평가가 포함되면 더욱 좋아.

내 생기부를 보면 1학년 행특에, 창업 동아리에서 "팀원들의 의견을 경청하고 조율하며, 공동의 목표 달성을 위해 협력하는 탁월한 협업 역량을 지님"이라는 담임 선생님의 평가가 나와. 이런 내용이 토핑처럼 가끔 나오면 돼. 그렇다고 여기에 글자 수를 많이 할애할 필요까진 없고. 더 중요한 건 너의 심화 탐구 내용을 구체적으로 설명하는 거니까 이런 건 어디까지나 토핑 정도의 비중이면 충분해.

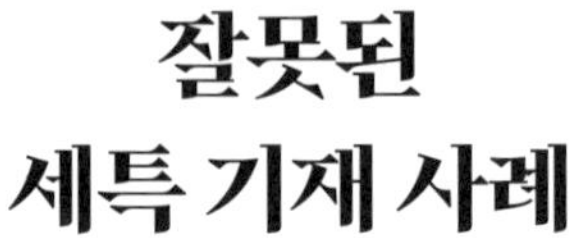

잘못된
세특 기재 사례

생기부 기재 사항은 똑같은 활동을 해도 어떻게 적혔냐에 따라 A+를 받을 수도 있고, D-를 받을 수도 있어. 열심히 활동했는데 세특에 제대로 적히지 않아서 나쁜 점수를 받게 된다면 그것보다 억울한 일이 없을 거야. 그러니까 미리미리 알고, 제대로 관리해야만 해. 막상 원서를 쓰다가 뒤늦게 잘못을 발견했다고 해도 그땐 바꿀 수 없어. 그러니 이건 시작부터 잘해야 한다는 점을 명심하도록 해.

그런데 어떻게 하면 A를 받을 수 있는지만으로는 좋은 기재 사항이 뭔지 좀 막연할 수도 있을 것 같아. 그래서 내 활동이 잘못 기재돼서 D가 되는 경우를 만들어봤어. 이걸 보면서 '이렇게 쓰면 안 되는구나'를 익히는 것도 도움이 될 것 같아.

과목	세부능력 및 특기사항
통합 사회	(통합사회1) 매우 적극적인 태도로 참여하여 수업 분위기를 밝게 만들었음. 수업 활동의 일환으로 진행된 교내 온라인 설문조사 활동에 참여하여 10대들의 소비 습관에 대한 데이터를 성실히 조사하였음. 평소 수업 시간에 배운 수요와 공급의 법칙 등 주요 내용을 잘 이해함. 주변 친구들에게도 질문이 있을 때 친절하게 설명해주는 등 학업에 대한 열의가 높았음. 주어진 과제를 책임감 있게 수행하는 태도가 돋보여 좋은 평가를 받았음. (통합사회2) 수업 활동의 일환으로 진행된 소비 관련 보고서 작성 활동에 책임감을 가지고 임하여 분량을 충실히 채우고 완성하였음. 이 내용을 발표하며 내용을 명확하게 전달했으며 좋은 발표 태도를 보였음. 보고서에서는 '가성비'와 '가심비' 같은 트렌드를 언급하며 소비 양상에 대한 이해를 보여주었음. 다음 학년에도 이러한 성실한 태도를 유지한다면, 더 복잡한 사회 현상에 대해 훌륭한 성장을 기대할 수 있을 것으로 보임. 수업에 대한 꾸준한 흥미를 보였음.

이 세특이 나쁜 점수를 받은 첫 번째 이유는 성장 과정을 잘 보여주지 못한 데 있어. 여기에는 '왜' 10대 소비 습관에 관심을 가졌는지, 데이터를 조사하며 '무엇을' 새롭게 알게 되었는지, 보고서를 쓰며 '어떻게' 생각이 성장했는지에 대한 과정이 전혀 없거든. 그냥 "설문조사를 했다" "보고서를 썼다" "발표했다"는 식의 단순한 활동 나열에 그치고 있어. 생기부에 어떤 내용을 기재할 때 이런 나열을 특히 주의해야 해.

두 번째 이유는 구체적이지 않은 점에서 찾을 수 있어. '매우 적극적' '성실히 조사함' '책임감을 가지고' '내용을 명확하게 전달' 등은 모두 구체적인 근거가 없는 추상적인 칭찬일 뿐이야. 보고서에서 어떤 독창적인 관점을 제시했는지, 발표에서 어떤 질문을 받고 어떻게 답변했는지와 같은 구체적인 내용이 전혀 없으면 좋은 점수를 받을 수 없어.

세 번째 이유는 적극성이 없는 소극적인 학생으로 보인다는 점이야. 이 기록에 나온 모든 활동은 '수업 활동의 일환'으로만 보여. 내가 스스로 무언가를 더 탐구하려는 적극적인 노력이 보이지 않는 거지. 단순히 주어진 과제를 성실하게 수행한 학생은 B이상의 평가를 받을 수 없거든.

학년 간 연계가
부족한 기록

과목	세부능력 및 특기사항
경제	(2학년) 발표와 토론 활동에 활발하게 참여하며 수업에 활력을 불어넣음. 인플레이션의 원인과 결과에 대해 조사하고, 발표를 통해 친구들과 관련 내용을 공유함. 토론 활동에서는 자신의 주장을 명확하게 제시하는 능력을 보여주어 토론을 풍성하게 만듦. 평소 경제에 대한 관심이 많아 방과후 시간을 활용하여 경제학 관련 서적을 읽는 등 꾸준한 노력을 함. 또한 교내 경제 동아리 활동에서도 리더십을 발휘하여 동아리 활동을 이끌어감. 교과 내용을 잘 이해하고 있으며, 성적이 우수하여 교과 우수상을 수상한 학생임. 자신의 관심 분야에 대한 지속적인 노력을 통해 앞으로도 학업 성취를 이어나갈 것으로 기대됨.

　이 세특이 잘못 표기된 이유는 첫 번째로 연속성이 부족하다는 점을 들 수 있어. 1학년 통합사회 시간에 '10대들의 소비 트렌드'를 탐구했다면, 2학년 경제 시간에는 그 관심사를 어떻게 심화시켰는지 연결고리가 드러나야 할 거야. 하지만 이 기록은 1학년 활동과는 전혀 상관없는, 갑자기 등장한 개별적인 활동으로만 보일 수 있어.

　두 번째 이유는 탐구의 깊이가 부족하단 점이야. '인플레이션의 원인과 결과에 대해 조사'했다는 내용은 교과서 수준을 벗어나지 못하는 내용이야. 내 세특에서처럼 실제 통계 자료(ECOS)를 활용하거나, 특정 계층에 미치는 영향을 분석하는 등의 심화된 탐구가 전혀 없는 게 단점인 거지. "경제학 관련 서적을 읽었다"라고 적힌 것도, 구체적으로 어떤 책을 읽고 무엇을 깨달았는지에 대한 내용이 더 자세히 나왔으면 좋았을 것 같아.

　세 번째로 진정성이 없어 보여. 1학년 때의 관심과 연결되지 않고, 탐구의 깊이도 얕아 단순히 내신 성적을 위한 활동처럼 보일 수 있어. 이 기록에는 진정한 지적 호기심이 느껴지지 않아.

진정성과 내적 성찰이 없는 기록

과목	세부능력 및 특기사항
사회 · 문화	(3학년) 교과 내용을 잘 이해하고 있으며, 심도 있는 탐구 능력을 갖춘 학생임. '소셜 미디어와 사회문화 현상'이라는 주제로 조별 보고서 작성 활동을 진행함. 자신의 역할 분담을 충실히 수행하였고, 보고서의 내용을 발표하는 등 협업에 기여함. 인플루언서의 영향력에 대해 심도 있게 분석하는 등 평소 관심 분야에 대한 탐구 노력이 돋보임. 이를 바탕으로 사회가 어떻게 변화하는지 깊이 있는 고민을 한다고 함. 앞으로 해당 분야에 대해 더 깊이 공부하여 전문가가 되겠다는 포부를 밝히며, 해당 분야에 대한 높은 관심도를 보여줌. 교과 시간 외에도 관련 특강이나 동아리활동에 적극적으로 참여하는 등 진로에 대한 열정이 남다름.

이 기록의 경우 낮은 점수를 받은 첫 번째 이유는 주도성이 없고 다소 소극적으로 보일 수 있다는 점 때문이야. '조별 보고서' 활동에서 구체적으로 어떤 역할을 했는지, 어떤 독창적인 아이디어를 제시했는지 전혀 알 수 없게 적혀 있잖아. '자신의 역할 분담을 충실히 수행'했다는 표현도 오히려 주도성이 약했다는 인상을 줄 수 있기 때문에 썩 좋은 표현은 아니야.

두 번째 이유로 스스로에 대한 고민과 성찰 부족을 지적할 수 있어. '사회가 어떻게 변화하는지 깊이 있는 고민을 한다고 함' '전문가가 되겠다는 포부를 밝힘'과 같은 표현은 구체적인 경험에서 우러나온 깨달음으로 보이지 않아. 내 세특 기재에서는 '롱테일 법칙'을 적용해 마이크로 인플루언서의 잠재력을 재조명하며 얻은 자신만의 통찰이라는 점이 전달됐지? 그런데 이 기록에는 그런 느낌이 전혀 담겨 있지 않아.

세 번째 이유는 깊이 없는 겉핥기식 평가야. '심도 있게 분석하는 등' '깊이 있는 고민을 한다고 함'과 같이 구체적인 근거 없이 '깊이 있다'는 표현만 반복하고 있는 건 기록의 신뢰성을 오히려 떨어뜨리는 일이야.

마지막 조언

지금까지 내 생기부를 본 소감이 어때? "좋았음" "열심히 함"이라고 말한다면 그건 D라는 거 이제 알겠지? 네가 내 생기부를 보면서 무엇을 배웠는지, 어떤 태도로 이 생기부를 공부했는지, 그리고 생각의 변화는 무엇인지를 구체적으로 설명할 수 있어야 B를 받는 거야. 그리고 여기서 배운 걸 스스로 활용해보고 심화해봤을 때 A를 받을 수 있는 거고. 매사 이런 태도를 갖는다면 누구보다 멋진 생기부를 완성할 수 있을 거야.

무얼 공부했고 알게 됐는지도 중요하지만 어떻게 표현할 건지도 무척 중요하다는 거지. 하지만 그렇다고 알맹이보다 껍데기가 더 중요하단 건 아니야. 당연히 알맹이가 더 중요하지. 제대로 된 활동이나 공부는 하지도 않고 알맹이 없는 생기부나, 그럴듯하게 꾸며서 겉만 번지르르하게 쓴 생기부는 서류 전형에서 눈속임을 할 순 있겠지만,

결국 면접에서 들통나게 돼 있거든. 내가 한 공부 내용을 하나라도 제대로 대답하지 못하면 면접관이 너의 생기부를 어떻게 생각할지 말하지 않아도 알겠지? 그러니 언제나 0순위는 하교생활을 **충**실히 하는 거고, 그다음이 진로를 정하고 생기부 전략을 잘 구사하는 거란 걸 잊지 마.

대입이 준비해야 할 게 너무 많아서 막막하게 느껴질 수 있지만, 차근차근 하나씩 알아가려고 한다면 못할 것도 없을 거야. 난 너처럼 이런 정보 하나 미리 알지 못하고 대입을 치렀지만, 넌 자세한 지식을 미리 알고 준비할 거니까 나보다 훨씬 잘할 거라고 믿어.

네가 해낼 수 있는 아이라는 걸 믿고 최선을 다해 봐. 너의 멋진 미래를 응원할게!

연세대 IT융합공학전공

나는 작년에 서울 강남에 있는 ○○고등학교를 졸업했고 현재 연세대 IT융합공학전공 1학년에 재학 중이야. 내가 다닌 고등학교는 '갓반고'라는 별명이 있었는데 공부 잘하는 애들이 많아서 내신 경쟁이 엄청 치열한 학교였어. 물론 나도 무척 애를 먹었고. 하지만 이젠 그 모든 과정을 끝내고 맘 편히 대학생활을 만끽하고 있는 중이야.

지난 고교 3년을 돌아볼 때 징글징글한 면만 있었던 건 아닌 것 같아. 재밌는 추억도 많았고 진짜 열심히 살아본 3년이었어. 내 경우에는 노력이 부족하진 않았던 것 같은데 그런데도 100점짜리 모범 답안 같은 생기부를 만들진 못했어. 그래도 뭐 살다 보면 누구나 생기부에 구멍이 생기는 날도 있지 않겠어? 그런 점에서 완벽하지 않은 내 생기부는 앞으로 너희가 생기부를 망했을 때 어떻게 수습하면 되는지를 생생하게 알려줄 수 있을 거야.

타산지석(他山之石)이라는 고사성어 들어본 적 있지? '남의 산 돌멩이를 보고 배움을 얻을 수 있다'라는 뜻이야. 내 생기부 중간중간에 박힌 짱돌처럼 어색한 부분을 배움으로 만든다면 너희는 더 큰 꿈을 이룰 수 있을 거야.

치명적인 내신에도 불구하고 합격한 비결

제일 먼저 살펴볼 성적 사항은 최종 내신 2.09등급, 이수 학점은 181학점이야. 여기에 창체 18학점을 더해서 총 199학점으로 졸업 요건을 충족했어.

내 경우에는 2학년이 다 끝날 때까지 진로가 명확하지 않아서 초조했어. 난 사실 문과 쪽 과목을 좋아하는데, 이상하게 성적은 수학 쪽이 더 잘 나왔어. 더구나 영어 성적도 상대적으로 약했거든. 이건 이유가 있어. 우리 학교에는 영어를 유치원 때부터 원어민 수준으로 배워온 애들이 많아서 만약 영어 시험 문제가 쉽다면 만점자가 엄청 쏟아질 거야. 그래서 선생님들은 시험 난이도를 극악으로 문제를 출제했어. 그러니 나처럼 적당히 영어를 하는 학생은 변별력의 희생양이 될 수밖에 없는 구조야.

대신 나는 어릴 때부터 책도 많이 보고 글 쓰는 것도 좋아하기 때문에 다른 애들보다 수행평가가 수월했어. 내신은 수행으로 다 땄다고 해도 과언이 아닐 것 같아. 여담이지만 고등학교 때 내 별명이 '수행의 신'이었거든. 아무튼 난 좀 뒤늦게 진로를 정했는데 내가 잘하는 과목과 미래 비전을 고려해서 IT쪽 전공에 지원하기로 마음먹었지.

다른 애들보다 진로 결정이 늦었기 때문에 3학년 때 심화 과목을 수강한 건, 2학년부터 이런 과목을 들었던 경쟁자들에 비해서 불리한 점이야. 그리고 내신도 2등급 대라서 사실 연세대는 큰 기대 없이 지원했어. 연세대 IT융합공학전공은 내가 한 지원 중에 가장 상향 지원이었거든. 그런데 치명적인 내신에도 불구하고 당당히 합격한 데에는 수행평가와 심화 탐구에 능했던 점이 결정적인 한 끗이 되지 않았을까 하고 생각해. 물론 면접도 잘 보긴 했지.

세특에 좋은 내용을 기재하려면 우선 수행평가와 자율탐구보고서를 잘 써야 해. 입시에서 이런 부분이 매력적인 건 아주 큰 강점이 될 수 있거든. 그러니 현재 중학생이라면 아직 시간이 많이 있는 거니까 열심히 책을 읽고 글을 써보는 연습을 하는 걸 추천할게. 고등학생이라도 포기하지 말고, 탐구보고서에 도전해봐. 어떤 전공을 선택하든 이 부분은 너의 막강한 무기가 되어줄 거야.

수강 과목

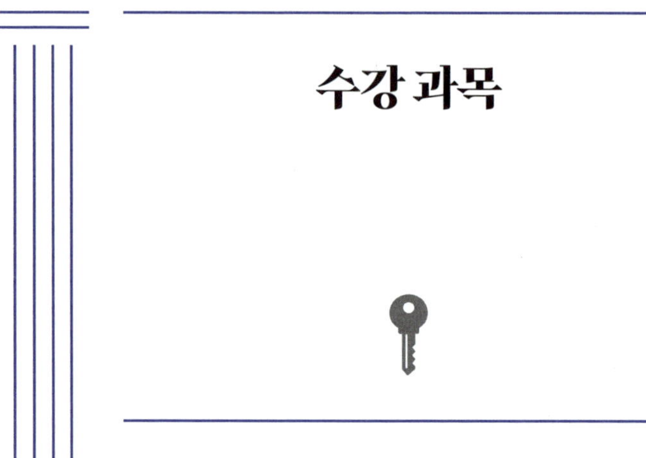

내 시간표는 전형적인 공대 지망생의 시간표와는 좀 달라. 고교학점제의 현실을 여과 없이 보여주는 시간표라고나 할까? 과목 선택을 할 때 가장 위험한 건 진로를 모르는 채 선택하는 건데 나도 이게 내 이야기가 될 줄은 몰랐지 뭐야. 전공을 안 정했는데, 그 전공과 어울리는 과목 선택을 하는 건 말이 안 되잖아. 그래서 나처럼 뒤늦게 진로를 결정한 경우에는 시간표가 좀 엉망진창이 될 수 있어.

하지만 그렇다고 걱정할 필요는 없어. 난 오히려 이걸 강점으로 만들었거든. 중요한 건 '완벽한 과목 선택'이 아니라 '내가 선택한 과목들로 어떤 스토리로 만들 수 있는가'거든. 그 노하우를 지금부터 알려줄게.

1학년 1학기		1학년 2학기	
공통국어1(4)	통합과학1(3)	공통국어2(4)	통합과학2(3)
공통수학1(4)	기술·가정1(2)	공통수학2(4)	과학 탐구 실험(2)
공통영어1(4)	정보(2)	통합사회2(3)	기술·가정2(2)
한국사1(3)	체육(2)	한국사2(3)	체육(2)
통합사회1(3)	음악(2)	공통영어2(4)	미술(2)

1학년 때는 모두가 비슷한 과목을 들어. 다만 내 경우에는 정보 과목에서 코딩을 처음 접했는데 의외로 논리적 사고가 나랑 잘 맞더라고. 하지만 국어 수행평가 점수는 더 월등했지. 난 내가 이과인지 문과인지 도통 헷갈렸어. 이게 내가 진로를 쉽게 정하지 못한 이유이기도 했어. 그런데 나중에 진로를 정하고 난 다음 다시 생각해보니 전혀 다른 영역 같았던 이 두 과목에는 '논리적 글쓰기'라는 공통분모가 있더라고. 현재 진로가 안 정해져서 고민인 친구가 있다면 그래도 괜찮다는 말을 해주고 싶어. 너의 혼란 자체가 나중에 좋은 스토리가 될 수 있거든.

다만 진로에 대해 고민하는 걸 멈춰서는 안 돼. 또 '선 진로, 후 열심'이라는 생각으로, 진로를 모르니까 어정쩡하게 노력하는 건 핑계에 불과해. 나중에 어떤 진로를 정하게 되더라도 잘 써먹을 수 있게 뭐든 열심히 노력해야 하는 거야. 이것저것 닥치는 대로 열심히 하다 보면 결국 진로가 뭔지도 찾을 수 있을 거고 말이야.

2학년 1학기		2학년 2학기	
문학(4)	화학(4)	독서와 작문(4)	미적분Ⅰ(4)
대수(4)	생명과학(3)	기하(3)	지구과학(3)
사회 문제 탐구(4)	운동과 건강(2)	역학과 에너지(3)	자료 구조(2)
영어1(4)	화법과 언어(2)	화학 반응의 세계(3)	화법과 작문(2)
물리학(4)		영어 독해와 쓰기(4)	체육(2)

2학년 시간표는 더 가관이야. 누가 봐도 '이 학생은 뭐가 되려는 걸까?' 싶을 정도로 엉망이거든. 사회 문제 탐구를 들으면서 프로그래밍도 듣고, 과학 과목은 한꺼번에 4개를 다 들었어. 선생님도 내 과목 선택을 좀 걱정하셨을 정도야. 그냥 불안하니까 이 과목 저 과목 듣게 되었던 것 같아. 하지만 이 산만함이 오히려 내 좋은 무기가 되었지.

예를 들어, 사회 문제 탐구에서 '빅데이터로 분석하는 청소년 스마트폰 중독'에 대한 보고서를 썼는데, 여기에 프로그래밍으로 배운 걸 접목시켰거든. 역학과 에너지 시간에 배운 센서 원리는 '스마트폰 사용 시간 측정 앱 설계'로 연결했고. 이렇게 엉뚱해 보이는 과목들을 억지로라도 연결시키다 보니, 어느새 '융합형 인재'라는 스토리가 만들어졌어. 그러니 어울리지 않을 것 같은 과목도 수행평가나 탐구 주제에서 연결고리를 찾으려는 시도를 해봐야 해. 이게 바로 내가 '수행의 신'이 된 비결이야.

3학년 1학기		3학년 2학기	
인공지능 수학(2)	미적분Ⅱ(4)	고급 물리학(4)	정보 과학(3)
확률과 통계(3)	독서와 토론(3)	고급 화학(4)	공학 일반(2)
수학 과제 탐구(2)	심화 영어(2)	고급 수학(3)	심화 국어(4)
전기와 자기(3)	논리학(2)	융합 과학 탐구(3)	진로 영어(4)
물질과 에너지(3)	체육(2)		스포츠 생활(2)

난 3학년이 되어서야 IT쪽 전공을 지원하겠다는 결정을 했어. "무진장 하고 싶다"라기보다는 고3이니까, 뭐라도 결정해야 하잖아? 그래서 내 생기부랑 그나마 제일 어울릴 것 같은 과목과 졸업 후 진로가 보장된 유망 전공을 정한 거야. 진로 찾는 게 뭐 그렇게 어렵냐고 생각할 수 있겠지만, 많은 학생들이 진로를 확실히 정하지 못해서 애를 먹어. 심지어 대학에 간 후 전공 때문에 반수를 하는 경우도 흔해. 진로는 입시에 있어 생각지도 못한 복병이라고 할 수 있지.

아무튼 뒤늦게 전공을 정하고 보니 다른 애들은 진작에 정보 과학, 공학 과목들을 들었는데 나는 이제 시작이더라고. 그래서 선택한 전략이 '늦었지만 확실하게'였어. 난 인문학 소양이 높은 공학도라는 스토리를 만들기로 했어. 내가 융합 인재라는 점을 어필하겠다는 거지. 그래서 3학년까지 문과 과목을 꾸준히 수강하는 모습을 보여줬어.

그렇게 선택한 과목이 심화 국어야. 국어는 내가 잘하는 과목이라 내신 등급 따기 좋은 과목이기도 했고, IT 개발자도 문서화 능력이 중요하다는 걸 강조하기 위해서였어. '개발자를 위한 기술 문서 작성

법' 탐구를 했고, 이걸 정보 과학 프로젝트의 README 파일 작성에 활용했다고 세특에 썼어. 고급 수학을 3학년 2학기에 넣은 것도 "AI 의 수학적 기초를 제대로 이해하고 싶어서 늦게라도 도전했다"라는 스토리로 설명했어. 또 융합 과학 탐구와 공학 일반을 3학년에 몰아 넣은 건, "2년간의 다양한 탐색 끝에 IT 융합이 내 길임을 확신했다" 라는 스토리로 설명했지.

내 경우처럼 엉뚱한 과목 선택을 스토리로 만들기 위해서는 포기하지 말고 연결점을 찾아야 해. 이때 답은 수행평가에 있어. 내 생기부에 불청객처럼 자리 잡은 엉뚱한 과목을 전공을 위한 공부로 둔갑시키기 위해서는 그 과목에서 배운 지식을 활용해서 탐구보고서를 만드는 게 좋아. 내 진로 방향과 일치하는 주제로 말이지. 엉뚱한 과목의 지식을 보고서의 중심 주제로 쓸 순 없어도 보조적으로는 활용할 수 있거든. 그럼 '내가 그 과목을 들은 이유는 결국 이런 것 때문이었다'라고 수습이 될 거야. 국어 시간에 배운 지식을 인공지능 수학 시간 수행에 활용해서 '인공지능 시대의 언어'라고 포장한다거나, 사회 시간에 배운 내용을 확률과 통계 수행에 '빅데이터와 프라이버시' 와 같이 연결하는 식으로 말이야.

생기부 진로 스토리는 "처음부터 확실했다"보다 "다양한 탐색 끝에 확신을 갖게 됐다"가 더 드라마틱하고 설득력도 있거든. 그러니 명심해. 일관성 없는 내용은 그냥 방치하지 말고 어떻게든 다양성을 위한 경험으로 포장해야 해. 결국 중요한 건 스토리라는 걸 잊지 마.

성적표

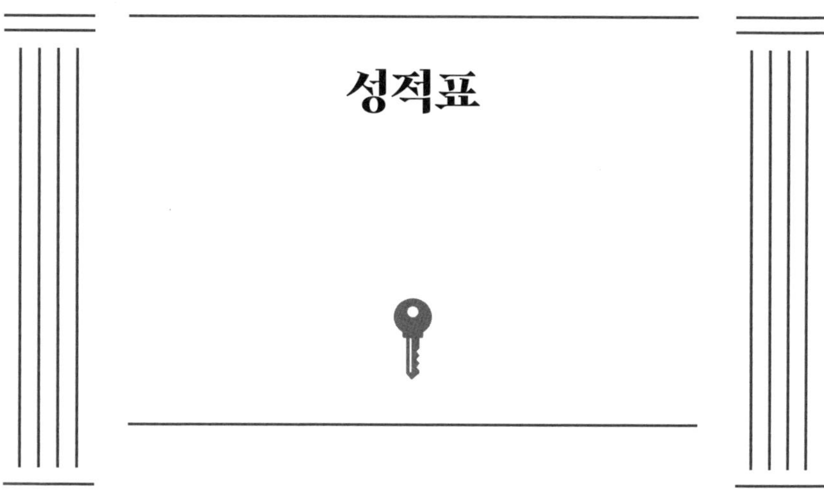

다음에 볼 건 성적표야. 1학년 1학기 딱 한 학기 성적표인데도 무척 길지? 대학에는 이런 성적표가 6장이 제출돼. 한 가지 주의할 점은 이 중 수행평가 세부 내용은 학생용 생기부에는 공개하지 않아. 하지만 수행평가로 어떤 활동을 했는지, 비중이 몇 퍼센트인지 같은 정보는 대입에 아주 상세히 활용돼. 이건 그만큼 대입에서 수행평가를 눈여겨본다는 뜻이라고 생각하면 될 것 같아.

성적표가 복잡하고 어렵게 느껴진다면 한 번에 모두 다 이해하려고 하지 말고, 네가 잘하는 과목 딱 하나만 골라서 보는 걸 추천할게. 딱 한 과목만 제대로 이해하면 다른 과목들도 수월하게 볼 수 있을 거야.

+ 1학년 1학기 성적표

과목	구분	고사/영역명(반영비율)	만점	받은점수	원점수	성취도	석차등급	과목평균
공통 국어 1 (4)	지필	1차 지필평가(35%)	100	84	85	B	3등급	78.3
	지필	2차 지필평가(25%)	100	80				
	수행	2차 지필평가(25%)	100	88				
		조세희《난장이가 쏘아올린 작은 공》을 읽고 시대적 배경과 상징적 의미 분석하기						
	수행	토론(10%)	100	94				
		'인공지능(AI) 창작물은 예술인가?' 논제로 찬반 토론하기						
	수행	글쓰기(10%)	100	91				
		학교생활의 문제점과 개선 방안에 대한 건의문 작성하기						
공통 수학 1 (4)	지필	1차 지필평가(30%)	100	83	81	A	2등급	76.8
	지필	2차 지필평가(30%)	100	91				
	수행	문제 해결(15%)	100	95				
		데이터 최적화를 위한 알고리즘 모델링 보고서 작성						
	수행	포트폴리오(15%)	100	96				
		알고리즘의 효율성을 함수로 분석하는 포트폴리오 제출						
통합 사회 1 (3)	지필	1차 지필평가(20%)	100	83	85	B	3등급	78.1
	지필	2차 지필평가(20%)	100	79				
	수행	사회이슈 분석(30%)	100	90				
		AI 기술이 사회 문제 해결에 기여하는 방안 탐구보고서						
	수행	토론(15%)	100	85				
		'분배적 정의'의 관점에서 본 기본소득제 도입 찬반 토론						
	수행	보고서(15%)	100	88				
		K-POP을 통해 본 대중문화의 세계화 과정과 특징 보고서 작성						
한국사 1 (3)	지필	1차 지필평가(20%)	100	85	93	A	1등급	79.2
	지필	2차 지필평가(20%)	100	92				
	수행	역사탐구보고서(35%)	100	94				
		동학농민운동의 전개 과정과 역사적 의의 탐구보고서						

과목		평가						
	수행	발표(25%)	100	97	87	A	2등급	77.5
		3.1 운동의 국내외 확산 과정 및 영향 조사 발표						
공통 영어 1 (4)	지필	1차 지필평가(25%)	100	79				
	지필	2차 지필평가(30%)	100	85				
	수행	말하기(20%)	100	92				
		'기후 변화의 심각성과 해결 방안' 주제로 1분 영어 스피치						
	수행	작문(20%)	100	95				
		'내가 존경하는 인물'을 소개하는 150단어 내외 영문 에세이 작성						
통합 과학 1 (3)	지필	1차 지필평가(20%)	100	82	91	A	2등급	77.4
	지필	2차 지필평가(20%)	100	88				
	수행	실험보고서(35%)	100	93				
		'인공지능의 기본 원리' 탐구보고서 작성						
	수행	탐구발표(25%)	100	95				
		과학 실험 데이터 분석을 통한 모델링 탐구보고서						
정보 (2)	지필	1차 지필평가(40%)	100	92	94	A	–	80.5
	수행	프로젝트(30%)	100	96				
		파이썬을 활용한 데이터 분석 프로젝트						
	수행	보고서(30%)	100	94				
		알고리즘의 효율성과 사회적 영향 보고서						
기술 · 가정 1 (2)	지필	1차 지필평가(40%)	100	81	87	B	–	77.9
	수행	실습프로젝트(30%)	100	92				
		아두이노를 활용한 스마트 무드등 제작 프로젝트						
	수행	제작활동(15%)	100	91				
		폐현수막을 활용한 에코백 디자인 및 제작						
	수행	설계과제(15%)	100	90				
		1인 가구를 위한 소형 주거 공간 설계 및 모형 제작						
체육(2)		–			A	–	–	–
음악(2)		–			A	–	–	–

창의적 체험활동

창체가 중요하다는 말은 많이 들었지만 정작 뭘 할지 계속 막막했던 것 같아. 1학년 때는 그냥 친구들이 많이 하는 걸 따라했고, 2학년 때는 이것저것 해보다가 좀 산만해졌고, 3학년 때는 '망했다! 이걸 어떻게 수습하지?' 싶었거든. 근데 스토리를 잘 만들어놓고 보니 이 모든 방황도 쓸모가 있더라고. 쓸모없는 노력은 없단 말이 맞나 봐.

그리고 회장·부회장 같이 리더십을 보여주는 화려한 타이틀이 없어서 불안했던 적도 있어. 난 초등학교 때부터 지금까지 학급 임원을 한 번도 해본 적이 없거든. 근데 이것도 나중에 깨달았어. 세상 모두가 리더일 필요는 없잖아? 난 오히려 '묵묵히 도와주는 기술 전문가'라는 포지션에 충실하게 창체를 만들어갔어. 이게 IT 전공과 더 어울리는 것도 같았거든. 그러니까 핵심은 '일관성 있는 재해석'이야. 1학년의 어르신 스마트폰 교육도, 2학년의 가짜 뉴스 캠페인도, 3학년의 해커톤도 결국 '기술로 사회 문제를 해결한다'는 하나의 스토리로 엮이더라고.

마지막으로 내 생기부에서 그나마 전공 적합성이 꾸준히 이어진 부분이 바로 동아리야. 한 줄기 빛 같은 부분이지. 운이 좋았다고 할 수 있고. 우리 학교는 의대나 공대에 지망생이 유독 많아서 생물과 공학 관련 과학 동아리가 진짜 많거든. 난 체질적으로 생물을 싫어해서 자연스럽게 공학동아리 활동을 하게 된 건데, 이게 생기부 스토리의 중심을 잡아주는 역할을 했어. 이건 얻어걸렸다고 할 수 있지.

1학년

진로를 못 정했다면
뭐든 시작하고 경험하라

진로가 불확실할 때는 최대한 폭넓게 활동을 해보는 게 좋아. 내 경우에는 소프트웨어 코딩 동아리를 하면서도 봉사는 어르신 스마트폰 교육을 했어. 전혀 관계없어 보이지? 근데 나중에 보니까 이 두 활동이 '사용자 중심 IT'라는 키워드로 연결되더라고. 기술은 결국 사람을 위한 것이니까 기술을 사용하는 사람들의 경험을 이해하고 기술 격차를 해소하기 위해 노력하는 건 IT 공학자에게 꼭 필요한 마음가짐일 거야.

자율활동: '교내 과학의 날' 행사 때 부스 운영에 참여했는데 솔직히 이건 그냥 친구 따라 참여한 거였어. '알고리즘 체험' 부스였는데 이게 뭔지도 몰랐거든. 더구나 내가 맡은 역할은 카드로 버블정렬에 대해 설명하는 거였어. 대충 이해하고 시작했지만 첫날은 완전 망했지. 그래서 그날 밤 유튜브로 '초등학생도 이해하는 알고리즘'이라는 영상을 찾아보고 버블정렬에 대해 공부했어. 다행히 다음 날은 첫날보다 좀 더 잘 해낸 것 같아. 함께 설명을 맡은 다른 친구들보다는 한참 못 했지만 그래도 최선을 다했단 생각에 뿌듯했어. 난 이 경험을 통해 기술도 결국 사람과 소통하는 거란 걸 깨닫게 되었어.

동아리활동: 1학년 때 재밌어 보이는 동아리는 지원자가 너무 많아서 밀리고 밀려서 겨우 신청한 동아리가 '소프트웨어 코딩 동아리'였어. 동아리활동 중에 '재활용품 분류 로봇 프로젝트'가 있었는데 처음엔 완전 대재앙이었지. 하드웨어 팀이랑 소프트웨어 팀이 따로 놀아서 계속 로봇 팔이 엉뚱한 방향으로 움직였거든. 3개월 동안 삽질하다가 겨우 문제점이 뭔지 발견하게 되었지 뭐야. 하드웨어와 소프트웨어의 소통이 전혀 이루어지지 않았던 게 문제였어. 난 이때 여기서 IT는 역시 융합이 핵심이라는 힌트를 얻었지.

봉사활동: "할머니, 이거 더블 클릭하세요" "뭐 클릭?" "두 번 빨리 누르는 거예요" "어떻게?" 이런 대화가 2시간 동안 반복된다면 어떨 것 같아? 1학년 때 학교 봉사활동 리스트 중에서 제일 쉬워 보인다

싶은 지역 도서관의 '어르신을 위한 스마트폰 활용 교육'를 선택했어. 근데 진짜 끝없는 도돌이표 지옥에 빠진 것만 같아서 속이 터졌지. 하지만 마지막 날 할머니가 "고마워 학생. 나 같은 무식한 노인네를 가르치느라 힘들었지"라고 하시면서 내 손에 홍삼 사탕을 꼭 쥐여주실 땐 왠지 죄송하기도 하고 가슴이 몽글몽글해지는 느낌이었어. 물론 홍삼 사탕은 잊을 수 없을 만큼 고약한 맛이었지만 말이야. 기술은 모두를 위한 것이어야 하는데 할머니들에게 기술은 참 먼 곳의 편리라는 생각이 들어서 좀 슬프기도 했어.

진로활동: 1학년 진로 시간에 'IT 분야 전문가 초청 강연'을 했는데, 이때 ○○자동차 연구실에서 일하는 자율주행차 개발자가 왔어. 이 강연이 무척 인상적이었지. 그래서 이후 'AI가 바꾸는 미래 산업: 자율주행과 스마트 팩토리'라는 주제의 진로 탐색 보고서를 작성하게 되었어.

2학년

탐구 범위를 넓히며
진로의 실마리를 찾다

2학년 때도 딱히 정한 진로가 없었기 때문에 최대한 다양한 걸 해보려고 노력했어. 뭐든 나중에 요긴하게 써먹게 되지 않을까 하는 마음으로 최선을 다했지. 그 점이 마지막에 생기부를 수습하는 데 도움이 됐던 것 같아. 건질 만한 게 생각보다 많았거든. 진로가 헷갈린다면 뭐가 됐든 그냥 일단 열심히 해봐. 그럼 네가 잘하는 걸 찾을 수도 있고, 혹시 끝끝내 찾지 못한다고 해도 노력은 배신하지 않고, 그 경험들이 너의 생기부를 안전하게 지켜줄 거야.

자율활동: 학교에서 정보 윤리 교육의 일환으로 '가짜 뉴스 판별 캠페인'을 진행했어. 이때 우리 조는 가짜 뉴스에 대한 자료를 수집해서 유형별로 정리하고 이걸 카테고리별로 구분해서 노션에 업로드하는 일을 담당했어. 내 역할은 자료를 타이핑하고 노션 카테고리에 업로드하는 일이었어. 가장 번거로운 노가다인 데다 생색내기도 힘든 일이라서 아무도 하려고 하지 않았거든. 난 나서는 것보다는 뒤에서 서포트하는 걸 좋아했기 때문에 불만 없이 이 일을 맡았어. 하지만 내 생기부 스토리에는 궂은일도 묵묵히 해내는 사람이라는 인상을 남길 수 있었을 거야.

동아리활동: 2학년에서 AI·머신러닝 동아리활동을 할 때는 1학년 후배들을 대상으로 '파이썬으로 배우는 머신러닝 기초'라는 무시무시한 이름의 스터디를 기획하고 멘토 역할을 해야 했어. 나도 썩 잘 아는 건 아니지만 왠지 이제 막 고딩이 된 1학년 앞에서 창피당하고 싶지 않았어. 그래서 무지하게 열심히 공부했지. 덕분에 오히려 내가 더 많이 배운 것 같아.

봉사활동: 2학년 때도 그동안 해온 도서관 스마트폰 활용 교육 봉사를 계속했어. 어르신들은 늘 물었던 걸 또 묻고 또 물었는데, 이걸 해결하기 위해서 한 장짜리 '자주 묻는 질문(FAQ) 안내문'을 만들어서 컴퓨터 옆에 붙여두었어. 물론 아주 큰 글씨와 그림으로 디자인했고 말이야.

진로활동: 2학년 진로활동 시간에는 이것저것 닥치는 대로 해봤어. 마침 교육청에서 주관하는 '미래 모빌리티 산업' 온라인 특강 시리즈가 열렸거든. 뭐가 될지는 몰랐지만, 그냥 불안한 마음에 신청해서 들었어. '자율주행차의 눈: LiDAR와 카메라'라는 주제였는데, 솔직히 100% 이해하진 못했지만 그냥 '오, 신기하네' 정도로만 생각했지. 사실 이때는 이게 2학기 기하 시간에 할 탐구와 연결될 거라곤 상상도 못 했어.

3학년이 되어서 '기.승.전.IT' 전략을 짜면서 2학년 때 활동들을 뒤지다가, '어? 나 2학년 때 이거 특강 들었었네?' 하고 발견한 거야. 그래서 좀 억지스럽긴 했지만 2학년 기하 세특 내용과 연결시켜서 그럴듯한 융합형 인재 스토리로 포장했지.

흩어진 활동들을
하나의 스토리로 엮어내다

뒤늦게 진로를 정했다면 3학년 창체는 정말 중요해. 지금까지의 잘못된 선택을 의도된 전략적 선택으로 뒤집을 수 있는 마지막 기회거든. 내 지원 학과와 맞지 않는 엉뚱한 과목에 '조금이라도 전공과 연결되는 부분이 있었다'라는 걸 보여줘야 하는데 이때 고3 창체와 세특을 잘 활용해야 하거든.

내 경우에는 3학년 때 AI·머신러닝 동아리를 하면서 그동안의 생기부에 기재된 모든 활동을 IT로 재해석했어. 1학년 때 했던 알고리즘 카드 게임도 '컴퓨팅 사고력의 시작'으로, 2학년 정보 윤리 캠페인도 'AI 윤리의 중요성 인식'으로 포장했지. 다소 억지 같아 보여도 논리만 있으면 돼.

그리고 두 번째로 지금까지 생기부에 부족한 부분도 여기서 모두 보충해야 해. 내 경우에는 유독 리더십 부분이 약했어. 솔직히 난 리더 체질은 아니거든. 그래서 살펴보니 지금까지 '조력자' '멘토' '기술 지원' 같은 역할을 주로 했더라고. 그래서 이걸 "후배들에게 지금까지 배운 걸 전달하고 싶어서"라는 스토리로 연결했어. 꼭 회장·부회장 같은 화려한 내용이 필요한 건 아니야. 후배들을 위해 봉사하고 싶다는 마음도 훌륭한 리더십으로 어필되거든. 또 이렇게 평범하고 인간미 있는 리더십이 더 좋은 인상을 줄 수도 있고 말이야.

자율활동: 학기 초에 '또래 멘토링' 프로그램에 참여해서 프로그래밍을 가르치게 되었어. 내가 맡은 1학년 후배는 이걸 전혀 해본 적 없는 친구였어. 그래도 후배를 가르치는 건 작년에도 해봤기 때문에 은근 자신 있었거든. 근데 이 친구가 딱 한 달 만에 나를 추월하더라. 처음엔 자존심도 상했는데 "제가 프로그래밍 좋아하게 된 건 다 선배님 덕분이에요"라는 말을 듣고 옹졸하게 질투한 게 좀 부끄러웠지. '내가 스스로 빛나는 것도 좋지만, 상대방이 빛날 수 있게 묵묵히 돕는 조력자도 무척 의미 있는 일이지 않을까?' 하는 생각을 했어.

동아리활동: 3학년 때 '교내 해커톤 대회'가 있었는데 이때 내가 하던 AI·머신러닝 동아리도 여기에 응모했어. 나는 1학년 진로활동에서 조사했던 'AI가 바꾸는 미래 산업: 자율주행과 스마트 팩토리'에서 아이디어를 뽑아서 'AI 기반 신호등 제어 시스템'이라는 주제를 제안했어. 그런데 친구들이 모두 해볼 만하다고 찬성해서 이걸 우리 팀 프로젝트로 삼게 되었지. 우린 기하 시간에 배운 벡터와 좌표 변환 원리를 활용해서 교차로의 차량 흐름을 시뮬레이션하는 모델을 설계하고, 이를 통해 교통 체증 완화 효과를 발표했어. 이 발표로 우리 팀이 최우수상을 수상했고. 이건 지금까지 내 인생에서 가장 빛나는 사건이 아니었을까 해.

봉사활동: 3학년 때도 역시 도서관에서 어르신을 위한 스마트폰 활용 교육을 했어. 하지만 3학년 땐 너무 바빠서 영혼 없이 봉사 시간

만 채우는 수준이었지. 그런데도 내가 맡았던 할머니들은 고3인 나를 먼저 배려하고 응원해주셨지. 내 3년 동안의 봉사는 마음과 마음이 통하는 그런 따뜻한 시간이었던 것 같아.

진로활동: '교통 체증 완화를 위한 AI 기반 신호등 제어 시스템'이라는 긴 이름의 심화 탐구보고서를 작성했는데, 이건 내 생기부를 IT융합공학부에 맞추기 위해서 만든 보고서야. 1학년 때의 관심사를 3학년 수준의 지식으로 완성시킨다는 취지였지.

또 마침 학교에서 진로 박람회가 열렸는데, 이때 '로봇 공학자 특강'을 들을 기회가 있었어. 강연이 끝나고 Q&A 시간에 손을 들고 '로봇의 움직임을 제어하는 수학적 원리'에 대해 질문했는데, 강연자분이 학생 수준에서 매우 깊이 있는 질문이라며 칭찬해주셨어. 3학년 때 뒤늦게 진로를 정했지만, 내 탐구 방향이 틀리지 않았다는 확신을 얻는 순간이었지.

생기부
주요 기재 사항

입시에서 세특은 내신 만큼이나 대학이 중요하게 여기는 부분이라고
하지? 그게 정말이라는 산증인이 내가 아닐까 해. 내신 2.09 등급은
누가 봐도 연세대 IT공학과에 합격하기 힘든 등급이야. 더구나 수강
과목도 중구난방이었잖아. 하지만 난 이 모든 약점을 극복하고 역전
의 용사가 되었어. 결국 이건 세특의 힘이 아니었을까 해. 남다른 세
특은 생기부의 약점을 변호해주는 든든한 변호사 역할을 하거든. 지
금부터 내 학년별 세특을 보면서 주의할 점을 알려줄게.

지필 시험보다
수행평가로 승부하다

과목	세부능력 및 특기사항
통합 과학	(통합과학1) 인공지능에 대한 깊은 호기심을 바탕으로, '인공지능의 기본 원리 탐구 및 구현'을 주제로 심층 탐구 활동을 주도했음. 교과서에서 배운 생명체의 정보 전달 방식을 인공지능의 신경망 구조와 연결 지어 이해하려는 주도적인 태도를 보였음. 특히, 인공지능의 기본 원리를 다룬 관련 서적을 탐독하며 학습을 심화했음. 이 과정에서 단순히 과학 지식을 습득하는 것을 넘어, 과학과 기술의 융합에 대한 흥미와 재능을 발견했음. (통합과학2) 인간의 뇌신경망을 모방한 퍼셉트론의 작동 원리를 파악하기 위해 관련 자료를 스스로 찾아 학습했음. 학습 내용을 바탕으로 간단한 데이터를 분류하는 퍼셉트론 알고리즘을 코딩하며, 인공지능의 기초 원리를 직접 구현하는 경험을 했음. 이론적 지식을 실질적인 결과물로 도출하는 데 탁월한 능력을 보였음. 과학적 원리를 기술로 연결하는 창의적 사고력이 돋보였으며, 복잡한 인공지능 원리에 대해 끈기 있는 탐구 자세를 유지했음. 융합적 문제 해결 능력이 뛰어난 학생임.
공통 수학	(공통수학1) '수와 연산' 단원 학습 후, 수리적 사고를 현실의 기술적 문제에 적용하는 데 뛰어난 흥미와 능력을 보였음. 교과 내용을 바탕으로 '최적화된 경로 탐색을 위한 수학적 모델링'을 주제로 자율 탐구를 진행함. 도시 내 여러 지점을 연결하는 가장 효율적인 길을 찾기 위해 '최단 경로 문제'를 수학적 그래프 모델로 표현하는 시도를 했음. 이 과정에서 가중치를 고려한 그래프 분석을 통해 문제 해결에 대한 논리적 접근 방식을 보여주었음. (공통수학2) 최적화된 경로 탐색 모델링에 대한 탐구를 심화하였음. 단순히 수학 문제를 해결하는 것을 넘어, 복잡한 현실 문제를 수리적으로 접근하여 논리적이고 실용적인 해결책을 도출하는 역량을 보였음. 특히, 그래프 모델에 새로운 제약 조건을 추가하여 모델의 현실성을 높이려는 주도적인 노력이 돋보였음. 수학적 개념이 실제 기술 문제 해결의 핵심 도구가 될 수 있음을 깊이 이해하는 모습을 보였고 끈기와 집중력이 뛰어남.

(소프트웨어 코딩 동아리) '재활용품 분류 로봇' 프로젝트가 3개월간 교착 상태에 빠졌을 때, 모두가 코드를 수정하는 데 몰두하는 동안 한편에서 묵묵히 진행 과정을 기록하고 관찰하는 모습이 인상적이었음. 이후 '프로젝트 오류 분석 보고서'를 제출, 기술 결함이 아닌 H/W-S/W팀 간 '소통의 단절'이 핵심 원인임을 날카롭게 지적함. 이 보고서는 팀원들에게 신선한 충격을 주며 팀의 방향성을 재설정하는 결정적 계기를 마련함. 프로젝트 완료 후에도 '최종 산출물 보고서'와 '운영 매뉴얼' 작성을 자원, 복잡한 알고리즘을 비전공자도 이해하게끔 체계적으로 문서화하여 동아리의 지식 자산을 축적하는 데 핵심적 기여를 함. 뛰어난 관찰력과 분석적 글쓰기로 공동체의 문제를 진단하고 융합을 이끌어내는 '조용한 전문성'이 돋보임.

난 기본적으로 중간·기말 같은 지필 시험보다 수행평가에 강했어. 높은 점수를 받은 내 핵심 전략은 과목 간 융합에 있었지. 통합과학2에서 퍼셉트론 만들 때도, 처음엔 그냥 인공지능 설명만 하려고 했어. 근데 생명과학의 뉴런 구조와 연결시켜서 발표했더니 훨씬 풍성한 내용이 되더라고. 더불어 이걸로 "생물학적 신경망을 모방한 인공신경망"이라는 스토리가 자연스럽게 만들어졌어.

실패를 세특의 소재로
활용하다

과목	세부능력 및 특기사항
기하	'기하' 교과 내용을 현실의 기술적 문제 해결에 적용하는 뛰어난 응용력을 보여줌. '자율주행 자동차의 경로 추적 및 장애물 회피 알고리즘 분석'을 주제로 심화 탐구를 진행함. 평소 관심 있었던 자율주행 기술의 원리를 깊이 있게 이해하기 위해《AI 2041》이라는 전문 서적을 탐독했으며, 이를 바탕으로 곡선 경로를 따라 주행하는 자율주행 기술의 핵심인 '곡률'과 '접선' 개념을 기하학적으로 분석함. 이를 통해 장애물을 인지하고 회피하는 최적의 경로를 수학적으로 모델링하는 새로운 관점을 얻음. 평면 기하와 벡터의 원리를 활용하여 센서 데이터가 어떻게 좌표로 변환되고, 이를 통해 최단 경로를 계산하는지를 논리적으로 설명함. 이 탐구는 단순한 교과 지식을 넘어, 복잡한 3차원 공간에서 작동하는 IT융합 기술의 원리를 탐색하는 중요한 계기가 됨.
미적분 I	인공지능의 기본 원리에 대한 기존의 이해를 심화하여, '데이터 최적화를 위한 미분 활용 연구'를 주제로 탐구 활동을 진행함. 인공지능 모델 학습의 핵심인 '경사 하강법'의 원리를 이해하기 위해 미분과 연계하여 탐구함. 이 과정에서 손실 함수의 최솟값을 찾는 과정이 미분 계수가 0이 되는 지점을 찾는 것과 동일하다는 것을 깨닫고, 이를 바탕으로 모델의 예측 정확도를 높이는 수학적 방법을 탐구하는 보고서를 작성함. 수리적 사고의 깊이를 보여주는 인공지능 윤리적 딜레마에 대한 고찰을 통해 단순히 미분 공식을 암기하는 것을 넘어, 이를 인공지능 모델의 성능을 향상시키는 데 적용하는 탁월한 융합적 사고력을 보여줌. 이 탐구를 통해 인공지능의 깊은 원리를 수학적으로 이해하는 것에 흥미를 느껴, 3학년 인공지능 수학을 학습하고 싶다는 의지를 갖게 됨.

지적 집요함과 창의적 문제 해결 능력이 돋보이는 학생임. '기하' 세특에서 보인 바와 같이, 자율주행 알고리즘 보고서가 난관에 부딪히자 포기하지 않고 파이썬으로 경로 시뮬레이션을 시각화하여 문제를 해결하는 등 난제를 만나면 새로운 방식으로 돌파구를 찾는 끈기와 실행력을 갖춤. 교내 AI·머신러닝 동아리에서 1학년 후배들을 위한 '머신러닝 기초' 멘토를 자처하며, 가르치기 위해 더 깊이 공부하는 책임감 있는 모습을 보임. 이는 지식을 나누고 함께 성장하려는 공동체 의식을 드러냄. 타인에 대한 공감과 헌신적인 태도 또한 돋보임. 이러한 태도는 다른 활동에서도 일관되게 나타남. '가짜 뉴스 판별 캠페인'에서는 팀원들이 기피하는 데이터 수집 및 노션 업로드 등 궂은일을 묵묵히 맡아 팀의 목표 달성에 헌신하는 모습을 보임. 기술 역량과 따뜻한 인성을 겸비한 융합형 인재로, 공동체에 긍정적인 영향을 미칠 것으로 기대됨.

내 세특의 최대 위기는 2학년 기하 시간에 했던 자율주행차 탐구였어. 벡터, 곡률, 접선 같은 개념들이 머릿속에서 뒤엉켜서 보고서가 엉망이 됐거든. 제출 3일 전에는 완전히 갈아엎어야겠다는 특단의 결정을 했어. 위기 상황의 돌파구는 '시각화'였어. 복잡한 수식만 나열하지 말고 그림으로 설명해보자고 생각했거든. 파이썬으로 자율주행차의 경로를 시뮬레이션하는 프로그램을 만들고, 이걸 수업 시간에 시연했더니 모두가 이해하기 쉬웠대. 이런 구체적인 활동이 세특에 담겨서 경쟁력을 얻었지.

미적분 I 에서는 경사하강법을 연구하다가 코드가 계속 에러 났는데, 이 디버깅 과정 자체를 탐구보고서에 넣었어. "시행착오를 통해 최적화의 원리를 체득했다"라는 스토리를 만든 거지. 실패도 세특의 소재가 된다는 점을 명심해.

심화 탐구 활동으로
전공 적합성을 드러내다

과목	세부능력 및 특기사항
인공 지능 수학	'미적분 I' 과목에서 탐구했던 '경사 하강법'의 원리를 심화하여, '신경망 모델의 최적화를 위한 인공지능 수학 활용 방안'을 주제로 심층 탐구보고서를 작성함. 머신러닝 관련 연구 논문을 참고하여 '활성화 함수'의 종류에 따라 신경망 학습 속도와 정확도가 어떻게 달라지는지 수학적으로 분석하고, 비선형 함수인 ReLU 함수의 효율성을 증명하는 과정을 논리적으로 전개함. 특히, 역전파 알고리즘을 통해 미분값이 순차적으로 전달되는 과정을 수식으로 표현하고, 이를 직접 파이썬 코드로 구현하며 수학적 지식을 실용적으로 응용하는 능력을 보여줌. 이 탐구는 인공지능의 깊은 원리를 수학적으로 이해하고 활용하는 역량이 IT융합 분야에서 필수적임을 스스로 증명하는 계기가 됨.
확률과 통계	기술에 대한 꾸준한 흥미를 데이터 분석으로 확장하여, '교내 온라인 학습 플랫폼의 사용자 데이터 분석을 통한 기능 개선 방안 연구'를 주제로 심화 탐구를 진행함. 평소 데이터 분석에 대한 흥미를 가지고 《모두 거짓말을 한다》라는 책을 탐독했으며, 이를 바탕으로 '표본 추출' '확률 분포' '상관관계 분석' 등 교과서에 등장하는 개념을 활용해 학습 플랫폼의 사용자 접속 시간, 이용 빈도, 선호 콘텐츠 등의 데이터를 분석함. 특히, 사용자 만족도와 접속 시간 사이의 상관관계가 통계적으로 유의미한지 검증하는 과정을 통해, 데이터를 기반으로 한 문제 해결 능력을 보여줌. 이 탐구는 미적분에서 학습한 최적화 모델에 통계적 신뢰도를 부여하는 중요한 과정이었으며, 이를 통해 학생들의 학습 효율을 높이기 위한 맞춤형 콘텐츠 추천 시스템을 제안하는 보고서를 작성함. 이는 훗날 IT융합공학에서 다루는 사용자 경험(UX) 분석 및 데이터 마이닝 분야에 대한 깊은 이해를 드러냄.

학생의 진로 희망인 IT융합공학 전문가를 향한 일관되고 구체적인 노력들이 돋보임. 1학년 때부터 시작된 인공지능의 기본 원리에 대한 탐구는 2학년 때 수학적, 통계적 지식을 융합하여 심화되었고, 3학년에 이르러 실제 알고리즘 구현으로 이어지는 등 탐구의 깊이와 연속성이 매우 뚜렷함. 특히, 교내 해커톤 대회에 참가하여 팀원들과 함께 '교통 체증 완화를 위한 AI 기반 신호등 제어 시스템'을 제안하며, 사회 문제를 기술적으로 해결하려는 진정성을 보여줌. 이 프로젝트를 진행하며 단순히 코딩 기술을 습득하는 것을 넘어, 방대한 데이터를 기반으로 사회적 문제를 해결하는 IT융합 기술의 가치를 깊이 깨달았다고 진술함.

또한 진로 박람회에서 로봇 공학자 특강을 듣고 '로봇의 움직임을 제어하는 수학적 원리'에 대해 심도 있는 질문을 하는 등 본인의 진로 분야에 대한 뜨거운 열정을 드러냄. 방과후 시간을 활용하여 IT융합공학 관련 논문을 탐색하고, 인공지능 윤리 문제를 다룬 다큐멘터리를 시청한 후 기술 발전과 인간의 책임'에 대한 보고서를 작성하는 등 사회적, 윤리적 문제에 대해서도 균형 잡힌 시각을 갖추기 위해 노력함. 이러한 주도적인 탐색과 성찰은 학생의 진로에 대한 확신을 더욱 굳건하게 만들어줌. 학생은 앞으로의 학업 과정에서도 이러한 탐구심을 바탕으로 전문성과 책임감을 동시에 갖춘 IT융합공학 전문가로 성장할 것으로 기대됨.

3학년 땐 엄청난 일이 있었지. 교내 해커톤 대회에서 'AI 기반 신호등 제어 시스템'이라는 주제 연구로 우수상을 받았거든. 수상에 대한 건 생기부에 기재될 순 없었지만 내 마음에 굵게 기록됐지. 우린 사실 처음엔 대단한 AI 모델을 만들어보려고 했었어. 근데 데이터가 26개뿐이더라고. 완전 멘붕이 와서 데이터를 지어낼까 하고 한참 고민했지. 하지만 결국 엑셀로 상관관계 분석만 하기로 했어. 그런데 오히려 심사위원들에게는 "현실적이고 실용적이다"라는 평가를 받았더라고. 이 일을 통해 화려한 결과보다는 진정성 있는 태도가 더 좋은 평가를 받는다는 걸 깨닫게 되었어.

고교 3년간 세특을 돌아봤을 때 아쉬운 점은 1~2학년 활동이야. 이때는 진로가 불확실해서 깊이가 부족하거든. 근데 3학년 때 이걸 역으로 활용했어. 인공지능 수학 탐구에서 "1학년의 기초적인 퍼셉트론 이해가 3학년의 심화 신경망 연구로 발전했다"라는 식으로 부족한 깊이를 3학년 때 연결해서 만들어냈거든. 과거의 탐구도 재해석만 잘하면 특별한 의미를 만들어낼 수 있어.

이런 방식으로 3학년 때는 모든 활동을 IT로 연결했어. '기·승·전·IT' 전략인 거지. 확률과 통계에서도 '온라인 학습 플랫폼 데이터 분석', 인공지능 수학에서도 '신경망 최적화'로 연결했는데, 이렇게 뒤늦은 시작이지만 3학년 때 폭발적으로 집중했다는 인상을 주려고 노력했어.

생기부 기록의
7가지 핵심 조건 분석

그럼 지금부터 내 생기부 기록이 어떻게 날 역전의 용사로 만들어줬는지 분석해볼게. 앞으로 네가 어떤 대학에 다니게 될지 좌우할 수 있는 중요한 부분이니까 아주 바짝 집중하도록 해.

○ 성장 과정이 담긴 스토리텔링

내 1학년 통합과학2 세특에는 '인공지능의 기본 원리'에 대한 궁금증으로 퍼셉트론을 코딩하는 내용이 나와. 그런데 이 내용이 2학년이 되면 인공지능의 핵심 원리인 '경사 하강법'을 '미적분'과 연결해서 수학적으로 탐구하는 내용으로 성장하지. 또 3학년에는 '신경망 최적화'와 '역전파 알고리즘'을 코드로 구현하는 단계까지 나아가. 이

런 식으로 지식이 점점 더 깊어지는 과정이 스토리처럼 들어 있어야
좋은 평가를 받을 수 있어.

○ **교과 역량의 심화와 전공 역량으로의 확장**

　2학년 미적분Ⅰ 과목에서는 미분 개념을 인공지능 모델의 '손실
함수 최솟값'을 찾는 과정에 적용하는 탐구보고서를 작성했어. 또 기
하 과목에서는 곡률과 접선 개념을 '자율주행 자동차의 경로 추적'이
라는 최신 기술에 연결해서 분석했어. 이렇게 수업 시간에 배운 교과
지식을 IT융합 기술의 원리를 이해하는 도구로 활용한 걸 분명히 보
여준 점도 좋은 평가를 받았을 거야. 이런 식으로 교과 역량이 심화돼
서 전공 역량으로 확장되는 걸 보여줄 수 있어.

○ **주도적인 탐구 활동과 그 깊이**

　내 세특에는 '스스로 찾아 학습함' '주도적인 탐구를 진행함' 등
의 표현이 자주 나와. 이런 표현을 통해 주도적인 탐구를 했다는 걸
보여주는 거야. 여기에 3학년 인공지능 수학 세특에 나온 머신러닝
관련 '연구 논문'을 참고했다는 내용이나, 2학년 기하 세특에서《AI
2041》과 같은 '전문 서적'을 탐독한 내용은 고등학생 수준을 넘어서
는 자료를 활용한 사례지. 이런 건 탐구의 깊이를 증명하는 좋은 방법
이야.

○ **일관성과 연속성**

1학년 때 'AI 기초 원리 탐구' → 2학년 때 'AI의 수학/통계적 원리 분석' → 3학년 때 'AI 알고리즘의 수학적 구현'으로 이어지는 탐구는 '수학을 기반으로 한 AI 기술 이해'라는 일관된 목표를 보여줄 수 있어. 3학년 진로활동에서도 "탐구의 깊이와 연속성이 매우 뚜렷함"이라는 평가가 있는데 이것도 고교 3년간의 활동이 뚝 끊기지 않고 잘 연결되어 있음을 명확히 보여주는 부분이야.

○ **구체적인 활동 내용과 성과**

1학년 통합과학2 세특에 보면 '코딩을 잘함'이라고 나와 있지 않고 "간단한 데이터를 분류하는 퍼셉트론 알고리즘을 코딩하며, 인공지능의 기초 원리를 직접 구현하는 경험을 했음"이라고 적혀 있지? 이렇게 어떤 코드를 작성했고 무엇을 배웠는지 명확히 보여주는 건 무척 중요해. 이런 식으로 구체적인 활동 내용과 성과를 기재해야 한다는 것도 명심해야 해.

○ **활동의 진정성과 내적 성찰**

1학년 통합과학1 세특을 보면 "단순히 과학 지식을 습득하는 것을 넘어, 과학과 기술의 융합에 대한 흥미와 재능을 발견했음"이라는 내용이 나와. 이건 지식 습득에서 그치지 않고 자신의 재능과 흥미를 깨닫는 내적 성찰을 잘 보여주는 부분이야. 또한 3학년 진로에는 "AI 윤리 문제를 다룬 다큐멘터리를 보고 '기술 발전과 인간의 책임'에 대한 보고서를 작성한 것은 기술에 대한 균형 잡힌 시각과 깊이 있는 성찰을 드러낸다"라고 나오지? 이런 내용은 활동의 진정성과 내적 성찰을 잘 보여주는 부분이야.

○ **공동체 역량과 태도에 대한 선생님의 평가**

2학년 행특에는 동아리에서 1학년 후배들을 위한 '머신러닝 기초' 멘토를 자처하며, 지식을 나누고 동료와 함께 성장하려는 공동체 의식을 보여줬다고 적혀 있어. 또 3학년 진로활동 기록을 보면 '교내 해커톤 대회'에 참가하여 팀원들과 함께 사회 문제를 해결하려고 했다는 내용도 있지. 1학년 창체 기록에서도 '재활용품 분류 로봇' 프로젝트 당시 소통 부재 문제를 해결하며 협업의 중요성을 체득했다는 기록이 있어. 이런 부분은 남을 위해주고 팀과 협력하는, 공동체에 적합한 학생이라는 점을 어필하는 부분이야.

잘못된
세특 기재 사례

좋은 생기부를 얻기 위해 수행평가를 열심히 하고, 스스로 탐구보고서를 써보는 등의 노력을 하는 건 알맹이를 만드는 일이야. 어릴 때 동화책에선 알맹이가 중요하고 껍데기는 중요하지 않다고 하지만 신데렐라는 예쁜 옷을 입고 파티에 가잖아? 아이언맨도 슈트를 입어야 히어로가 되고 말이야. 생기부 기재 사항도 그런 것 같아.

아무리 알맹이가 좋아도 누더기 옷을 입고 있으면 결코 좋은 평가를 받을 수 없어. 그러니 너의 '최선'이 저평가받는 일이 없도록 생기부는 너 스스로가 지켜야만 해. 또 그걸 위해서는 어떤 기록이 왜 나쁜 건지에 대해서도 알 필요가 있어. 그래서 살펴봤던 내 생기부 기재 사항으로 똑같은 알맹이라도 저평가를 받는 나쁜 옷을 입은 경우를 만들어봤어. 이걸 구분할 수 있는 안목을 갖는다면 너도 고3 때 '생기부 구출 작전'에 성공하는 용사의 힘을 얻게 될 거야.

활동 결과만
나열된 기록

과목	세부능력 및 특기사항
통합 과학 1	매사 수업에 적극적인 태도로 참여하는 학생임. 평소 인공지능에 대한 관심이 많아 관련 서적을 읽고 탐구 활동에 성실하게 임했음. 교과 내용을 잘 이해하며, 평소 과학적 지식을 기술에 접목하는 데 뛰어난 재능을 보였음. 수업 시간 외에도 AI 관련 박람회에 참가하는 등 학업에 대한 열의가 매우 높았음. 맡은 과제는 반드시 기한 내에 완성하는 책임감을 보여주었음. 친구들에게 인공지능의 기본 개념을 쉽게 설명하며 도움을 주는 모습을 보였음.
통합 과학 2	퍼셉트론의 작동 원리를 파악하고 이를 코딩으로 구현하는 데 성공했음. 활동 과정에서 많은 노력을 기울이는 꼼꼼한 성격을 지녔으며, 발표 내용을 준비할 때도 완벽을 기하는 모습을 보였음. 인공지능 탐구 결과를 교실에서 발표할 때 자신감 있는 태도로 내용을 전달했음. 발표 태도가 진지하고 좋았다는 평을 받았음. 과학적 호기심과 성실함을 겸비한 학생으로, 꾸준한 노력과 태도를 통해 향후 관련 분야의 학습에서 더 큰 성장을 기대할 수 있음.

이런 기록이 나쁜 점수를 받는 첫 번째 이유는 과정과 성장에 대한 메시지가 없다는 점 때문이야. 내용을 보면 '적극적인 태도' '성실하게 임함' 같은 추상적인 표현만 잔뜩 있고 정작 학생이 무엇을 궁금

해했고 어떤 어려움을 거쳐 인공지능 원리를 깨달았는지에 대한 성장 스토리가 전혀 없잖아? 잘 봐두도록 해. 이건 아주 나쁜 기록의 사례야.

두 번째 이유는 구체성 없는 활동 나열이야. '관련 서적을 읽고' '코딩으로 구현에 성공함'이라는 식의 결과만 나열돼 있잖아. 너무 좋은 활동이라도 이렇게 기입되어 있으면 대학은 학생이 어떤 책을 읽고 무엇을 알게 되었는지, 코딩 과정에서 어떤 개념을 적용하고 무엇을 배웠는지에 대해 알 수 없어.

세 번째 이유는 '뛰어난 재능을 보임'과 같이 근거 없는 칭찬만으로 학생의 역량을 증명하고자 하는 점이야. 영혼 없는 칭찬은 금물이란 거지. 이것도 마찬가지로 구체적으로 학생이 어떤 면에서 어떻게 뛰어난 재능을 보였는지를 행동을 적어서 설명하는 방식으로 보여주어야 하는 거야.

학년 간 연계가
부족한 기록

과목	세부능력 및 특기사항
미적분 Ⅰ	(2학년) 발표와 토론 활동에 활발하게 참여하며 수업에 활력을 불어넣음. 수학적 개념을 인공지능 분야에 적용하는 데 관심이 많아, 미분과 인공지능의 관계에 대해 조사하고 발표를 진행함. '경사 하강법'의 원리를 잘 이해하고 있으며, 평소 꾸준한 노력으로 어려운 개념도 쉽게 받아들

이 기록이 좋은 기록이 아닌 첫 번째 이유는 학년 간 연계성이 없다는 점 때문이야. 1학년 때의 탐구와 어떻게 이어지는지 설명했다면 훨씬 좋은 기록이 되었을 거야. 연결고리 없이 '인공지능에 관심이 많다'라고 단순하게 적히는 건 좋은 전략이 아니야.

두 번째는 어떻게 알게 됐는지 과정에 대한 설명이 부족하다는 점이야. '경사 하강법의 원리를 잘 이해하고 있음'이라는 내용은 구체적이지도 않을뿐더러 어느 정도 깊이로 이해했는지도 알 수 없기 때문에 점수를 주고 싶어도 줄 수가 없어. 그러니까 미분 개념을 어떻게 활용해서 경사 하강법을 이해했는지 구체적으로 설명할 필요가 있어.

세 번째 이유는 성과에 대한 근거가 없다는 점을 들 수 있어. '높은 성취를 보여줌'이라고만 쓰면 학생이 어떤 성과를 냈는지 알 수 없어. 이런 표현이야말로 의미도 없으면서 글자 수만 잡아먹은 불필요한 서술이라고 할 수 있어.

진정성과 내적 성찰이 없는 기록

과목	세부능력 및 특기사항
기하	(2학년) 교과 내용을 잘 이해하고 있으며, 심도 있는 탐구 능력을 갖춘 학생임. '자율주행 자동차의 경로 추적'이라는 주제로 조별 보고서 작성 활동을 진행함. 자신의 역할 분담을 충실히 수행하였고, 보고서 내용을 발표하는 등 협업에 기여함. 평소 관심 분야에 대한 탐구 노력이 돋보이며, 기하 개념을 기술에 적용하는 데 뛰어난 재능을 보임. 학습에 대한 열의가 높아 교과 시간 외에도 관련 특강이나 동아리활동에 적극적으로 참여함. 자율주행의 핵심 원리를 잘 이해함. 탐구보고서 내용을 친구들 앞에서 발표함. 이러한 노력과 태도를 통해 해당 분야에 대해 더 깊이 공부하여 전문가가 되겠다는 포부를 밝히며, 해당 분야에 대한 높은 관심도를 보여줌.

이 기록의 경우 첫 번째로 주도성이 보이지 않아. 저렇게 '조별 보고서 작성 활동을 진행함'이라고만 쓰면 내가 정확히 뭘 했고, 어떤 기여를 했는지를 알 수 없잖아. 이렇게 쓰면 대학이 학생에 대해 평가할 게 없어. 더구나 '역할 분담을 충실히 수행'했다는 표현은 팀 내에서 주도적으로 탐구를 이끌었다기보다는 수동적으로 있는 듯 없는 듯 참여했다는 인상을 줄 수도 있어.

두 번째 이유는 성찰의 부재에서 찾을 수 있어. 이 기록에는 '전문가가 되겠다는 포부'만 있지, 이 활동을 통해 무엇을 느끼고 깨달았는지 그리고 진로에 대해 어떻게 생각이 깊어졌는지 같은 학생의 자기 성찰이 전혀 없어. 이런 식으로 쓰면 대학은 학생의 학업에 대한 진정성이 떨어진다고 생각할 거야.

　　세 번째 이유는 탐구 간 연결성이 없다는 점을 들 수 있어. 1학년 때 학습이 2학년 '기하' 과목의 탐구와 어떻게 연결되었는지 설명했다면 학년 간 연결성이 만들어졌을 텐데 단순히 '평소 관심 분야'라는 표현으로 뭉뚱그려져 있잖아. 이건 1, 2학년의 탐구가 하나의 이야기로 이어지지 못하고 있는 거야.

마지막 조언

　　　　　　지금까지 내 고교 학교생활이 담긴 생기부를 살펴봤어. 내용도 많고, 낯선 개념도 많아서 이해하기 힘들었을 거야. '아직 고3도 아닌데 조금 후에 공부해도 되지 않을까?' 하고 미루고 싶은 마음이 들 수도 있고 말이야. 하지만 대입의 관문을 통과하기 위해서 생기부를 아는 건 필수적인 일이야. 피할 수 없으면 즐기라는 말처럼 언젠가 꼭 해야 할 일이라면, 이왕 할 거 남들보다 빨리 시작하는 게 좋을 거야.

　　한 가지 더 조언한다면 일찍부터 책을 읽고 글을 써보는 경험을 많이 하라고 말해주고 싶어. 내신과 세특을 잘 받으려면 읽고 쓰는 능력이 뛰어나야 해. 이건 네가 어떤 계열을 지망하든 다 마찬가지야. 더구나 대학에 들어와 보니까 여기서도 글쓰기를 필수 과목으로 배워야 하더라고. 난 공대생인데도 말이야. AI가 글쓰기를 대신해줄 수도 있어. 하지만 AI가 너를 대신해서 영어 시험을 보거나, 수학 시험을 봐줄 순 없잖아? 이것처럼 너의 수행평가와 탐구보고서도 대신 써줄 순 없어. 이건 오로지 너의 힘으로 해야 하는 일이야.

진로에 대한 결정 역시 적어도 고등학교 2학년 1학기가 시작되기 전까지는 확정하라고 조언하고 싶어. '생기부' 수술을 잘하는 방법이 있다고 해도 이왕이면 그런 수술이 필요 없는 건강한 생기부를 갖는 게 훨씬 좋을 테니까 말이야. 그리고 생기부 수술할 일이 생긴다고 해도 이 역시 읽고 쓰는 능력 없인 불가능한 일이잖아. 그러니 꾸준히 독서를 한 학생만이 입시에서 성공할 수 있어.

쉬운 길은 남에게도 쉬운 길이야. 어려운 길은 남에게도 어려운 길이고. 이왕이면 어렵지만 더 가치 있는 길을 가는 게 남들이 쉽게 흉내 낼 수 없는 너만의 특별한 경쟁력을 만드는 길이라는 걸 명심해.

책은 너의 꿈을 이뤄주는 날개가 되어줄 거야.
멋지게 비상해서 꿈을 이루게 될 너의 미래를 응원할게!

생기부 자가 진단
체크리스트

단계	항목	질문	체크리스트	배점
1단계	스토리텔링 진단	내 세특에 성장 스토리가 담겨 있나요?	☐ [20점] 궁금증 → 탐구 과정 → 깨달음까지 완전한 스토리가 있다. ☐ [16점] 대부분의 과정이 연결되어 서술되어 있다. ☐ [12점] 일부 과정은 연결되지만 중간에 끊어지는 부분이 있다. ☐ [8점] 활동 나열 위주이지만 약간의 과정이 보인다. ☐ [4점] 단순히 "~활동을 했다"라는 나열만 있다.	20점
2단계	탐구 심화도 진단	교과서를 넘어선 깊이 있는 학습이 드러나나요?	☐ [20점] 교과 내용을 다른 과목/전공과 융합해 독창적 관점을 제시한다. ☐ [16점] 교과서 외 자료를 활용해 심화된 지식을 보여준다. ☐ [12점] 기본 내용에서 약간의 확장된 사고가 보인다. ☐ [8점] 교과서 내용 위주이지만 자신만의 해석이 조금 있다. ☐ [4점] 교과서 내용을 그대로 반복하는 수준이다.	20점

3 단계	주도성 진단	스스로 기획하고 실행한 탐구 활동이 구체적으로 나와 있나요?	☐ [15점] 탐구 주제 설정부터 결과물까지 　　모든 과정을 주도적으로 진행했다. ☐ [12점] 대부분을 스스로 기획했으나 일 　　부는 선생님 도움을 받았다. ☐ [9점] 주어진 과제에 자신만의 아이디 　　어를 추가했다. ☐ [6점] 과제 수행에 적극적으로 참여했 　　다. ☐ [3점] 주어진 과제를 그대로 수행하는 　　수준이다.	15점
4 단계	연속성 진단	고교 1-2-3 학년에 걸쳐 관심사가 발전하고 심화 되었나요?	☐ [15점] 3년간 일관된 관심사가 단계적 　　으로 심화·확장된다. ☐ [12점] 2~3년간 연결된 탐구의 흐름이 　　명확히 보인다. ☐ [9점] 일부 학년에서 연결점을 찾을 수 　　있다. ☐ [6점] 비슷한 관심 영역이지만 연결성 　　이 약하다. ☐ [3점] 학년별로 완전히 다른 내용들이 　　다.	15점
5 단계	구체성 진단	"열심히 했다"가 아닌 구체적 행동과 성과가 나와 있나요?	☐ [10점] 구체적 행동 + 객관적 성과 + 수 　　치나 사례까지 제시한다. ☐ [8점] 구체적 행동과 명확한 성과가 서 　　술된다. ☐ [6점] 어느 정도 구체적이지만 일부 추 　　상적 표현이 있다. ☐ [4점] 구체적 내용과 추상적 표현이 반 　　반 정도이다. ☐ [2점] "우수함" "뛰어남" 등 추상적 표 　　현 위주이다.	10점

| 6
단계 | 진정성
진단 | 진심 어린
관심과
내적 성찰이
느껴지나요? | ☐ [10점] 어려움·깨달음·진로 영향 등 깊은 성찰이 잘 드러난다.
☐ [8점] 진정한 관심과 노력이 충분히 느껴진다.
☐ [6점] 어느 정도 진심이 느껴지지만 아쉬운 부분이 있다.
☐ [4점] 형식적이지만 관심은 엿보인다.
☐ [2점] 스펙 쌓기용 활동처럼 느껴진다. | 10점 |
| 7
단계 | 공동체
역량
진단 | 인성과 협업
능력에 대한
평가가
포함되어
있나요? | ☐ [10점] 리더십, 협업, 수업 태도 등이 구체적으로 잘 드러난다.
☐ [8점] 공동체 역량이 명확하게 언급된다.
☐ [6점] 일부 인성적 측면이 언급된다.
☐ [4점] 간접적으로 협업 능력을 유추할 수 있다.
☐ [2점] 개인적 성취에만 초점이 맞춰져 있다. | 10점 |

진단 결과 해석

점수	진단 결과
90~ 100점	**[A 등급] 완벽한 세특** 축하합니다! 깊은 인상을 줄 수 있는 우수한 세특입니다.
80~ 89점	**[A- 등급] 우수한 세특** 매우 좋은 수준입니다. 부족한 영역 1~2곳만 보완하면 완벽해집니다.
70~ 79점	**[B 등급] 양호한 세특** 전반적으로 괜찮지만, 몇 가지 핵심 요소를 강화하면 더 좋아질 것 같아요.
60~ 69점	**[C 등급] 보완 필요** 기본 틀은 있지만 여러 영역에서 구체성과 깊이를 더해야 합니다.
50~ 59점	**[C- 등급] 대폭 수정 필요** 핵심 조건들이 부족합니다. 7가지 조건을 체계적으로 반영해보세요.
50점 미만	**[D- 등급] 전면 재작성 권장** 처음부터 다시 기획하여 전문가의 도움을 받는 것을 권장합니다.

입시 3대 역량별 점수 분석

역량	점수	해당 항목	내 점수 합계
학업 역량	55점	1단계(스토리텔링) + 2단계(탐구 심화) + 3단계(주도성)	
진로 역량	35점	4단계(연속성) + 5단계(구체성) + 6단계(진정성)	
공동체 역량	10점	7단계(공동체 역량)	

역량별 개선 우선 순위

각 역량별 만점에서 내 점수를 뺀 차이가 가장 높은 과목이 무엇인지 확인하세요.

- 학업 역량이 낮다면 → 스토리텔링 구조, 탐구 깊이, 주도성에 집중해야 합니다.
- 진로 역량이 낮다면 → 3년간 연결 고리, 구체적 성과, 내적 성찰을 강화해야 합니다.
- 공동체 역량이 낮다면 → 협업, 리더십, 배려심 관련 활동을 추가해야 합니다.